現代ドイツ公的扶助序論

田畑洋一 著

学 文 社

はしがき

　公的扶助という概念は、国際的に多様で用語も一様ではない．しかし、それが生活不能や貧困状態の現実に着目し、公費による最低生活保障を行う給付体系であるという点は各国とも共通している．ドイツの場合、生活困窮者のための最低生活保障は社会扶助制度で対応していたが、二〇〇三年に「ハルツⅣ」法が成立し、同法が二〇〇五年一月から実施されたことにより大きく変貌した．具体的には、従来の失業扶助とわが国の生活保護に当たる社会扶助を統合して、新たな給付「失業手当Ⅱ」を創設し、これを「求職者基礎保障」(Grundsicherung für Arbeitssuchende) として社会法典第二編に組み込み、同時に社会扶助を社会法典第一二編として再編した．これにより、ドイツの最低生活保障制度は、社会法典第二編の求職者基礎保障としての失業手当Ⅱ・社会手当と同第一二編の社会扶助から構成されることとなった．

　この「ハルツⅣ」改革は「痛み」を伴う改革だけに厳しい批判と多くの論争をまき起こしていた．労働組合や福祉団体など、実際にその対象となる多くのグループが、ハルツⅣと結びついた失業扶助の廃止に真っ向から抗議したのである．だが、本書はそうした対立に照準を合わせたものではなく、ドイツ最低生活保障制度の主要な柱である求職者基礎保障と社会扶助の二制度を公的扶助と位置づけ、それらの仕組みと運用の事例を多用してわかりやすく解明することを目的にしている．

　個人的なことをいえば、失業扶助と社会扶助の統合、すなわち「ハルツⅣ」改革が行われたちょうどその間、二〇〇四年の九月一日から二〇〇五年八月三一日までの一年間、私はマルティン・ルター大学社会人類学研究所に留学の機会が与えられ、「ハルツⅣ」改革に関する研究を行うことができた．加えて「ドイツ公私扶助協会」や「連邦雇用エージェンシー」への訪問取材、また二〇〇五年七月には鹿児島国際大学とマルティン・ルター大学で研究チームを組織し、「ハルツⅣ法」改革に関する現地聞取り調査も実施した．本書は、そうした活動を通して纏めた前著『ドイツの最低生活保障―制度の仕組みと運用―』（学文社）を、最近の改正情報により書き改めたものである．

公的扶助をめぐる福祉国家的改革の重要性は、最低賃金の引き上げと税制および社会保障制度を「雇用促進的」なものにするとともに、自立的生活を営むのに窮している要扶助者に対する最低生活保障制度の確立であろう．こうした観点から、ドイツの公的扶助としての最低生活保障制度は、単なる「受け皿」としてのセーフティーネットではなく、労働と生活を分離せずに、生活の基礎は労働にあるという認識から構築されたシステムといってよい．ドイツの就労支援と最低生活保障制度との関連あるいは最低生活保障制度や就労支援のあり方などに学ぶことは、大量失業社会のわが国に多くの示唆と教訓をもたらしてくれるものと思う．制度改革、とりわけ最低生活保障制度の改革にあたっては、生存権の保障の現実化と労働することの価値ならびに意欲を高める考え方と方向性を示すことが必要であるが、二〇一三年一二月に成立したわが国の生活保護改革法が、そのような考えに立脚しているかが問われるところである．本書がそのための一助になれば幸いである．

本書は四章構成になっており、まず第一章では、「ハルツ改革と公的扶助制度」と題し、ハルツ改革・ハルツ法の立法化、公的扶助の仕組み等、前著同様に取り上げ、第二章では、最低生活保障制度の主柱である「求職者基礎保障制度」を取り上げ、受給資格者とその要件、実施者、諸給付、収入および資産の算入、制裁および行政手続きを詳述した．第三章では、就労能力のない要扶助者を対象とする「社会扶助制度」を取り上げ、基本原則、給付の種類と方法、実施者ならびに手続きの原則について、事例を多用して論述した．加えて、第四章には『鹿児島国際大学福祉社会学部論集』に既発表の論考，「第一次世界大戦期の公的扶助の変容と発展－ドイツ国家的福祉事業の始まり」と「ドイツ『ハルツⅣ改革』の就労動機への影響」の二題を補論として掲載した．

最後になったが，本研究は実に多くの方々から温かいご指導とご支援を受けて進められた．私が留学中に協力いただいた多くの友人，とくに本書の引用文献の一つである『Sozialhilfe und Arbeitslosengeld Ⅱ』の著者であるHüttenbrink, J. 弁護士には，直々に貴重なご助言をいただいた．この場を借りて感謝申し上げたい．また学文社の田中千津子社長には，前著に続き，出版の計画から完成に至るまでお世話になった．厚く御礼を申し上げたい．

二〇一四年一月四日

著　者

目次

第2節　社会扶助実施者

第3節　給付の種類と方法

凡　例

1．本書における資料の引用は左記によることとした．

①本書においては，和書・洋書を問わず，本文の中で（著編者名　出版年：頁）の順で示した．

②雑誌掲載論文についても，和書・洋書を問わず，（著者名　出版年：頁）の順で示した．③法制度等については略語一覧を参照されたい．

④引用文中の省略は………で示した．

2．脚注は可能な限り同頁末に，文献は巻末に示した．

略語一覧（Abkürzungsverzeichnis）

ABM ……………… Arbeitsbeschaffungsmaßnahmen
Abs. ……………… Absatz
Alg ……………… Arbeitslosengeld
AltZertG ……………… Altersvorsorgeverträge-Zertifizierungsgesetz
AsylBLG ……………… Asylbewerberleistungsgesetz
BA ……………… Bundesagentur für Arbeit
BAföG ……………… Bundesausbildungsförderungsgesetz
BEG ……………… Bundesentschädigungsgesetz
BErzGG ……………… Bundeserziehungsgeldgesetz
BetrAVG ……………… Gesetz zur Verbesserung der betrieblichen Alterversorgung
BetrVG ……………… Betriebsverfassungsgesetz
BGB ……………… Bürgerliches Gesetzbuch
BGH ……………… Bundesgerichtshof
BGBl. ……………… Bundesgesetzblatt

BR-Drucks. ………… Bundesrats-Drucksache
BSG ………… Bundessozialgericht
BSGE ………… Entscheidungssammlung der Urteile des Bundessozialgerichts
BSHG ………… Bundessozialhilfegesetz
BT-Drucks. ………… Bundestags-Drucksache
BVerfG ………… Bundesverfassungsgesetz
BVerwGE ………… Entscheidungssammlung des Bundesverwaltungsgerichts
BVG ………… Bundesversorgungsgesetz
CDU ………… Christlich-Demokratische Union
CSU ………… Christlich-Soziale Union
DV ………… Deutscher Verein für öffentliche und private Fürsorge
EG ………… Einführungsgesetz,Europäische Gemeinschaft, Vertrag über die Europäische Gemeinschaft
EGG ………… Existenzgrundlagengesetz
EStG ………… Einkommensteuergesetz
EU ………… Europäische Union
f., ff. ………… folgend (e)
FDP ………… Freie Demokratische Partei
GBD ………… Grundgesetz für die Bundesrepublik Deutschland
GSiG ………… Grundsicherungsgesetz
OVG ………… Oberverwaltungsgericht
PSA ………… Personal Service Agenturen
RdErl. ………… Runderlass
RVO ………… Reichsversicherungsordnung
s. ………… siehe

S. ······ Seite
SAM ······ Strukturanpassungsmaßnahmen
SGB II ······ Grundsicherung für Arbeitssuchende
SGB III ······ Arbeitsförderung
SGB VII ······ Gesetzliche Unfallversicherung
SPD ······ Sozialdemokratische Partei Deutschlands
vgl. ······ vergleiche
z.B. ······ zum Beispiel

図表一覧

第一章　ハルツ改革と公的扶助制度

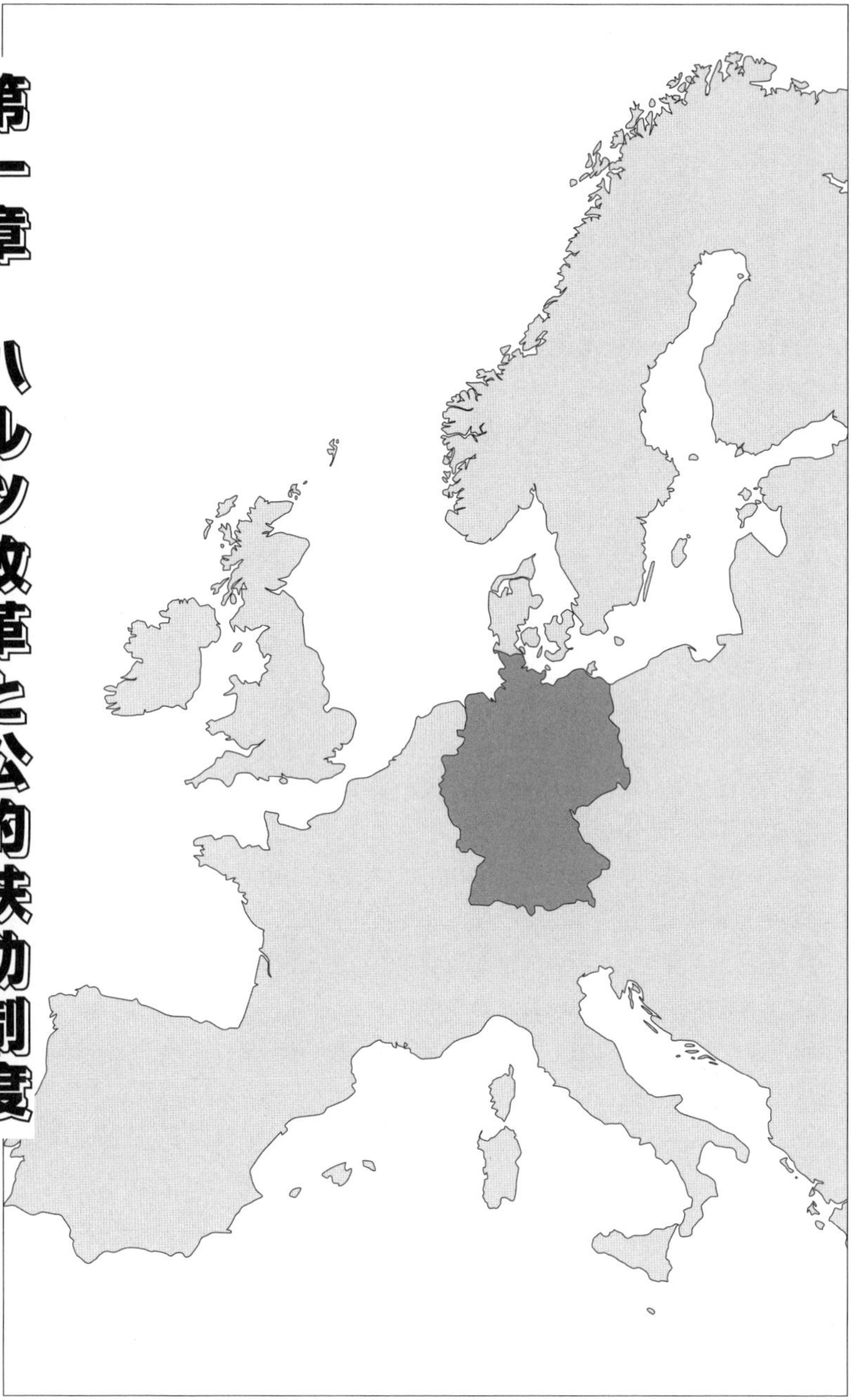

第1節 EUの雇用戦略とハルツ委員会

1. 失業の長期化と雇用戦略

一九九〇年一〇月三日の東西ドイツ統一以降、環境の激変と急激に進行したグローバル化も加わり、ドイツ労働市場は厳しい状況が続いた（田中 2003：79−83）．この間の失業率をみると、一九九七年秋から二〇〇一年春にみられた景気回復期には全ドイツの失業率は九・四％まで改善したが、その後再び大きく上昇し、二〇〇四年七月には失業率一〇・五％、失業者数約四四〇万人となった．二〇〇五年一月には失業者が五〇〇万人の大台を超えた[(1)]．連邦雇用エージェンシー（Bundesagentur für Arbeit）によると、二〇〇五年七月の全ドイツの失業率は一一・五％（旧西ドイツ地域九・六％、旧東ドイツ地域一八・六％）、失業者数約四七五万人となっており、ドイツ労働市場は依然として厳しい状況にあることがわかる．

（1）二〇〇五年になって失業者数が急増したのは、建設関係の雇用減と「ハルツⅣ」の導入に基づき、社会扶助受給者のかなりの部分を失業者として処理する統計分類変更によるものである（田畑 2006c：14）．

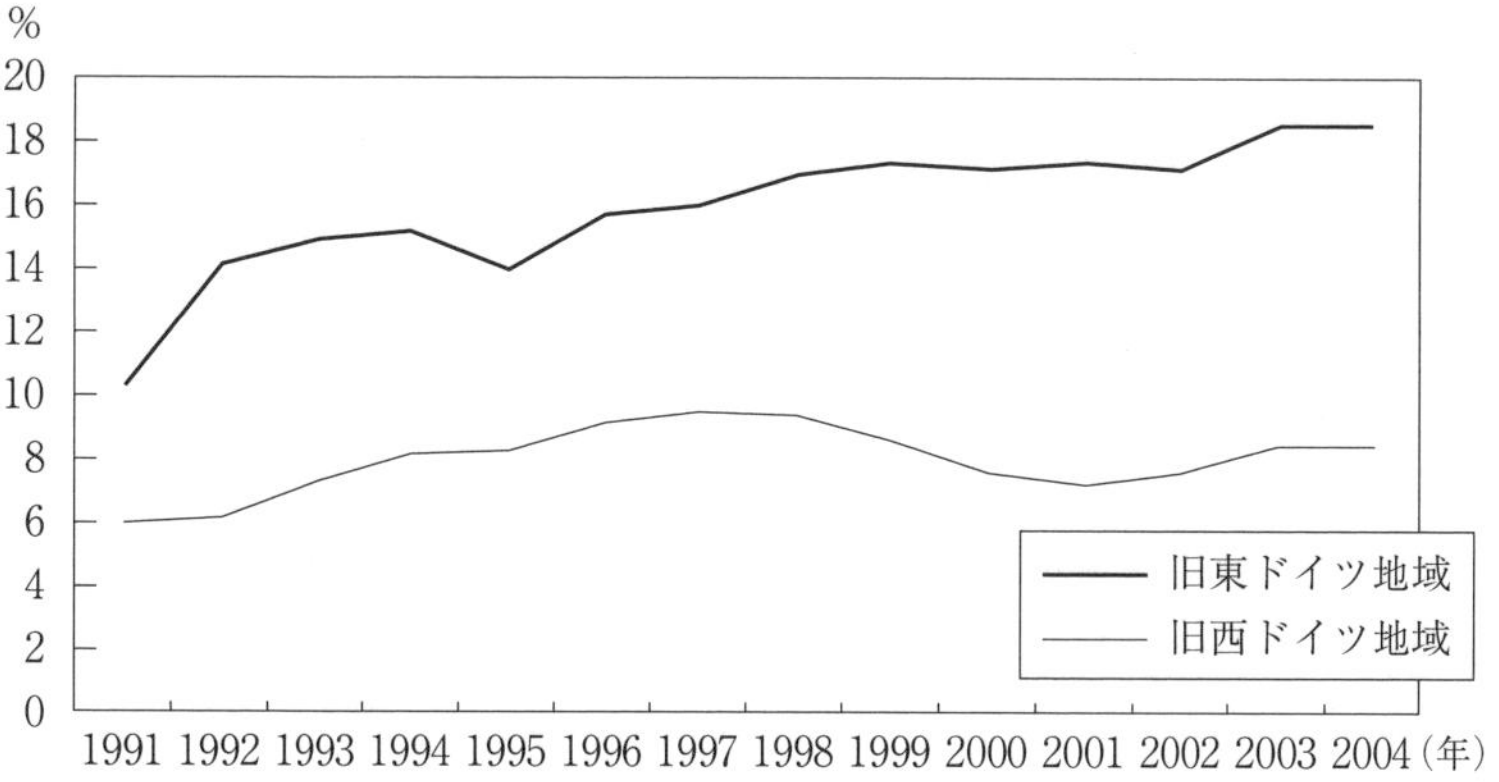

図1-1-1　ドイツの失業率の推移（1991-2004）

出所）連邦雇用庁（連邦雇用エージェンシー）

こうしたドイツの高失業率の原因は、図１－１－１をみてもわかるように、旧東ドイツ地域の雇用状況に起因している．旧東ドイツ地域では、統一とそれに伴うシステムの変化により、国営企業が閉鎖され、仕事の三分の一が失われ、同時期に旧西ドイツ地域は景気後退期に入ったため、統一ドイツの失業率は急上昇し、同時に就労率は低下した．一九九八年から二〇〇一年までの短い期間、景気回復がみられ、労働市場は改善したが、この改善は主として旧西ドイツ地域に限定されたものであった．しかし、旧西ドイツ地域でも、それほど良い状態にあるとはいえない．

「失業率の上昇は、失業状態になる者が増加することと、いったん失業した場合に失業期間が長期化することの両方を反映する」．多くの研究によれば、「失業状態への流入率は時系列では大きく変化せず、失業状態からの退出率が景気によって変化すると報告されている」（小原 2004：33）．もし失業の長期化が起こっているならば、失業状態への流入率が高まり、失業期間が長期化するにつれて失業プールからの退出率が低下することになる．失業者が短期間のうちに新たな職業に就くことができれば、失業率が高い場合でも、個人の精神的負担は比較的小さいと考えられる．だが、失業が長期化すると精神的にも経済

出所）連邦雇用庁

図1-1-2　失業期間１年以上の長期失業者の割合

的にも負担が大きくなるため、失業期間が一年以上の長期失業者への対応が緊急かつ重要な課題となる．ドイツでは、失業者全体に占める長期失業者の割合は高く、一九九二年の二五・八%から一九九八年には最高の三六・七%に増加し、二〇〇三年でも三六・四%と高率を占めていた（図1－1－2）．

こうした人々のほとんどは、充分な職業訓練を受けていない者、中高年、健康に問題を抱える者、市場経済への移行に伴い職を失った旧東ドイツ地域の女性たちであるが、失業を長期化させるのは失業者や需要側の要因だけではない．「国の政策、とりわけ失業保険制度が大きく影響する」（小原 2004：34）．失業という深刻な事態に直面した者にとって、求職活動の期間中における失業保険給付は真に生命線であり、失業保険加入者が失業状態になれば失業保険給付が行われるのは当然である．このことに誰も異論はないだろう．問題は、給付の中身が失業者の再就職インセンティブを低下させてしまう場合である．給付内容が良いために再就職インセンティブがそがれ、再就職活動が鈍化するとすれば、本来もっと早く再就職できたはずの人を長く失業状態にとどめてしまい、それがさらに再就職を困難にさせることになる（樋口 2001：42）．そのために，ドイツでは研修生受入促進プログラムをスタートさせる等，一連の雇用促進のための措置が行われてきた．他方，失業率を下げる目的で高齢者を非労働力化させるための早期引退政策を採ってきたが，これらは失業率を下げることにも，若年層に雇用機会を提供することに対しても，きわだった効果をあげることができなかった．

こうした中で，すでに一九九〇年代にＯＥＣＤとＥＵの雇用戦略が相次いで提起され，失業問題への対応策が雇用戦略という形で打ち出されていた(2)．ＯＥＣＤの雇用戦略は，詳細な分析に基づく対応策を提起しただけだったのに対して，ＥＵ雇用戦略では，加盟各国が雇用ガイドラインに基づいて行動計画を策定し，政策評価が行われるという一連の枠組みを築き上げた．この行動計画は，各国に裁量が認められており，どのような政策を実施するかは各国政府に委ねられているが，政策評価が公表されるため，一定の対応をせざるをえない構造になっていた．

ＥＵ雇用戦略は，どの個人も生産のみならず，社会全体の発展への活動的な参加を通じて貢献できるようなアクティブな社会の構築をめざしている．それ故，激しい競争原理の下では弱者が社会から排除される危険性が高いことを考慮し，労働を通じて国民を社会的に統合する連帯の道を選択したのである．そこでは福祉国家の背後にある連帯という価値観は維持するものの，これまでの所得の再分配という消極的な連帯のあり方から，経済活動に参加する機会のよりよい分配というより積極的な連帯方式にシフトしていくべきだとし，これからは雇用にプライオリティを与えて，すべての人を社会に統合していくことが目標にならなければならないと主張するのである．労働の機会を与えることによって労働市場に参加できるようにし，労働を通じて社会的統合を進めていくという政策理念である．「労働

（２）ＯＥＣＤならびにＥＵの雇用戦略については，労働政策研究・研修機構（2004）『労働政策研究報告書№13』を参照．

は所得を付与するというだけではなく、…個人の尊厳であり、社会的なつながりであり、認知であり、生活を組織する基盤」との原理的論議にも踏み込み、もはや社会問題は社会の上層と下層の不平等にあるのではなく、「社会の中に居場所のある者」と「社会から排除されている者」との間にあるとの視角を提起したのである（Green Paper 1993）．そして人口高齢化という趨勢に対しても、短縮する一方の職業生活期間の延長の方向に反転させることを主張するのである．ここでは、もろもろの社会的給付が社会政策の中心ではなく、「雇用政策こそが社会政策の中核にならなければならない」（濱口 2004：24–25）という考えになる．

こうした理念を実現していくためには、長期失業者や若年失業者などの再就職を促進することが不可欠になる．したがって、ＥＵの雇用戦略は失業率それ自体を下げることを目的とするのではなく、むしろ就労率の引き上げを目標にする．適切な技能を付与し、安定的な雇用に持っていくことこそ、「『失業の罠』『貧困の罠』から脱却させることになるというのが、ＥＵ雇用戦略の基本的な考え方なのである」（濱口 2004：27）．そのために打ち出された政策は、失業給付の水準を大幅に下げるというのではなく、失業保険給付と再就職活動を一体化させ、失業者に対して失業給付の権利を保障するとともに、再就職活動の義務（責任）を課することを明確にした．

ＥＵ雇用戦略の影響もあって、各国とも九〇年代後半から政策スタンスを転換し、受動的労働市場政策から積極的労働市場政策に移行し、税制や失業給付を改革し、「失業の罠」「貧困の罠」を防止するために、「from Welfare to Work」（福祉から就労へ）、「making work pay」（働くことが経済的に引き合う）といった内容の改革が実践されている（伊藤 2004：3）．たとえば、イギリスでは失業給付受給者に職業訓練への参加を義務づけ、またデンマークにおいては失業給付の受給期間の短縮とそれを二年以上受給する場合のその者に対する職業訓練への参加の義務づけ等が行われた．これらの改革は、就労可能な者については、できるだけ早く就労が可能になるよう、職業訓練への参加を要請し、求職活動を支援し、給付を真に必要な者に限定するという共通点がある．EU統合を牽引してきたドイツに対しても、そうした政策転換に基づく労働市場改革をはじめとする構造改革の実施を迫る国内外の要求が高まっていた．

2．ハルツ委員会の指導理念と原則

ドイツ労働市場の低迷は、二〇〇二年の年始から一段と深刻な状況に突入していた．シュレーダー首相（社民党＝SPD）は、失業者数を減少させるという政権発足当初の公約を守ることができないまま、連邦議会選挙が行われる二〇〇二年を迎えることとなり、加えて、こうした時期に職業安定所（現、雇用エージェンシー）が集計し、公表している職業紹介実績を水増し公表するという不祥事に見舞われた．他方、最大野党のキリスト教民主・社会同盟（CDU／CSU）は連邦議会選挙をにらんでシュレーダー政権の経済・労働政策を批判し、連立与党、とくに「SPDの支持率は経済・労働市場の状況悪化と連動する形で低下していった」（横井 2003：27）．これに対して、政府は連邦雇用庁に関する緊急の組織改革と失業問題の改善を図るため、二〇〇二年二月、「労働市場における現代的サービス事業委員会」（Kommission "Moderne Dienstleitungen am Arbeitsmarkt"）という名の諮問委員会を設置し、これに労働市場に関する包括的改革案の策定が委ねられた．同委員会は委員一五名で構成されており、委員長であるフォルクスワ

（3）ハルツ委員会は、企業関係者六人、労働組合関係者二人、自治体関係者三人、商工団体関係者一人、大学教授一人、企業コンサルタント一人、研究機関一人の計一五人から成る委員会である．委員長のハルツ氏（六三歳）は、フォルクスワーゲン社が経営不振に陥った時に、週四日勤務制の導入によるワークシェアリングを実施するなど、斬新な労務対策によって経営危機を切り抜けた立役者の一人であり、最近では失業者を一律五、〇〇〇マルクで五、〇〇〇人雇用する「五、〇〇〇×五、〇〇〇」賃金協定モデルの考案者としても知られており、労働界では著名な人物である．ただし、フォルクスワーゲン社のチェコ共和国の子会社であるシュコダ自動車に絡む部下の汚職事件が発覚し、ハルツ氏の関与を疑われる等の混乱を招いたため、二〇〇五年七月、ハルツ氏はフォルクスワーゲン社を引責辞任した（田畑 2006d：80）．

ーゲン社の人事担当役員であるP・ハルツ氏の名前を採って，通称「ハルツ委員会」（Hartz-kommission）[3] と呼ばれている（Stumberger 2005：11）．

ハルツ委員会の基本構想は，一方で職業教育・就職支援の強化や高齢労働者の早期退職を防止する補助策あるいは労働市場の柔軟化措置を実施し，他方で失業給付や社会扶助に依存して就労を回避しようとする者に対するペナルティーを強化し，労働市場への復帰を促すことによって失業率の低下を達成するというものである．この構想は，手厚い失業給付や社会扶助給付がしばしば低賃金労働に就労するよりも有利な状態を生み出し，失業者が再就職に消極的になっているという「CDU／CSUの経済重視派やFDP（自由民主党）のかねてからの批判を取り込んだものとなっている」（横井 2003：28）．同委員会の最終答申では，失業者を労働市場に参入させるという目的達成のためには，ある程度の制裁措置を伴う強制を行うが，労働市場に参入する失業者に対しては支援も約束し，このようなやり方で労働市場の改善を図ろうとする考えが基本にある．同委員会答申ではそれを「『自助努力は引き出し，保障は約束する』（Eigenaktivitäten auslösen-Sicherheit einlösen）という新しい指導理念で表現している」（都倉 2002：53）．そのために，連邦雇用庁の抜本的な組織改革を行い，これを職業紹介等のサービス提供に重点を置く運営体に変革し，失業者の職業相談にもきめ細かく対応する代わりに，失業者にもそれ相応の要求をしていくという改革の方向を定めた．これを「支援と要求」（Förden und Forden）という原則で示した（Marburger 2005：11–13）．これは，当事者を支援するが，同時に当事者に協力を求めるというもので，「最初から圧力をかけて強制するものではないが，協力に欠ける場合は支援を受ける権利がないという考え方である」（庄谷・布川 2002：38–55）．失業給付および社会扶助改革をはじめとする一連の労働市場改革は，まさにこの原則に沿って行われたのである．

3．ハルツ委員会答申の法制化

（1）労働市場改革立法の概要

ハルツ委員会は、「支援と要求」をモットーに委員会発足から六ヵ月を経た二〇〇二年八月一六日に最終答申を行った．この答申の中には、連邦雇用庁等の組織変革に関する事項、職業紹介の迅速化とサービスの向上等、失業者を労働市場に参入させる施策および失業関係給付の整理・統合などが盛り込まれた（4）．

ハルツ委員会はこれらの施策の全部を実施することで、平均失業期間三三週間を二二週間にまで短縮し、約四〇〇万人の失業者を二〇〇五年までに半減させ、これにより失業にかかる公的支出を現状の三九二億ユーロから一九六億ユーロまで節減することが可能であるとされていた．だが、このことの達成可能性に関しては、答申発表時から疑問視する声もあった．いずれにしても与野党、経営者団体、エコノミスト、そして労働組合など各方面から大きな反響を呼んだ（駐在員事務所報告 2003：13）．

二〇〇二年九月の総選挙で辛うじて再選を果たしたシュレーダー首相は、最終答申の公表を受けてからその法案化に着手した．しかし、ハルツ委員会答申が発表された後からは、野党や労働組合をはじめとした利害関係者の反発が続き、結果として妥協の色合いが濃いものとなった．それらの関連法案は二〇〇三年一二月までに成立し、段階的に施行に移されている．法案は、全部で四つにまとめられ、通称「ハルツⅠ」、「ハルツⅡ」、「ハルツⅢ」、「ハルツⅣ」

（4）ハルツ委員会の答申内容に関しては都倉祐二（2002）「シュレーダー政権の課題－ハルツ委員会の答申と労働市場改革－」『海外労働時報 №33』五〇頁以下を参照．

表1-1-1　労働市場改革立法の概要

法　律　名	主要な内容
労働市場の現代的サービスのための第1次法 （ハルツⅠ法）	①労働契約終了にあたっての職安への通知義務 ②人材サービス機関の設置 ③労働者派遣法改正 ④失業給付の諸改正（スライド制の廃止、中断期間の柔軟化、就労要求可能性の若干の厳格化） ⑤職業訓練有価証券の導入 ⑥有期労働契約の緩和（52歳以上の労働者の雇用では正当事由不要）
労働市場の現代的サービスのための第2次法 （ハルツⅡ法）	①起業支援（「私会社」「家族会社」） ②些少労働（ミニジョブ）改革 ③家庭におけるサービス給付の導入
労働市場改革法	①解雇制限法改正 ②設立企業における有期雇用契約の最長期間の廃止 ③失業給付金の減額
手工業法改正および小企業促進のための法	手工業の中核に属しない単純行為の、非手工業企業による行為
労働市場の現代的サービスのための第3次法 （ハルツⅢ法）	①連邦雇用庁・職業安定所改革 ②失業手当受給権の要件の緩和 ③ABMとSAMの統合
手工業法およびその他の手工業法の諸規定改正のための第3次法	①マイスター強制を有する企業数の減少 ②経験職人による手工業企業譲り受けの簡易化 ③マイスター制度の緩和
労働市場の現代的サービスのための第4次法 （ハルツⅣ法）	①失業扶助と社会扶助の統合（失業手当Ⅱの制度化） ②就労支援の強化と制裁の厳格化 ③実施機関の統一と協働化

出所）Jahresgutachten 2003/2004：143. 一部修正

と呼ばれる四本の法律が成立した（正式には「労働市場における現代的なサービス提供のための（第一～第四）の法律」という）．これらの法律の内容は極めて多岐にわたるが，ここでは主要な内容だけに触れておきたい[5]（表1－1－1）．

（2）「ハルツⅠ」法

「ハルツⅠ」（二〇〇三年一月施行）により，早期の求職義務が労働者に課せられ（SGB第三編第三七六条），労働者は保険義務関係の終了時点を知ったらすぐに自らの求職者登録をしなければならなくなった．これに伴い失業者の再就職を促すため労働者派遣事業として，人材派遣エージェンシー（PSA）が導入された（橋本 2005：187）．すなわち，人材派遣会社の機能をもつPSAを設置し，PSAが失業者を雇用し派遣労働の形で新しい職場を仲介するというもので，ハルツ委員会答申の中で「失業者削減の核心」と表現されている対策である．PSAに登録された失業者は，PSAの派遣社員としての身分で企業に派遣されるが，この派遣を拒否した場合は，一定の制裁が科せられる．派遣労働者の賃金については，民間の派遣会社による派遣労働者も包含した新しい規定を導入し，派遣受入れ企業の労働者の賃金と原則同一水準とするという「平等の原則」が採用された（従業員派遣法第三条一－三）．ハルツ委員会答申では，自由で柔軟な派遣を可能にすることを目指し，①PSA派遣労働者の試用期間中の賃金は失業手当支給額相当額とする，②試用期間終了後はPSAのために取り決められた賃金協定が適用されるとしていたが，この点が労

（5）ハルツ立法全般の解説として名古道功（2005）「ドイツにおける労働市場改革立法」労働法律旬報一五七一号，橋本陽子（二〇〇五）「第二次シュレーダー政権の労働法・社会保険法改革の動向－ハルツ立法，改正解雇制限法，及び集団的労働法の最近の展開－」『法学会雑誌四〇巻二号』学習院大学などを参照．

働組合の反発にあい、右規定のように大幅な譲歩を余儀なくされた．そのため、派遣労働者はすべて正規職員と同等に遇することになり、雇用機会の拡大どころか、逆に縮小する可能性が高くなったとの批判があり、ハルツ委員長自身も平等化原則を厳しく批判した(6)．派遣か否かに関わらず、労働者の同一労働・同一賃金の原則は追求するべき課題であるが、ハルツ委員会ではそれが求められておらず、「逆に低い賃金を認めることで雇用を促進しようとしていた」（名古 2005：79–80）のであった．

二〇〇四年一月一日、失業者に対する「支援と要求」を指針とする失業保険改革法も同時に実施された．同法では、まず失業保険金給付である失業給付（失業手当Ⅰ）を受給する条件として、すべての失業者が離職の日前二年間に一二ヵ月以上の保険料納入が義務づけられた（SGB第三編第一二三条）．離職前の期間を三年から二年に短縮したうえ、それまでは軍隊に勤務している者はこの一二ヵ月の納付義務が免除されていたが、これが無効となった．季節労働者は最低六ヵ月の納付義務が課せられていたが、これも一二ヵ月に延長された．家族を介護している者はこの規程の適用除外であったが、これも廃止された．自営業者も二〇〇六年二月から自発的に保険料を納付することで失業保険制度に組み込まれる道が開かれた．

失業保険による失業給付は、失業時の生活保障の重要な役割を担うが、失業手当Ⅰを受給するには、①失業中であること、②雇用エージェンシー（Agentur für Arbeit）に本人が求職申請していること、③受給資格期間を満了していること、のすべての条件を満たすことが必要である（SGB第三編第一一八条）．六五歳の誕生日の翌月の一日以降は、

（6）ハルツ氏は労働組合が「『同一労働同一賃金』のテーゼに固執するならば、派遣労働は、かなりの程度、機能し得ない」（『Der Spiegel』48/2002）と述べ、結局、派遣労働者は雇用されなくなり、立法者の意図とは逆に、派遣労働は減少すると指摘した．

全員が年金を受給するため失業手当Ⅰの受給資格は失効する．週一五時間以上就労する被用者であれば，原則的に失業保険に加入する義務がある．ただし，賃金が月額四〇〇ユーロ以下の者，公務員，船員，満六五歳以上の者，就労不能の者等は加入義務がない（田畑 2006a：63．中内 2008：31）．

保険料は二〇一三年現在，失業前賃金の三・〇％で，労使が折半して負担する（SGB第三編第三四一条）．連邦雇用エージェンシーに払い込む保険料は，失業手当Ⅰの給付金と並んで，労働者が職業の継続教育のための施策に参加した場合の必要経費やこうした措置の運営にかかる費用，就職に際して特別な訓練や教育が必要な労働者のための助成金，公的な雇用創出策やその他多くの施策の資金となっている．これらの財源として保険料収入が不足した場合は，政府が補助金を支出する．

失業手当Ⅰの支給額は，直近の手取り賃金に対して一定の比率を乗じて算出される．支給額は，子どもがいる場合は六七％，いない場合は六〇％が支給される（SGB第三編第一二九条）．失業手当Ⅰは毎月，その月が終わってから受給資格者の口座に振り込まれる．失業手当Ⅰ自体は非課税で，受給期間中の疾病・年金の保険料は連邦雇用エージェンシーが負担する．

支給期間は，加入期間と年齢により二区分し，二〇〇六年一月以降，五五歳未満では最長一二ヵ月，五五歳以上では最長一八ヵ月となっており，それまでの最長三二ヵ月からすると大幅に短縮されることになった（表1-1-2）．

労働者は雇用期間が終了することが明らかになった時点で，個人的に「遅滞なく」（unverzüglich）求職届を雇用エージェンシーに提出する義務がある（SGB第三編第三七条b）．期限付き雇用契約については，契約の期限切れの三ヵ月前から届出ることができる．この届出が遅れた場合には，遅滞日数一日につき，七ユーロ（標準報酬日額が六〇ユーロまで），三五ユーロ（標準報酬日額が一〇〇ユーロまで），五〇ユーロ（標準報酬日額が一〇〇ユーロ超），最大で三

表1-1-2　失業手当（失業手当Ⅰ）給付期間

2008.1.1以降
＊網掛け部分は2009.8.1

受給資格取得 加入期間（月）	年齢	失業手当 給付期間（月）
6		3
8		4
10		5
12		6
16		8
20		10
24		12
30	50歳以上	15
36	55歳以上	18
48	58歳以上	24

出所）社会法典第３編第127条により作成

〇日分までの額が失業手当から減額される（ＳＧＢ第三編第一四〇条）．雇用主もまた、雇用期間が終了することが明らかになった時点で、労働者に求職届の早期提出を喚起し、就職活動の開始、次の就職に必要な職業訓練の受講等を可能とすべきである（ＳＧＢ第三編第二条第二項）．これは、いわゆる「Soll」規定（勧告規定）となっているが、これを行わなかった場合には、失業手当Ⅰの減額分について損害賠償請求権が認められる可能性がある（田畑 2006a：64）．

解雇ではなく雇用主との合意によって雇用契約を解除した場合、または労働者からの雇用契約の解約の場合は、従来どおり失業当初の一二週間は失業手当Ⅰの受給資格を喪失するが、再就職促進施策（Integrationsmaßnahme）を拒否した場合や途中で放棄した場合、さらに就職機会を拒否した場合の受給資格の喪失が明確に規定された．就職機会を拒否した場合は、初めての場合は三週間、二回目の場合は六週間の期間の失業手当Ⅰの受給資格の喪失につながる．また、再就職促進施策への参加拒否および途中放棄の場合は、再就職促進施策が比較的短期に終了する見込みであったという事情がない限り、原則として一二週間の受給資格喪失となる（SGB第三編第一四四条第四項）.

（3）「ハルツⅡ」法・「ハルツⅢ」法

「ハルツⅡ」（二〇〇三年一月施行）は、失業者による「個人企業」（Ich-AG）の創業に対する自立補助金制度や税・社会保険料負担について軽減措置となるミニジョブ等の低賃金労働（geringfügige Beschäftigung）の定義拡大などを内容とし、概ねハルツ委員会の答申を踏襲している．ただし、当初予定されていた「個人企業」に対する法人所得税の一括課税（Pauschalbesteuerung）を一〇％まで抑えるという優遇策は今回見送られた．また、ハルツ委員会答申では低賃金労働として定義される所得水準を月額五〇〇ユーロまで引き上げ、雇用側の税・社会保険料負担を一律一〇％まで引き下げるというものであったが、法案化の過程では社会保険財政の悪化が危惧され、結果として定義上限は月額四〇〇ユーロに抑えられ、雇用側の税・社会保険料負担も一二～二五％までの引き下げにとどまった（SGB第四編第八条二、六編第一六八条）.

「ハルツⅢ」（二〇〇四年一月一日施行）は、ニュールンベルクにある連邦雇用庁（Bundesanstalt für Arbeit）を連邦雇用エージェンシー（Bundesagentur für Arbeit）に組織替えし、雇用仲介のための「サービス」を充実させることを目的としている．この「ハルツⅢ」の実施により、連邦雇用エージェンシーは従来の「失業者管理」から「職業仲介サービス」に重点を移したことになる．また、地方の「職業安定所（Arbeitsamt）」も「雇用エージェンシー（Agentur für Arbeit）」と名称が変更された．その他の改正点は、①失業保険受給権の要件等の簡素化、②雇用調整措置と構造調整措置との統合（前者を特に失業率が高い地域および職業に重点化した上での促進など、労働市場政策のための手段投入の簡素化）、③高齢者の就労保障を拡大し、また若年者就労の潜在性を開拓する新たな措置などである（名古

2005：107）．

「ハルツⅣ」（二〇〇五年一月一日施行）は、既述したように、従来の失業扶助（Arbeitslosenhilfe）と社会扶助（Sozialhilfe）を統合し、失業扶助を廃止して失業手当Ⅱ（ArbeitslosengeldⅡ）を新設するというものである．この点については、以下で詳細にみていくこととする．

4．ハルツⅣの立法化と公的扶助制度

ハルツⅣの目的は、新たな社会法典第二編において、就労可能な要扶助者（erwerbsfähige Hilfebedürftige）に対する給付として、失業扶助と社会扶助とを統合した制度に再編することである．以後、新たな給付は失業手当Ⅱ（AlgⅡ）と呼ばれる．

（1）前置き

立法化のための準備は、ハルツ委員会と並行して活動していた、いわゆる地方自治体財政改革委員会（Gemeindefinanzreformkommission）において主に進められた（Albers 2004：118）．二〇〇二年三月二七日、連邦政府（Bumdersregierung）は悪化し続ける地方自治体（Kommunen）の財政状態に直面して、地方自治体のためのこの「地方自治体財政改革委員会」を設置した．連邦大蔵大臣および連邦労働・社会秩序大臣（二〇〇二年の連邦選挙および連邦政府再編成の後は連邦経済雇用大臣）がその委員長のポストを占めていた．内閣の委員会設置決議に当たって、委員会に課せられた課題は、主として「委員会活動を地域団体のための営業税の将来に焦点化すること、ならびに異なる社会的所得移転システム（sozialen Transfersysteme）、とりわけ失業扶助と社会扶助のより効率的な編成による経済効果」を調

べることであった．

新しい給付の重要な目的は、人々を労働市場へ統合させることである．新しい給付は、就労可能な要扶助者のすべてを対象にすべきで、また就労可能な要扶助者と同じニーズ共同体に生活している就労不能な人々にも、生活給付の機会が与えられるべきであるとされた．同委員会では給付額についての合意は得られなかったが、新しい給付は少なくとも需要を充たすべきであるという点のみは合意がなされた．そして基礎保障給付の基準については、社会扶助がそうであるように、社会文化的な最低生活費が基準となるべきであるとした．そのために基礎保障給付の査定システムは、社会扶助に倣う必要があり、社会扶助はしたがって照準給付（Referenzleistung）としての機能を持つことになる．同委員会の委員は、給付の包括化（Pauschalierung）を推し進め、税金から支給される最低生活費の引き上げは見送るべきである、との前提から議論が開始された（Steck/Kossens 2005：2）．

（2）法案／調整手続

二〇〇三年九月一一日、連邦政府ならびにキリスト教民主同盟・キリスト教社会同盟（ＣＤＵ／ＣＳＵ）などの連邦議会連合は、失業扶助と社会扶助を統合するための法案を連邦議会に提出した（BT-Drucks15/1516）．キリスト教民主同盟・キリスト教社会同盟統治の州政府を代表して、ヘッセン州が、キリスト教民主同盟・キリスト教社会同盟連邦議会連合と同じ文面の草案を連邦参議院に提出した．多くの点で連邦政府の法案と、キリスト教民主同盟・キリスト教社会同盟の提出した生存基盤法（ＥＧＧ）のための草稿は一致していたので、基本的骨格および多くの実質的問題においては当初から合意がみられた．どちらの草稿にも共通していたのは、税金によってまかなわれている二つの扶助、失業扶助と社会扶助の①今日の社会扶助の水準での統合、②新しい給付に対する連邦による将来的費用負担、

③たとえ実際の管轄署が異なるとしても、均一の実施、④扶助を求める者の負担で立証責任転換の導入、すなわち扶助を求める者は以後、なぜ就労しないのか、根拠のある理由を立証しなければならなくなる、⑤受動的な給付受給者に対し、支援と要求をより強調すること、⑥適応協定（Eingliederungsvereinbarung）の締結義務、⑦度重なる労働拒否に対する制裁の強化、⑧以前の失業扶助および社会扶助受給者に対する就労奨励の統一、⑨方法は異なっていても、社会保険における双方のグループの平等な取り扱いである（Steck/Kossens 2005：2）．

両者の法案の大きな違いは、実施者（Trägerschaft）に関する問題にある．連邦政府の草案では、新しい給付を連邦雇用エージェンシー（連邦雇用庁の改称）に移管する予定であった．これに対し、キリスト教民主同盟・キリスト教社会同盟連邦議会連合の法案は、社会扶助を管轄している地方自治体の管轄区域を利用して、新しい給付に対する管轄を基本的には地方自治体に委嘱する意向であった．同時に、各州間の財政調整のほかに、連邦と地方自治体間の継続的スライド式の負担調整を修正し、憲法上保障することも考慮に入れていた．野党は、新しい給付の資金調達を基本的に連邦に割り当てたいという意見であったからである．

その他、両者の法案の大きな違いは、キリスト教民主同盟・キリスト教社会同盟連邦議会連合の草稿は政府の草稿とは反対に、低賃金層の支援（Förderung des Niedriglohnsektors）を予定している点にあった．ここで問題になるのは、国の保護給付受給資格をもたない、低所得層に対する賃金加算（Lohnzuschläge für Geringverdiener）である．この助成の新形式は、キリスト教民主同盟・キリスト教社会同盟連邦議会連合の生存基盤法の根幹を成すものであり、それはわずかな、あるいは乏しい専門教育しか受けていない人々にも新しい仕事を与えられるようにするためである．

二〇〇三年一二月、連邦議会に代表を送っている党派のすべての総裁が史上初めてそろって交渉の席につくという、画期的な調整手続き会議の終了後、地方自治体（郡および郡に属さない市）が望めば、実施を担うという選択肢を含むという妥協案で意見が一致した．しかし、通常の事例には連邦政府が提案したモデルが適用され、「受動的金銭給付」（passiven Geldleistungen）および労働市場への「能動的適応給付」（aktiven Eingliederungsleistungen）は連邦雇用エージェンシーが実施し、住居費用および心理社会的サービスは地方自治体の実施となる．その際、要扶助者に扶助を提供する機関を一本化するために新設される現業の協議体（Arbeitsgemeinschaften vor Ort zusymmenarbeiten）において、連邦雇用エージェンシーと地方自治体の双方の機関は協働することになる（Steck/Kossens 2008：3）．

この選択肢に関する条項（Optionsklausel）は原則ができあがったのみであったので、さらに連邦施行法（Bundesausführungsgegesetzes）が必要であった．この社会法典第二編による地方自治体実施選択肢法（Optionalen Trägerschaft von Kommunen）、は、非常に難しいさらなる調整手続きを経て、二〇〇四年六月三〇日にようやく完了した（BT-Drucks15/1516）．今日では、後述するように、全ドイツで計六九（現在は一一〇）の地方自治体に選択権が認められ、実験条項（Experimentierklausel）の枠内でそれが行使されている．

第2節　公的扶助制度の再編成

1．改革の趣旨

公的扶助制度は、いかなる拠出も要せずに基本的ニーズを租税でカバーする最終のセーフティーネットである．しかし、ドイツの最低生活保障制度は、単なる「受け皿」としてのセーフティーネットではなく、労働と生活を分離せずに、より快適な生活の基礎は労働にあるという認識から構築されたシステムといってよい．その基本的な考えはまさにワークフェアである．だが、脱工業化・サービス経済化あるいはグローバル化が進展している今日、その前提は必ずしも現実的とはいえない．そうだとすれば、雇用の機会を享受できるかどうかにかかわりなく、平等に最低限所得をすべての市民に国家が支給するという仕組みも、財政的に成り立つのであれば一定の合理性がある．こうしたベーシックインカムの実施には、一見すると膨大な費用がかかるように思える．だが、「各種の社会保障制度がベーシックインカムに統合されることやそれ自体が従来の社会保障制度に比べて単純な仕組みであるため、その運営にあまり費用がかからないと考えることができる」ので、「必要な費用はそれほど膨大なものにはならないという見方もできる」（平岡 2007：36）(7)．しかし、現実的には、少なくとも近い将来において、ベーシックインカムの仕組みが全面的に導入されるとは考えにくいが、この制度による就労へのインセンティブが失われるのを防止し[8]、この構想の趣旨を活かしながら導入されたのが、二〇〇五年実施のドイツ最低生活保障制度であるといえよう．

ところで、実効ある最低生活保障の確立は、生活に困窮している要扶助者を単に受け止める「セーフティーネット」というだけでは不十分である．とりわけ大量失業時代の今日にあっては、彼らをいったん受けとめたうえで、再び社会へ復帰させるという視点が必要になってくる（野田 2004：89-90）．個人の自立を強調することは理解できないことではないが、しかし、「作為」または「不作為」による保護の拒否は個人の自立の基盤自体を掘り崩しかねない．労働能力の有無にかかわらず、要扶助者については当然に最低生活保障を行うべきだし、このことが憲法の規定にも適うことになる．最低生活を保障したうえで、労働能力のある者については労働社会へ「再包摂」するという視点からすると、必要とされる福祉国家改革の重点はまず、就労能力のある要扶助者の労働市場への「包摂」を妨げている制度的諸要因の除去におかねばならないということになろう[9]．

しかし、社会保障の中心は労働社会への復帰を支援することにあるべきだとしても、「就労の義務」の強調、「労働のための福祉」というアプローチをとるにあたって忘れてはならないのは、こうした施策が失業者を本当に労働世界へ再包摂するものになっているかという視点である．「就労の義務」の強調は「社会的公正」の回復という観点から

（7）たとえば、小沢は日本におけるベーシックインカムの構想の実施は費用的に十分可能であると述べている（小沢 2007：164－180）．

（8）インセンティブ問題について後藤は「…経済学者たちが懸念するように、これらの制度はインセンティブ問題をともなうおそれがある」が、「人びとがそのように行動する可能性があるという問題と、そのような行動を人びとが容認することとは別問題である」と述べている（後藤 2006：172）．

（9）こうした考えを前面に押し出しているのが、A・ギデンズである．「福祉国家の改革がセーフティーネットを残すだけで終わってはならない」（Giddens 1998＝1999：181）．

のみ要請されるものではなく、「人間の尊厳」を各人に可能にするためのものでもあるという観点からするならば、「労働のための福祉」アプローチは決して失業者を単に低賃金労働に駆り立てるための道具になってはならない．重要なのは、就労能力の向上の視点であり、そういう点からして、「就労の義務」の強調は、職業訓練、技能習得、職業指導といった就労能力向上のための一連の施策と組み合わせられねばならない．福祉国家改革の重要な柱に、最低賃金の引き上げと税制および社会保障制度を「雇用促進的」なものにするとともに、自立的生活を営むのに窮している要扶助者に対する最低生活保障の制度確立を位置づけるべきであろう（野田 2004：91）．

ドイツの失業時生活保障としては、これまで失業手当、失業扶助、社会扶助の三重構造になっていた．すなわち、第一段階の失業手当がわが国の雇用保険求職者給付に相当する役割を担い、第二段階では社会保険と公的扶助の性格を併せ持つ失業扶助が、そして第三段階では、わが国の生活保護にあたる社会扶助が最後のネットとしての役割を果たすという構造である．しかし、一九七〇年代以降の失業期間の長期化に伴って、稼働能力のある失業者の社会扶助受給が増大するなど、失業扶助と社会扶助の対象者を明確に区別することができず、制度と予算の重複化の問題や失業者への支援体制の非効率性が指摘されていた（横井 2004：36）．既述したように、CDU／CSUの経済重視派やFDPは、失業者が再就職に消極的になっているのは手厚い失業給付や社会扶助給付にあるとの批判をかねてから行っており、労働市場改革の一環としての失業給付および社会扶助改革は、そうした批判を取り込み実施されたのである（田畑 2006b：10）．

2．求職者基礎保障制度の創設

労働市場改革の目的は「ハルツⅣ」によっても追求された．「ハルツⅣ」の骨子は、前述のとおり従来の失業扶助を廃止し、その代わりに失業手当Ⅱを創設することである．これまでの失業扶助は、失業手当の受給権を喪失した者等に対する給付であり、毎年その需要が審査されるというものの、支給期間に制限はなく、扶養義務のある児童のいる失業者には失業前賃金の五七％、その他は五三％を受給できる制度であった（Mohr 2007：116）．このように失業扶助の給付水準は、最低生活費を意識して決定されるものではなく、失業前賃金の高低によるため、失業前賃金が低位であった者の失業扶助の給付水準は社会扶助の水準に届かない場合も考えられる．しかし、失業扶助の給付額が少ないからといって、その世帯が要保護状態にあるとは結論づけられない．なぜならば、失業扶助が低額だとしても、世帯単位の収入にはパートナーの収入が加わるからである．事実、妻が失業扶助を受給し、夫は就労している世帯も多く、この点、女性の失業率が高い旧東ドイツ地域では、旧西ドイツ地域に比べると単身世帯が少なく、妻が失業扶助を受け、夫が就労している世帯が多い．こうした違いもあって、失業扶助受給者の中で、社会扶助を併給している人の割合は旧西ドイツ地域が旧東ドイツ地域に比べて多い（布川 2002：39）．なぜなら、失業扶助受給世帯において、社会扶助を必要とするかどうかは、失業扶助の給付額の多寡だけではなく、パートナーの就労に大きく左右されるからである．

いずれにせよ、実際は稼働能力のある失業者が社会扶助を受給するなど、両給付の対象者を明確に区別することができず、制度と予算の重複化を招いていた．また、失業扶助が連邦の費用で賄われるのとは異なり、社会扶助は地方自治体の郡（Kreis）または郡に属さない市の管轄となっているため、社会扶助支出は自治体にとって大きな負担になっていた．「ハルツⅣ」はこうした課題を解消することを狙いとするが、ここに創設された失業手当Ⅱの給付水準は、後述するように社会扶助と同程度になるので、これは事実上の失業扶助と社会扶助の統合である．この統合は、失業保険による通常の失業給付（失業手当Ⅰ）の受給を終了した長期失業者や、稼働能力のある社会扶助受給者を労働市場に呼び戻し、失業の減少と就労率のアップを目指して行われたものである（田畑 2005：47–51）．

しかし、「ハルツⅣ」が「痛み」を伴う改革だけに厳しい批判と多くの論争をまき起こした[10]．今回の改革による「失業手当Ⅱ」への移行は、人によってはこれまで受給していた失業扶助よりも受給額が低下することがあり、また、それを受け取るためには厳しくなった資産査定をクリアしなければならなくなる．こうした背景により、二〇〇四年八月以降は、失業者の多い旧東ドイツ地域を中心に、毎週月曜日に抗議デモが開催されていたが、さしたる混乱もなく同法は予定どおり二〇〇五年一月一日から施行された[11]．

3．社会扶助制度の生成と再編成

(1) 連邦社会扶助法の成立

ビスマルクの社会保険に始まるドイツの社会保障は、社会保険による労働者保護制度として歴史的に体系化されてきた．しかし、社会保険とともに社会保障を構成する主要な施策である公的扶助の近代的な制度化は社会保険にはるかに遅れてスタートした．

ヨーロッパにおいて後進国であったドイツは、一八七一年の統一とともに、一九世紀後半から産業化を急速に押し

(10) ドイツの有力週刊誌『Der Spiegel』（二〇〇四年第二九号）はハルツⅣ改革について「新しい出発か、それとも凋落か?….何百万人もの失業者は極度の損失を覚悟しなければならない．どんな仕事も今後は割り当てられるようになる．そして、失業者は減るのだろうか?」と報道した．これが引き金になってハルツⅣ改革に厳しい批判が向けられるようになった．

(11) ドイツの新聞「Die Welt」（二〇〇五年三月七日付）の報道によると、「ハルツ改革」を支持する者が五一％、不支持が四一％となっている．また、失業扶助と社会扶助の統合には四九％が賛成し、反対の四二％を上回っており、国民は「ハルツⅣ」の実施後はそれを肯定的に捉えていることがわかる．

進めたため、労働条件が悪化し、労働者の生活はきわめて深刻な状況におかれていた．こうしたなかで労働運動とこれに連動した社会主義運動が高まりをみせ、その勢力を拡大していったのに対して、鉄血宰相とよばれたビスマルクは、社会主義政党とそれに近い組合を弾圧するために「社会主義者鎮圧法」（一八七八年）を制定する一方で、世界に先駆けて社会保険制度を設け、労働者と国家の融和を図ろうとした．これが「ムチとアメ」（Peitsche und Zukerbrot）の政策であり、当時のドイツ社会政策の典型とされたものである（近藤 1963：90）．

一八八三年の疾病保険法、一八八四年の災害保険法、一八八九年の老齢・廃疾保険法というビスマルクの社会保険は、こうした意図の下で制定されたのである．ドイツ社会保険は、ビスマルク失脚後も発展を遂げ、一九一一年にはそれまで不統一であった関連諸法規を体系化して統合を図るため「帝国保険法」を制定し、社会保険の運営を監督する統一官庁が設立されるとともに、サラリーマンを対象とする職員保険法が実現した．

このように労働者を対象とした社会保険が形成されることによって、ドイツ社会保障制度の体系の基礎が築かれたのであるが、労働者問題としてではなく、一般的な「貧困」の問題が社会問題として注目されるようになったのは、第一次世界大戦後になってからであった．第一次世界大戦後に急増した失業者のために、一九一四年の失業扶助に関する細則および一九二七年の職業紹介および失業保険法が新たに制定されたが、これら社会保険を補完するに相応する新しい対策と公的扶助の立法化が要請されていた．要するに、第一次世界大戦は「貧困階層の変化」（Umschichtung von Armut）を引き起こし、旧来の貧困層に加え、多数の国民階層が貧困化し、公的扶助の対象となったのであった（Sachße/Tennstedt 1988：49）．

こうした新しい貧困階層に対する公的扶助の新規制は、一九二四年二月のドイツ救助義務に関する細則（Reichpflichtverordnung）および「公的扶助の要件、種類および程度に関する帝国の諸原則」（Reichsgrundsätz über Voraussetzung, Art und Maß der öffentlichen Fürsorge）によって実施されることになった．この規制は、その後変更を経つつ、第二次世界大戦後も適用され、公的扶助制度の基盤になったものである．しかし、この規制には法的根拠がないということで、学説や判例は扶助請求権を否定していた．

だが、一九四九年に制定された基本法（ＧＢＤ）ならびに連邦行政裁判所は、こうした従来型の公的扶助法を根底から見直すことを迫った．基本法第一条第一項が「人間の尊厳の保護」を謳い、同法第二〇条第一項が「民主的社会国家」という国家体制の原理を宣言したのを受けて、連邦行政裁判所は一九五四年六月二四日の判決において、公的扶助の運営主体は扶助を必要とする人に対して法的義務を負い、当該者は訴追できる法的請求権を有すること等を判示し、基本法の理念に合致する新しい公的扶助の立法化を要請したのである．一九五七年の身体障害者福祉法、一九五九年の結核予防法などの個別立法の法制化は、こうした要請を具体化したものであった．

そこで、連邦政府は長い準備期間を経て、一九六〇年四月に連邦社会扶助法案を議会に提出した．同法案は、一九六一年六月三〇日に連邦社会扶助法（Bundessozialhilfegesetz）として可決・公布され、施行のための一年近くの準備期間を設けて一九六二年六月一日から施行された．同法は、さきの身体障害者福祉法や結核予防法を統合・吸収するなどして、扶助法の包括化を行い、第二次世界大戦後の西ドイツ社会的保護立法となったのである．同法の制定により、従来の慈恵的な響きをもつ「公的扶助」（öffentliche Fürsorge）という用語に代えて、新たに「社会扶助」（Sozialhilfe）という用語が採用され、現代的な公的扶助制度の理念を明確化したのである（田中 1999：152）．

（2）「ハルツⅣ」改革と社会扶助制度の再編

連邦社会扶助法は、その後幾度も改正されてきたが、一九九〇年の旧東西ドイツの再統合の後は、若干の特例を除

表1-2-1　社会法典第12編の構成

第１章	総則 社会扶助の任務（第１条）、社会扶助の後順位性（第２条）、社会扶助の実施者（第３条）、協働（第４条）、民間社会福祉との関係（第５条）、専門職（第６条）、連邦の課題（第７条）
第２章	社会扶助の給付
第３章	生計扶助
第４章	老齢および稼得力減退期における必要に応じた基礎保障給付
第５章	保健扶助
第６章	障害者統合扶助
第７章	介護扶助
第８章	特別な社会的困難を克服するための扶助
第９章	その他の境遇に対する扶助
第10章	施設
第11章	所得および資産の活用
第12章	社会扶助実施機関の管轄
第13章	費用
第14章	手続的規定
第15章	統計
第16章	経過的規定および附則

出所）Sozialgesetzbuch（SGB）12編-Sozialhilfe により作成

いて、ほぼ全面的に旧東ドイツ地域の各州にも適用され、ドイツ連邦共和国共通の社会扶助給付と法的権利性が確立されるに至った。しかし、既述したように、東西再統合による失業者の増大、とくに失業期間の長期化に伴って稼働能力のある失業者の社会扶助受給の増大などがみられ、長期失業者が社会的給付に依拠して就労意欲を失い、社会から脱落してしまう現象の拡大がみられ、また失業者への支援体制の非効率性が指摘されていたため、失業関係給付の改革に相まって社会扶助の改革も行われ、連邦社会扶助法（ＢＳＨＧ）は社会法典の第一二編として編纂された[12]。それまで連邦社会扶助法の第一八条～二〇条に規定され、就労可能な要扶助者に対し実施されていた就労扶助は、各自治体ごとにその取り組みに濃淡があり、ドイツ連邦全体で見る限り必ずしも有効とは言い難いものであった。そのため、この就労扶助は社会法典第二編第一六条に組み込まれ、社会扶助（SGB第一二編）から切り離されるに至った．したがって、就労可能な要扶助者は、社会法典第二編の「求職者基礎保障」の適用を受けるものとされ、社会扶助の対象は就労不可能な要扶助者に限定されることになった．

ところで、連邦社会扶助法は一九五四年の連邦行政裁判所の判決に基づいて一九六二年に発効し、それによって全国共通の社会扶助給付と法的権利性が確立されることになったが、同法は二〇〇四年一二月三一日にその歴史的発展にとりあえず終止符が打たれたことになった（Hüttenbrink 2004：3）．社会扶助をさらに発展させることとし、社会扶助を新たな第一編として社会法典に組み込むことは、立法機関の長い間の懸案であったが、二〇〇五年一月、それがようやく実現したわけである（表1–2–1）．

なお、「老齢期および稼得能力減退期の必要に応じた基礎保障付」（以下「老齢障害等基礎保障給付」という）は、二〇〇一年に成立した「法定年金保険の改正および資本カバーされた老齢準備財産促進のための法律」の第一二章「高齢期および稼得力減退期の必要に応じた基礎保障法[13]」（Gesetz über eine bedarfsorientierte Grundsicherung im Alter und bei Erwerbsminderung）において定められていたが、今回の社会扶助改革では同法が殆ど変更を加えられずに社会法典第一二編第四一条～四六条に編入されることとなった．

（12）これにより社会法典は、総則（第一編）、求職者基礎保障（第二編）、労働助成（第三編）、障害保険（第七編）、児童および青少年保護（第八編）、身障者のリハビリテーションと社会参加（第九編）、社会福祉行政手続およびデータ保護（第一〇編）、介護保険（第一一編）に加え、社会扶助（第一二編）から構成されることになった．

（13）本法は高齢期および稼得力減退期にある者であって、年金給付などで必要な収入が得られない者が、社会扶助の申請を行わないでいることによる「隠れた貧困」に陥ることを防止する目的で、租税により必要に応じた給付を行う制度であった（松本 2004：228）．

わが国でも二〇一三年一二月、生活保護改革法が成立したが、ドイツのようなセイフティーネットについての抜本的改革は行ってはいない．制度創設以来、わが国の生活保護制度は性格の異なる対象を丸抱えしているものの、ドイツと異なり、就労世代に対するセイフティーネットが極めて不十分である．「いま、国家・市場・福祉の連鎖は大きな裂け目をのぞかせている」（吉原 1996：268）が、こうした社会的亀裂を補整し、また健全な労働市場を構築するためにも、雇用保険制度と生活保護制度の問題点と可能性を検討したうえで、新たにセイフティーネットを張りなおす必要がある（戸田 2010：29）．

4．求職者基礎保障制度と社会扶助制度との関係

社会法典第二編第五条では他の実施者の給付、特に他の社会給付の実施者との優先関係を定めている．法はここで再度、助成概念（SGB第一二編第二条第二項、第三条第三項も合わせて参照のこと）を再び規定する．すなわち、他の実施者の義務および給付は、基本的に社会法典第二編による給付に優先する．法は社会法典第二編第五条第一項二号において、社会法典第二編に同等の給付があるからという理由で他の実施者の裁量給付を拒否することはできない、と明確に示している．

社会扶助に対する優先関係（Rangverhältnis zur Sozialhilfe、SGB XII）は第五条第二項で、次のように規定している．すなわち、社会法典第二編に基づく生活費保障のための給付の請求権は、社会法典第一二編に基づく生活費保障のための給付を排除する（例外：SGB第一二編第三五条に基づく「施設での必要生計費」の給付、ならびに社会法典第二編第二二条第五項に基づく「特別な場合の家賃負債」の引受）．しかしながら、老齢および稼得能力の減退に際しての「老齢・障害等基礎保障」に対する請求権（SGB第一二編第四一条より第四六条）は、社会手当（SGB第二編第二八条、つま

り就労可能な要扶助者と同一のニーズ共同体に生活する就労不可能な者に対する給付）に優先する．社会法典第一二編第四七条より第七四条による他の社会扶助給付は、必要に応じて社会法典第二編による生活費保障のための給付に加え補う形で支給することができる（Hüttenbrink 2004：15）．

社会法典第二編第五条第三項によれば、要扶助者が催告したにもかかわらず申請をしなかった場合、要扶助者に代わって、連邦雇用エージェンシー自ら他の実施者に給付申請を行う事が出来る．このように、社会法典による給付の後順位性の原則を確定するために、他の実施者に対する請求権を行使できる旨保障されている．このことに関して重要なのは、社会法典第二編第五条第三項第二号の定めるところによれば、社会法典第二編による実施者に過失がなく期限が切れてしまっても、他の実施者に対しては何の影響も持たないということである（田畑 2008：49）．

第3節 公的扶助の仕組みと給付区分

1．公的扶助の体系―ハルツⅣの概要

ハルツⅣについては、広く民衆とメディアの関心を強くひきつけてきたのであるが、何年もの間、社会的扶助に関連し、何百万という人々にとって当たり前だった規定が問題になった（たとえば、就労要可能性、児童貯金通帳の活用）．失業者が多く発生する経済成長が停滞した時代においては、すべてが不確かな雰囲気の中にあるが、大多数の人に関わりのある規定が不透明であるため、不当と受け取られるとすれば、パニック、ひいては激怒を呼ぶのは当然であり理解できる．しかし、規定をもっと正確に見て、より理解を深めれば、新しい規定は以前の法律に比べて多くの点が改善されていることがわかる．従来の社会扶助受給者にとって、ハルツⅣは通常基準額（Höhe des Regelsatzes）の実質的な改善ばかりでなく、法定年金保険、健康保険・介護保険への参入をもたらしている．さらに新しい法律は該当者グループの両方、つまり、以前の社会扶助受給者および以前の失業手当受給者に対するケア、支援と要求（Fördern und Fordern）就労奨励の諸条件改善を行っている（Löschau/Marschner 2004：2–4）．

就労が可能な者およびその家族に対する求職者基礎保障給付の規定は、対立する部分もあるため、諸要求に沿うよ

うに多様化する必要がある．諸規定は，一時的に自助・自立できない者に「人間にふさわしい生活」を可能にするが，これらの人々を再び自己責任による存在へと解放するにふさわしい奨励規定を定める．もちろん，生活保護システムを維持するため，これらの費用を負担しなければならない人々に負担をかけすぎることがあってはならないし，「これ以上の実質的改善を望む者は，その要求の対象が副収入（Hinzuverdiensten）であろうと，資産枠（Vermögens-freigvenzen）であろうと，生活費給付（Leistung zum Lebensunter）であろうと」，そこにかかる金銭は「他人により調達されているということを知るべきである」．連帯責任は両サイドに求められ，就労者に対する失業者の連帯責任であっても，またその逆であっても，「失業にかかる費用による全体の負担を極力抑えるために，失業者はそれ相応に寄与しなくてはならない」（Steck/Kossens 2005：4）．

ハルツⅣは，当然ながら労働市場への再適応（Widereingliederung）を目標として，以前の失業手当や社会扶助双方のシステムが実施してきたよりも，扶助受給者のケア（Betreuung der Hilfeempfänger）により重きを置いている．今までは，担当者が定期的かつ集中的にケア等で該当者と関わることはせずに，彼らに毎月の支払いを行うことが中心であった．ハルツⅣはそれとは逆に，扶助受給者の社会復帰の優位性をはっきりと強調し（SGB第三条第一項第二号），憲法で保障されている従来の社会扶助による実質的保護を減じることなく，必要な役務を提供することであった．

税金によって賄われている失業手当と社会扶助の二つの生活保護システムは，どちらかといえば，従来の社会扶助システムに近い新しい給付法に統一された．たとえば，活用できない資産の規定など，いくつかの領域では，逆に新法律が従来の失業手当に沿っているばかりか，その規定を改善さえしている．生活費支給についての規定は，従来の社会扶助に類似しているし，失業手当Ⅱや社会手当は以前の基準額を思い起こさせる．ハルツⅣは，かつての社会扶助と同じように，就労要求可能性が定められているし，また住居費用の負担や臨時労働（Arbeitsgelegenheiten：いわゆる一ユーロジョブ）についての規定もある．換価できない（保護）資産についての規定も置かれ，従来の失業手当，とりわけ以前の社会扶助に比べ，明らかに規定上改善がみられる．失業手当や社会法典第三編からあらゆる適応措置のサービスが提供され，かつての社会扶助受給者もこれらの措置を利用することができることになった(14)．

2．従来制度との比較

基本的には就労できるにもかかわらず，仕事がなく扶助を必要とする人々については，これまでさまざまな機関で支援が行われてきた．それは公共職業安定所（現：雇用エージェンシー）であったり，または福祉事務所（Sozialämtern）であったり，または両機関によるときもあった．ステックらによると，この要扶助者たちは二つの異なるシステムから金銭給付も適応措置の違う給付を受けていた（Steck/Kossens 2005：5）．

・従前の生業により，失業手当請求権を得た失業者は，その終了後は，雇用エージェンシーより失業扶助を受けていた．また，雇用エージェンシーが新しい職探しにあたっても援助していた．
・失業手当または失業扶助の請求権のない失業者は，福祉事務所から社会扶助および就労扶助を受給していた．
・失業扶助または失業手当を受給しているものの，その金額が最低生活費を保障するには足りない失業者は，福祉事務所から補足的に社会扶助を受けていた（いわゆる「上乗せ受給者」Aufstocker）．

（14）失業手当Ⅱ（AlgⅡ）に関する情報は雇用エージェンシーで，あるいはインターネットサイト www.arbeitsagentur.de，または連邦雇用エージェンシーホットライン01801-012012で入手できる．

失業扶助は保険給付と扶助給付（Fürsorgeleistung）の中間的位置を占めていた．「失業扶助は，有効期間を過ぎた失業手当請求権を受け継ぐもので，期限付きの保険給付である失業手当とは違って，期限的制約はないが（引退するまで），困窮度により左右される給付である（Bäcker 2004：88）．その給付額は社会扶助とは異なり，家計の需要ではなく，個人的給付として，最後に得られた手取りの労働報酬に関連していた．需要査定，すなわち，収入と資産の算入ならびに就労要求可能性の基準が，社会扶助よりも緩やかであったことにも，その中間的立場が現れていた．それにもかかわらず，失業扶助は社会扶助と同じように，税金によって賄われる福祉扶助給付であり，保険給付ではなかった．

政府自身の発表によれば，二〇〇三年，連邦政府は約一六五億ユーロを失業扶助に支出し，地方自治体はおよそ九五億ユーロを社会扶助として就労可能な要扶助者に費やしたという．この巨額の出費は，それでも該当者の扶助必要性をすみやかに克服するのには役立たなかった．失業扶助は平均二六ヵ月にわたって支払われなければならず，社会扶助にいたっては平均二八ヵ月間支払っていた．しかも，失業期間が長くなるにつれて，対象者の就労復帰はますます難しくなる．二〇〇五年の連邦政府の財政案によれば，社会法典第二編による給付に二四五億ユーロの支出を見込み，そのうち九六億五千万ユーロが長期失業者の統合およびケアに充てられると見込んでいた．

現段階にあっても，既に雇用エージェンシーと福祉事務所が協働している地域や，個人相談担当者が熱心に世話している地域，また扶助必要性を引き起こす原因となる問題にあらゆる手段を用いて全面的に取り組んでいる地域では，よりよい結果を生んでいる．つまり，集中的なケア構想だけでも，ヨーロッパ近隣諸国の経験に現れているように，国の扶助に頼っている人々の数を大幅に減らすことができると考えられていた（Steck/Kossens 2005：6）．

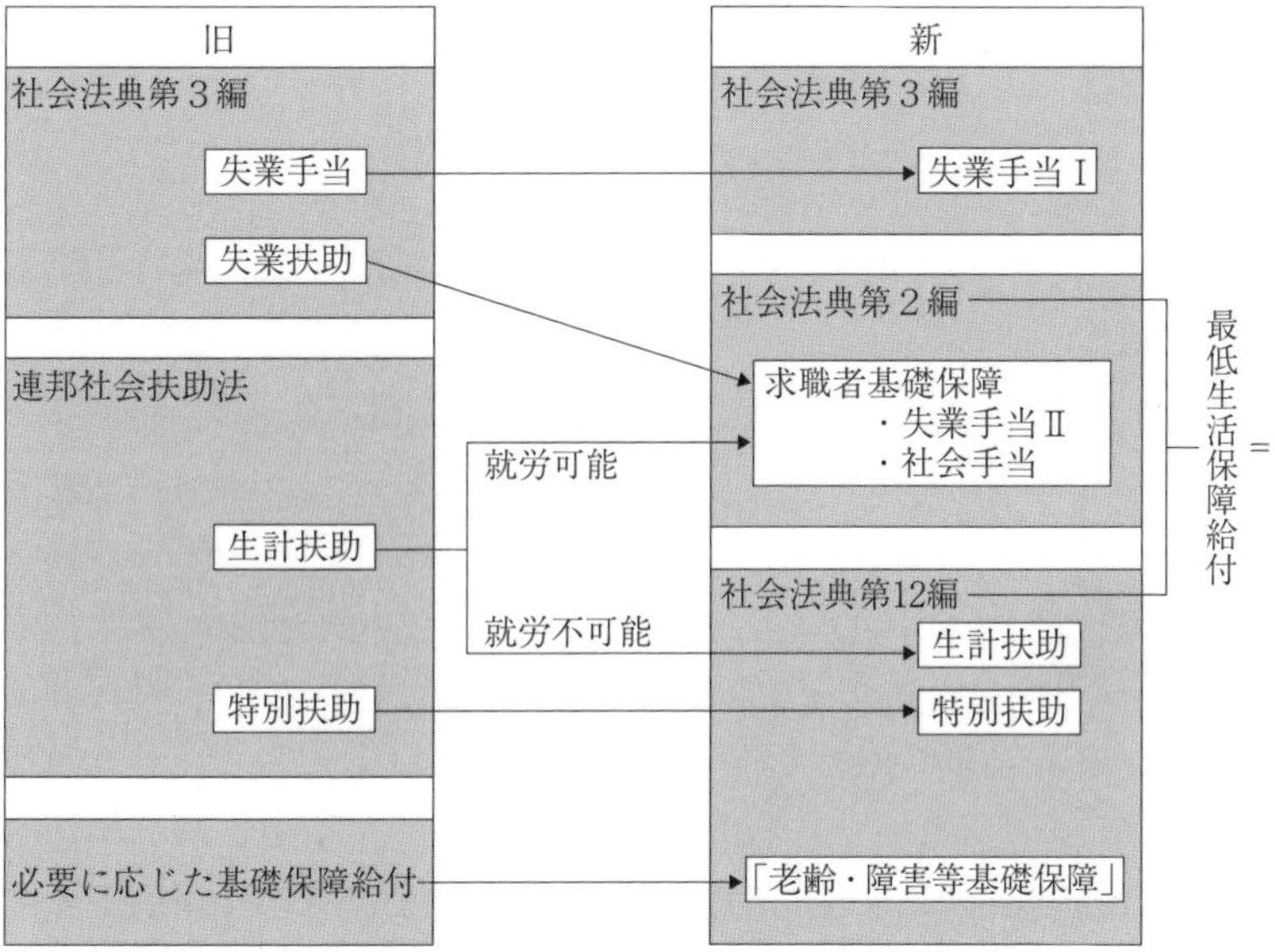

出所）Kunkel 2005a：21をもとに作成

図1-3-1　最低生活保障制度の構成

3．最低生活保障制度の構成と給付区分

ドイツ最低生活保障制度は、労働市場改革の一環として行われた失業扶助と社会扶助の統合によってその枠組みを変え、二〇〇五年一月一日からは、図1－3－1にみるように、社会法典第二編の求職者基礎保障としての失業手当Ⅱ・社会手当と同一二編の社会扶助から構成されることになった（田畑 2006d：3）。

最低生活保障給付の受給資格は、年齢ならびに稼働能力の有無のカテゴリーにより、①就労可能で扶助を求める者、および社会法典第二編第七条第三項でいう、そのニーズ共同体で生活している世帯構成員、②一八歳以上で就労不能な扶助を求める者、あるいは六五歳以上の者、③その他の給付受給資格のある者、の三つのグループに分けられる（Böckem 2007：18）。

グループ①は、社会法典第二編の求職者基礎保障のみを受け、社会法典第一二編の生計扶助を受けること

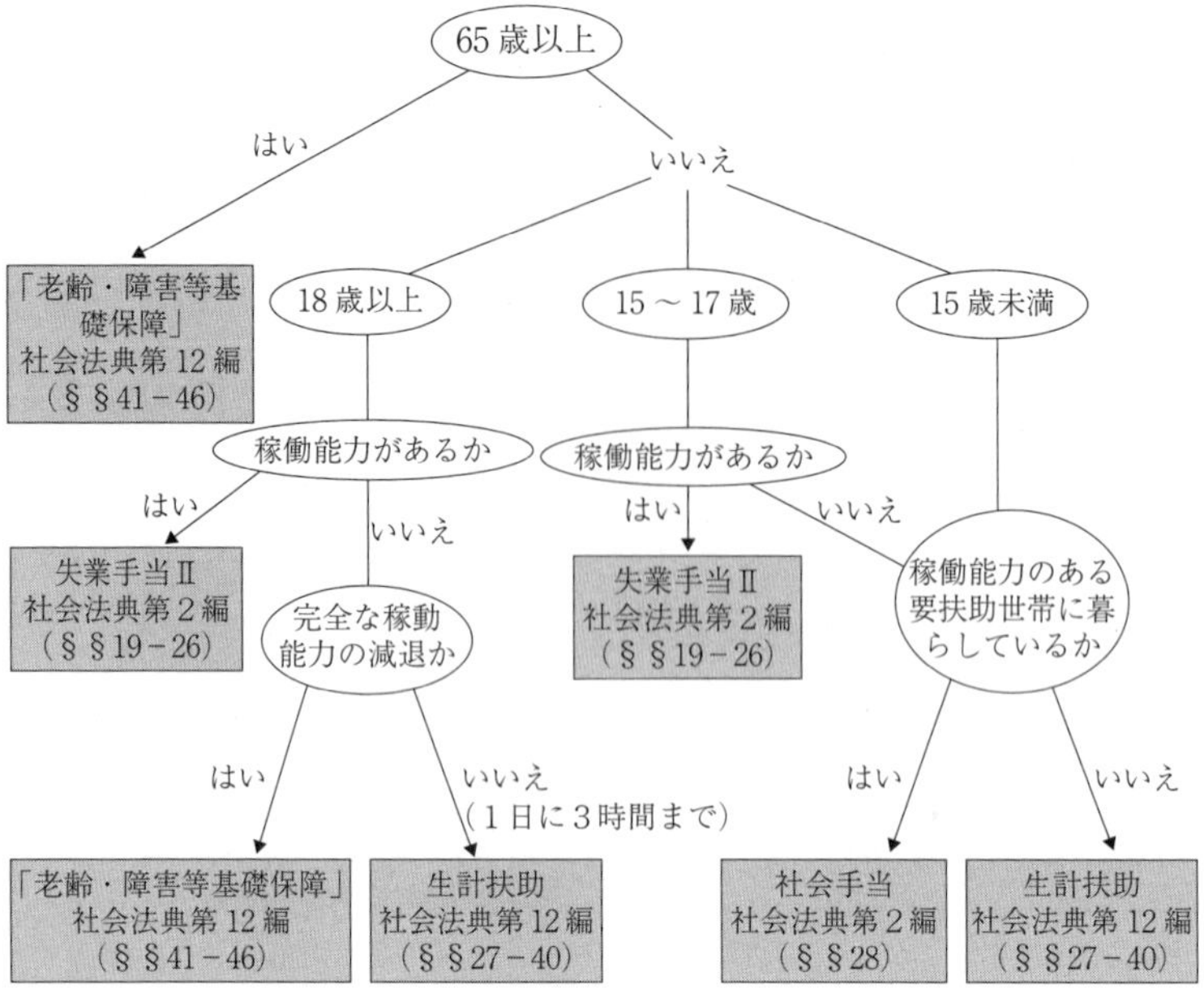

出所）Klinger/Kunkel/Peters/Fuchs 2005：188.

図1-3-2　給付区分

はできない．しかし，社会法典第二編第七条に規定する者は，社会法典第一二編第四七条より第七四条に基づくその他の特別扶助を補足的に受けることができる．グループ②は，社会法典第一二編第四一条より第四六条に基づく生計扶助給付（「老齢・障害等基礎保障」）を受ける．加えて，社会法典第一二編第四七条より第七四条に基づくその他の特別扶助を補足的に受けることができる．グループ③は，必要生計費を自己の収入や資産によっては調達できないか，または充分に賄うことのできない場合に，社会法典第一二編第二七条より第四〇条に基づく生計扶助が給付される．グループ③に該当する者は充分な収入や資産を持たない限り，社会法典第一二編第四七条より第七四条に基づくその他の特別扶助をも補足的に受けることができる．このグループ③の人的範囲がもっとも小さい．たとえば，両親の死後，両親の友人（SGB第二編や第一二編による受給資格はない）の家庭に引き取られたときの一五歳未満の孤児や、両親が社会法典第一二編第四一条以下に基づく「老齢・障害等基礎保障」の受給資格者であるときの一五歳未満の子どもは、グループ③の者として社会扶助受給資格がある（図1－3－2）.

第二章　求職者基礎保障制度

第1節　受給資格者の範囲と受給要件

1．受給資格者の範囲

求職者基礎保障に対する請求権については、社会法典第二編第二章にその要件が、受給資格者の範囲については、社会法典第二編第七条に定めてある（図2－1－1）．法はここに就労可能な受給資格者をまとめて取り上げているが、外国人がこれに該当するとすれば、それは労働許可法の規定に基づいて就労が認められているか、認められる可能性のある場合に限られる（SGB第二編第七条第一項第二号、第八条第二項）．「難民資格取得者給付法」（AsylBLG）による受給資格者として、難民資格取得者および出国義務のある国外追放一時保留者は、求職者基礎保障を受けることができない（田畑 2006d：5. Brand 2005：27）．

加えて、就労可能な要扶助者と同一のニーズ共同体に生活する就労不可能な要扶助者にも給付が支給される．しかし、これらの人々は失業手当Ⅱではなく、社会手当（sozialgeld）と呼ばれる金銭給付を受ける（SGB第二編第二八条）．社会法典第二編による現物給付およびサービス給付は、その給付によりニーズ共同体の構成員の要扶助性が解消または軽減されるか、就労可能な要扶助者の労働適応に際し、障害が除去または低減される場合に限り支給される（SGB第二編第七条）．

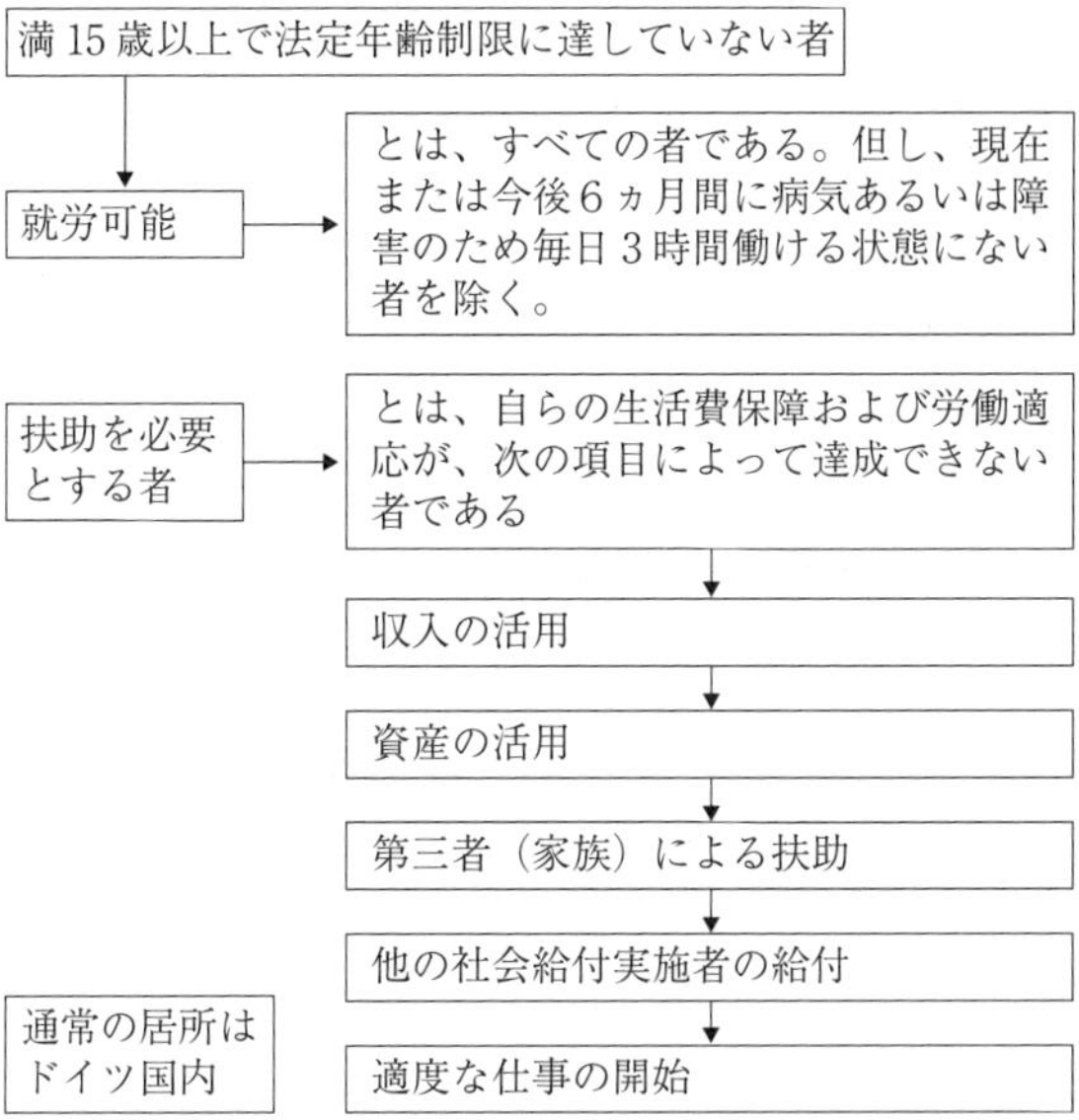
満15歳以上で法定年齢制限に達していない者
就労可能
とは、すべての者である。但し、現在または今後6ヵ月間に病気あるいは障害のため毎日3時間働ける状態にない者を除く。
扶助を必要とする者
とは、自らの生活費保障および労働適応が、次の項目によって達成できない者である
収入の活用
資産の活用
第三者（家族）による扶助
他の社会給付実施者の給付
通常の居所はドイツ国内
適度な仕事の開始

出所）Marburger 2012：12.

図2-1-1　受給資格者の範囲一覧

（１）就労可能な要扶助者

就労可能な要扶助者については、社会法典第二編第七条第一項に定めている．それによると、①満一五歳以上で、法定年齢制限（ＳＧＢ第二編第七条ａ）に達していない、②就労可能な、③扶助を必要とする者で、かつ④通常の居所がドイツ連邦共和国にある者である．

外国人は、社会法典第二編第八条第二項により就労が許可されているか、許可される可能性のある場合、通常の居所がドイツ連邦共和国にあることになる．しかし、欧州連合（ＥＵ）に所属してない外国人については、滞在法により、期限付き滞在許可証が「正式の」資格とみなされる．通常は、一定の滞在期間が経過し、さまざまな条件を満たした上で、滞在法第九条による定住許可を取得して滞在を確定するが、期限付きで入国許可された外国人は、ドイツにおいて継続的に滞在する見通しを持つという選択肢が基本的に与えられている、ということになる．これらの滞在資格には、社会法典第二編第八条第二項の条件があるばかり

でなく、社会法典第二編第七条第一項第一文第四番により、通常の居所を規則的に是認する必要もある．しかし、期限付きの滞在許可であり、このような許可は通常延長は認められていない．この種の短期限の滞在は、短期間の活動にしか活用できず、継続的な滞在の見通しを立てることは適わない．このような活動には、①休暇中の仕事、②季節労働者、③展示会補助、④オーペア（Au-pair=住み込みで賃金のない仕事）、⑤出稼ぎ労働者などがある（Hüttenbrink 2011：20）．

このような場合、外国人局によれば、初めから期限付きの滞在しか許可されず、滞在延長は通常できないため、一般的にドイツ連邦共和国内の「通常の居所」（gewöhnlichen Aufenthalt）という点からは除外されている．外国人に一年以上の滞在許可がある、またはそのような許可を得てすでに一八ヵ月が経過している場合は、その限りではない．社会法典第一巻第三〇条第三項第二文のように、ドイツ国内に滞在し、その滞在状況が、その場所またはその地域で一時的に過ごすだけではない、ということがわかる状況である場合に限り、ドイツ国内の通常の居所は裏付けられるということになる．このことから、該当者は一年のうち一八三日以上ドイツ国内に滞在することが前提条件となる．

外国人の滞在権が求職活動の目的のためにだけ生じる場合、許可を与えることはできない（SGB第二編第七条第一項第三文）．EU内の外国人については、EU自由移住基準（EU-Freizügigkeitsrichtlinie 2004/38/EG）も考慮すべきである．それによれば、EU市民の滞在権は社会扶助給付を請求したという理由だけで切れるわけではない．むしろEU内の外国人については、常にあらゆる状況を観察して、それぞれのケースを査定する必要がある．求職活動期間に制限を設けるのは理に適っている．期間制限は、いかなる場合にも五年間以内に設定しなくてはならない．この期間が過ぎれば、EU自由移住証明書はとくに深刻な理由がない限り、取り上げることができない．

難民資格取得者給付法第一条（AsylBLG）による受給資格者は、社会法典給付の対象から完全に除外される．この人的範囲は、難民資格取得者給付法による給付のみを受給する．滞在権に関する規則は、通常、影響を受けない．

(2) ニーズ共同体

就労可能な受給資格者と同一のニーズ共同体（Bedarfsgemeinschaft）に住む世帯構成員（ＳＧＢ第二編第七条第三項および第三項）とは、①就労可能な受給資格者（ＳＧＢ第二編第七条第三項第一番）に加え、②二五歳未満でかつ未婚で就労可能な子どもと同一世帯で生活している両親、または単親、および同一世帯で生活している単親のパートナー（ＳＧＢ第二編第七条第三項第二番）、③就労可能な受給資格者のパートナーとして、(a) 継続的に別居していない配偶者、(b) 継続的に別居していない人生パートナーシップ法の指す人生パートナー、(c) 就労可能な要扶助者と共に同一世帯に同居しており、納得して互いの意思を尊重し合う結果、相互に責任を取り合い、相互に保証し合うと想定すべき者（ＳＧＢ第二編第七条第三項第三番）、④同一世帯に属し未婚の、１番から三番に列挙された者の子ども（ただし、その子どもがまだ二五歳に達しておらず、自己の収入や資産によっては、自己の生活費を調達できない場合）（ＳＧＢ第二編第七条第三項第四番）である[15]．ニーズ共同体という概念は扶助算定にとって重要である（田畑 2011a：40–41）．なぜなら、「民法の扶養請求権にも、社会法典第二編による請求権があるかどうかにも関係なく、ニーズ共同体のどの構成員にも、ニーズ共同体の構成員全員の総需要を充たすために、自己の収入および資産を活用すること、すなわち、家族全員に等しく『ひとつの財布で』（aus einem Topf）やりくりすることが期待されている」（Steck/Kossens 2005：18. Winkel/

---

(15) 社会法典第二編第七条でいうニーズ共同体（Bedarfsgemeinschaft）の概念を社会法典第二編第九条第五項でいう世帯（Haushaltsgemeinschaft）と混同してはならない．世帯はニーズ共同体よりも範囲が広く、ニーズ共同体に同居する者すべて含む（Hüttenbrink 2011：26）．

Nakielski 2004：46）からである．

社会法典第二編第三八条では，就労可能な要扶助者が「いわゆる世帯主として」，ニーズ共同体全体を代表して行動する全権が委ねられていることが規定されている（ＳＧＢ第二編第一九条，第二〇条）．しかし，これは実際的な理由によるだけの話で，ニーズ共同体の家族は誰でも給付受給請求権を持つという事実に変わりはない．ニーズ共同体内の個人は，誰もが扶助を必要としているので，各々の特別なケースは別として，ニーズ共同体は社会法典第二編でも第一二編でも同じように規定されている．したがって，同じ家族の中で一部は社会法典第二編，一部は社会法典第一二編が適用されても問題は生じない．

社会法典第二編第七条第三項ａによれば，未婚で生活を共にする者に対し，以下の項目の一つ以上が該当する場合に，「相互に責任を取り合い，相互に保証し合うという互いの意思」が推定される．すなわち，①一年を超えて同居している，②共通の子と同居している，③世帯内の子どもまたは家族の面倒を見ている，④相手の収入または資産を自由に扱う権限がある場合である．

しかし，ここに列挙した状況は，社会法典第二編第七条第三項ａによる法的推測の前提条件でしかなく，決定的ではない．このような事実がなくとも，また相応する想定に矛盾しても，いわゆる保証世帯（Einstechengemeinschaft）にすることは可能である（そのための証明義務は，給付主体にある）．たとえば，申請者が賃借した住居に同居して三ヶ月で，妻は妊娠六か月目で，まもなく子どもが生まれる予定であるとする．この場合，同居期間は短いが，保証世帯にすることができる．理由は，このカップルは二人の子の出産が間近に迫っているため，共通して人生の責任ある立場に立ったことが，この状況から示されているからである（Hüttenbrink 2011：22）．

社会法典第二編第七条第三項ａと関連して，第七条第三項第三番ｃの改定により，人生パートナーシップ法（Lebenspartnerschaftsgesetz）による人生パートナーではない同性愛カップルにも、ニーズ共同体になる可能性がある．就労可能で両親と同居している二五歳以上の子どもは、両親のニーズ共同体には所属してないが、世帯には所属している．この点に関しては、独自のニーズ共同体を形成するので、社会法典第二編による求職者基礎保障を独自に申請しなくてはならず、その結果、この子どもに対しても、社会法典第二編第二〇条により、通常需要ステップ1と評価されることになる．

就労可能で未婚の二五歳未満の子どもが両親の住居から引っ越して独立しようとする時は、住居に関する契約を結ぶ前に、実施者が受給資格者に給付を確約した場合、引越し時点から満二五歳になるまでの期間、住居と暖房のための給付に限り受給する（SGB第二編第二〇条第三項第一文）．重大な福祉上の理由で、該当者に両親または単親の住居に同居するように指示できない場合、または住居への入居が労働市場へ統合するために必要な場合、または類似したその他の重大な理由がある場合には、社会法典第二編第二二条第五項により、地方自治体実施者は給付を確約する義務がある．重要な理由から、該当者に確約を得ることが期待できない場合、費用引き受けの確約のための従来の必要条件はケースに応じて見直しても良い．まだ二五歳に達していない者が給付受給の前提条件を発生させるために、給付を申請する前に意図的に住居を引っ越した場合は、住居と暖房のための給付は支給されない（SGB第二編第二二条第五項）．

管轄実施者の同意を得ずに転居した場合、子どもは生後一五年目の初めから満一八歳になるまでが二七五ユーロ、満一八歳以上は二九一ユーロを受給する（SGB第二編第二〇条第五項と関連して第二項）．就労可能な子どもが満一八歳になり、両親と同居している場合、子どもは通常、世帯構成員として（世帯主の通常基準額の八〇％）通常給付を受給する．

同一世帯に生活している（就労可能な）両親または単親は、社会法典第二編第七条第三項第一番により、子どもが二五歳に達するまでの期間に限りニーズ共同体に属する．たとえば、就労可能な一六歳の娘が、四〇歳で就労不可能な母親と同居している場合、両者は社会法典第二編第七条第三項第二番によるニーズ共同体を形成する．しかし、就労可能な娘が二五歳に達すると同時に、母親は社会法典第二編による給付は受けられなくなり、社会法典第一二編第四一条以下の「老齢・障害等基礎保障」の給付に限り受給することができる．

両親と同一世帯に住む二五歳未満で未婚の子どもは、原則としてニーズ共同体に属し、一〇〇分の八〇に減額された通常給付を受給する．両親世帯のこのような子どもが、自己の子やパートナーと婚姻類似共同体（eheähnlichen Gemeinschaft）に同居する場合、基本的にこのような子どもは自己の子やパートナーともニーズ共同体を形成するため、競合状況が生じる．子は一つのニーズ共同体にしか属することができないため、このような場合には競合状況を次のように解決する．

二五歳未満で未婚の子どもに、次のような場合が一つでも当てはまる時は、このような子どもは、両親のニーズ共同体に分類すべきである．たとえば、①就労可能な両親あるいは就労可能な単親と同一の世帯に住んでいる、②就労が不可能で、自己の子（いわゆる孫）と両親の世帯に暮らしている（この場合自己の子（孫）は社会法典第二編の指すニーズ共同体には属さず、社会法典第一二編、社会法典第一二編第二七条以下により給付に対する請求権の根拠がある）、③自己は就労可能である、つまり一五歳以上であり、就労不可能な両親、または就労不可能な一人の親と、同一世帯に同居している（SGB第二編第七条第三項第二番による子により形成されたニーズ共同体のケース）場合である．

ここに列挙したようなケースは、社会法典第二編第二〇条第五項に関連して第二項第二文により、子は生後一五年目の初めから満一八歳になるまで二八七ユーロ、一八歳以降は二九一ユーロを受給する．

一方、子に次の項目が一つでも該当する場合、両親のニーズ共同体にはもはや属さない．たとえば、①結婚している、②満二五歳以上である、③自己の生活費を自己の収入および資産でまかなうことができる、④パートナーと両親世帯に同居している、⑤パートナーおよび自己の子またはパートナーの子と、両親世帯に暮らしている、⑥就労可能で自己の子がいる、などに該当する場合である．

これらのケースにおいては、子は自己ひとりで、または自己の子や自己のパートナーと独自のニーズ共同体を形成し、子の両親のニーズ共同体と平行して、子のニーズ共同体が生じることになる．そしてこの子は社会法典第二編第二〇条第二項第一文により通常給付全額三五九ユーロ、パートナーと共に生活している場合は社会法典第二編第二〇条第三項によりその九〇％、つまり三二三ユーロを受給する．場合によっては社会法典第二編第九条第五項による扶養推定の枠内で、パートナーの収入の他に両親の収入を認定することもありうる．そうしなければ、就労可能者が一つのニーズ共同体に存在しないということになり、孫も社会法典第一二編の対象になってしまうからである（Hüttenbrink 2011：25–26）．

社会法典第二編第七条第二項によれば、就労可能な要扶助者とニーズ共同体内に同居するその他の者も、給付の受給によって扶助の必要な状況が終了、または軽減され、または障害が除去または減少される場合、サービス給付および現物給付を受給できる．

（3）除外要件

社会法典第二編第七条第四項、第四項ａ、および第五項には、除外となる要件が記載されている．社会法典第二編第七条第四項によれば、入院施設に入院中の者または老齢給付または鉱員調整交付金もしくは公法に基づく類似の給付による年金受給者は、社会法典第二編による給付を受けられない．裁判により命じられた拘禁刑を執行するための施設滞在は、入院施設滞在と同様に扱う．病院に六か月未満入院する予定である者、または入院している者または入所しており、一般的な労働市場の通常の条件で、週に最低一五時間就業することができる者（SGB第五巻第一〇七条）は、除外要件には該当しない．したがって、入所施設やホーム、または類似施設に六か月を超えて滞在する予定の者（たとえば、社会復帰対策の枠内で特別な社会的困難を克服するための扶助、社会法典第一二編第六七条以下）は、求職者基礎保障給付を受給できない．宿泊滞在に加えて、扶助を必要とする者の日常生活行動全体に対し、入所から退所までの間の療法の責任を施設実施者が取り、かつ共同設備が整っている場合、宿泊入所していると想定される．そのような入所施設には老人介護ホーム、食事つき老人ホーム、療養ホーム、療養アパート、障害者作業所、労働者集落、視覚障害者ホーム、保養ホーム、療養所、SOS子ども村、病院、場合によってホームレス宿泊所などがある．これに対して、住居だけが提供され、扶助を必要とする者が一日の大半を施設の外で過ごす場合、ここでいう施設には含まれない．規則的に居住地に帰宅する場合、たとえば、子どもの寄宿舎宿泊、教育問題児または違法行為を犯した青少年の滞在施設、毎日帰宅させる障害者作業所などが該当する．裁判により命じられた拘禁刑を執行するための施設は、入院施設と同様に扱う．そのような裁判により命じられた自由剥奪には、たとえば、拘禁刑の執行、勾留、矯正保安処分がある．

事例①[16]：A（二一歳）は一年前からボーイフレンドのBと同棲している．Aは失業中で、なんの職業教育も修了して

（16）事例①〜③は Hüttenbrink, 2011：28 – 35による．

いない．最近数ヶ月の間は、ボーイフレンドとの暴力沙汰のけんかが絶えなかった．その一因が習慣的な大量飲酒である．Bとのすさまじいけんかをした後、Aは同居していた住居から家出した．妹のところに四週間身を寄せていたが、ここでもけんかして、Aはホームレスになって街をさまよっているところを見つかり、ホームレスの女性支援の福祉療養施設に収容された．聞き取りを行ったところ、Aが自立して生活できるよう準備するためには、一二か月以上の長期にわたってホームで生活すべきだ、という結論であった．

Aは確かに就労可能であるが、社会法典第二編第七条第四項の除外条項に該当するため、求職者基礎保障を受けることができない．Aの滞在費用は社会法典第一二編第六七条以下により、管轄社会扶助実施者が負担する．入所保護に六か月を超えて滞在する予定の者は、それがスタートしたばかりでも、「六ヵ月を超える」滞在と見なされる．

事例②：C（六一歳）は定年前退職諸規定により、就労不可能な状態を経験せずに早期に退職した．したがって、社会法典第一編第七条第四項により、失業手当Ⅱは受給できないが、そのかわりに社会法典第一二編第二七条以下による生計扶助を受ける．

社会法典第六編による老齢年金を全額受給すると、年金額や開始年齢に関係なく、求職者基礎保障給付に対する請求権は失効する．外国、たとえば、欧州共同体（ＥＣ）諸国の同等の社会給付に対しても同様である．老齢年金だけでは需要を満たすのに不十分な場合、場合によっては社会法典第一二編第四章による「老齢・障害等基礎保障」の補足給付を社会扶助実施者より支給される．満六五歳になるまで「老齢・障害等基礎保障」に対する請求権はないので、このようなケースの需要を満たすためには通常、社会法典第一二編第二七条以下による生計扶助を勧める．

就労可能な受給資格者が、管轄実施者の同意を得ずに、時間的にも位置的にも近い領域を離れて他の地域に滞在し、労働適応措置に参加できない場合、社会法典第二編第七条第四項aにより給付は受けられない．この条件により、失業手当Ⅰまたは失業手当Ⅱの受給者は、職業適応に関する実施者の提案を直ちに着実に実現できるように、居住地内に住み、管轄実施者が毎日、たとえば、郵便によって連絡が取れるようにしなければならない．したがって、失業者は、平日はいつでも居住地か通常の居所で、自己の指定した住所（住居）に居て、郵便が自己自身に確実に届くようにしなくてはならない．受給資格者が時間的にも位置的にも近い領域を離れて、他地域に滞在しようとするときは、管轄実施者の同意が必要である．時間的にも位置的にも近い領域を離れざるをえない重要な理由があり、労働適応に悪影響がない場合、同意は与えられるべきである．とくに次のような場合、たとえば、①医師が処方した医学予防措置またはリハビリテーションへの参加、②国政・教会・労働組合の目的に役立つ、または公共の利益になる催し物への参加、③ボランティア活動実施等の場合、重要な理由と考えられる．重要な理由がない場合でも、労働適応に悪影響が出なければ同意を与えることができる．このような場合、不在期間（たとえば、休暇の目的で）は通常、一年の間に三週間を超えることはない[17]．届出義務違反の場合は、社会法典第二編第三二条第一項により、失業手当Ⅱの減額になる．

（17）Dさんは四一歳、ゲルゼンキルヒェン在住、七月に姉（または妹）を訪ねて四週間クックスハーフェンに行くが、労働当局にこの事は伝えていない．したがって、Dさんに対する失業手当Ⅱは、第七条第四項aにより、雇用エージェンシーから打ち切られるかもしれない（Hüttenbrink, 2011：30）．

連邦奨学資金法（BAföG）または社会法典第三編第六〇条から第六二条による職業教育助成を受ける者は、求職者基礎保障の受給請求権がない（SGB第二編第七条第五項第一号）．職業教育を受ける者に対する助成は、連邦奨学資金法第二条第一項に基づき、学校施設（たとえば夜間学校、専門大学）通学者を対象としている．社会法典第三編第六〇条から第六二条には、国に認可された専門教育職業における企業または企業以外による初めての職業教育、就労準備のための教育措置、全部または一部分外国で実施される職業教育や教育措置などがまとめて規定されている．これらの教育は、職業教育補助により助成することができる（Steck/Kossens 2005：20）．

職業教育を受ける者に生活費保障のための給付の受給請求権が生じないとしても、特別に苛酷な状況である場合は、これらの給付を貸付として支給することは可能である（SGB第二編第七条第五項第二号）．この規定は、二〇〇四年末まで有効であった社会扶助法（BSHG第二六条第一項第二号）を引き継いでいる．「特別に苛酷な状況」（besonderen Härtefalles）の存在については、教育課程の円滑な進行を妨げたり、その他の苦境を引き起こすような、深刻かつ変則的であって、自らが招いたのではないという立証が必要である．要扶助者が、社会法典第二編による給付がなければ生存を脅かされるような苦境に陥る恐れがあり、教育を中止して就労したとしても、そうした苦境が排除できない場合など、「特別な苛酷さ」とみなされる．行政裁判権裁判によれば、たとえば、出産およびその後に続く子どもの世話のために教育が停止されたような場合は特別に苛酷な状況と認められる[18]．

（18）これとは逆に、資金援助が追加されなければ経済的な理由で教育が中断されるような場合、苛酷な状況であるとはみなされない（Steck/Kossens 2005：20）．

表2-1-1　就労可能性（稼得能力減退）の概念についての規定一覧

給付	就労可能性（稼得能力減退）が規定されている箇所
求職者基礎保障	社会法典第２編第８条第１項
法定年金保険	社会法典第６編第43条第２項
「老齢・障害等基礎保障」	社会法典第12編第41条第１項第２号 社会法典第６編第43条第２項
社会扶助	社会法典第２編第８条第１項 社会法典第12編第21条第１号

出所）Steck/Kossens 2008：25.

2．就労可能性

（1）概念

社会法典第二編第八条第一項によれば、疾病あるいは障害が理由で当面の間、一般的な労働市場の通常の条件の下で毎日最低三時間就労することができる者は就労可能である．この規定は、年金法に定められている稼得能力の完全減退の概念を拠り所としている．したがって、社会法典第六編第四三条第二項第二号によれば、「予想できない期間にわたって、疾病あるいは障害が理由で、一般的な労働市場の通常の条件で毎日最低三時間就労することができない」被保険者は、稼得能力が完全に減退しているとみなしている．ここでいう就労可能性は、社会法典第二編の中心概念であるばかりでなく、給付受給資格にとっては、社会法典第二編による求職者基礎保障に対するものか、社会法典第六編による法定年金保険に対するものか、社会法典第一二編第四一条以下の「老齢・障害等基礎保障」に対するものか、あるいは社会法典第一二編による社会扶助に対するものか、という問題であり、同時にそれは境界線上の問題でもある（表２‐１‐１）．

立法手続きの過程で生じた社会法典第二編第八条第一項中の就労可能性の概念は、稼得能力完全減退の法的概念に依拠しているにもかかわらず、社会法典第二編による「就労可能性の概念は独自の、部分的には異なる発展をするのではないか」、という別の見方もある（Mrozynski 2004：198, 201）．そのような異なる発展の可能性は否めないが、社会法典第二編第八条第一項が年金法を参照することは、（SGB第一二編第四一条第一項第2番の稼得能力減退に際しての基礎保障とは違って）不可能だった．なぜなら、社会法典第二編は就労可能性の規定を扱っているのに対し、年金法では反対にその裏側、つまり、減退した稼得能力の定義を扱っているからである（田畑 2006c：6）．

ところで、社会保障の権利主体を「国籍を有する者に限る根拠は理論的にみて乏しい」（河野 1997：262）が、ドイツでは社会法典第二編第八条第二項で、外国人に対する特例を定めている．外国人は就労が許可されているか、許可される可能性のある場合に限り就労可能である．この特例は、外国人の就労は基本的に許可規制に関連するからである．就労可能性の有無についての決定に際しては、法的に労働市場への門戸が開かれているか、あるいは適切な国内労働力が得られない場合に開かれうるかどうかだけに焦点を絞るべきである．このような制限のない、または後順位の労働市場への参加可能性が、法律上与えられるかどうかという問題は、労働許可法の規定だけに左右される（Steck/Kossens 2005：21, 2008：26）．

（2）稼働能力の査定

稼働能力の査定は雇用エージェンシーが行う（SGB第二編第四四条a第一号）．給付実施者が連邦雇用エージェンシーではなく、自治体実施者である場合も同様である．自治体実施者が雇用エージェンシーと意見を異にする場合は、共同調停機関（Gemeinsame Einigungsstelle）が決定する（SGB第二編第四四条a第二号、第四五条第一項第一号）．雇用エージェンシーと稼働能力完全減退の際に管轄するであろう給付実施者、つまり、雇用エージェンシーと年金保険実施者との関係でも、同じことが通用する．この際、調停機関の結論がでるまでは、雇用エージェンシーおよび自治体が求職者基礎保障を支給することが義務付けられている．

このことは，「途切れのない給付」（Nahtlosigkeit）を保障するという原則に対応している（Steck/Kossens 2005：22）．この原則は支給すべきなのは失業手当か，年金なのかという問題に対する連邦雇用エージェンシーと年金保険者間の関係においても有効で，社会法典第三編第一二五条に記されている．雇用エージェンシーあるいは自治体実施者ではなく，年金保険実施者にあることが後から判明した場合には，前者に年金保険実施者に対する返還請求権がある．この請求権は，（SGB第三編第一二五条とは違って）社会法典第二編第四四条aではっきりとは定められていないが，社会法典第一〇編第一〇二条以下の一般規定から明らかであろう．

（3）共同調停機関

共同調停機関に関する規定は，失業手当Ⅱに関するその他の規定と同様に二〇〇五年一月一日に発効した．しかし，共同調停機関は過渡的ケースでも重要になる．というのは，二〇〇四年一二月三一日に社会法典第三編第一九八条第二文第三番および第一二五条による失業手当（能力減退の際における失業手当）が支給されたり，あるいは連邦社会扶助法による生活扶助受給者で一五歳から六五歳の間の者の，稼得能力減退が原因の年金申請についてまだ決定されていない場合，共同調停機関が社会法典第二編第四四条a第二文，第四五条により判断することになるからである（Steck/Kossens 2005：22）．

社会法典第二編第四五条第一項第二文により，共同調停機関は実施者の双方から互選された委員長および雇用エージェンシーと他の給付実施者の各代表により構成される．委員長について合意が得られない場合は，雇用エージェンシーの代表とその他の給付の実施者の責任者が，それぞれ六ヵ月交代で委員長となる（SGB第二編第四五条第一項第四文)．共同調停機関は必要に応じて専門家を加えることができるし，その決議は構成員の過半数で決めることにしている（SGB第二編第四五条第二項第二文)．社会法典第二編第四五条第三文により，連邦経済雇用省は連邦財務省および連邦保健社会保障省の了解を得て，法規細則により共同調停機関の任務について原則を決定する権限を有する（SGB第二編第四五条第三項)．この政令権限により，二〇〇四年一一月二三日付の調停機関手続き政令は発布された．この政令ではポストや構成，管轄権，召集など調停機関会議の詳細について規定されている．調停機関での手続きに関する費用は，雇用エージェンシーがその都度負担する．調停機関手続き政令第八条には，特別な意味がある．この規定では，調停機関の決定について定められている．一致した結論が得られない限り，調停機関は過半数の議決により決定する．決定に関与している実施者にとって，調停機関の決定は拘束力を持つ(19)．

雇用エージェンシーが結果的に就労可能性を認め，年金保険実施者の判断で稼働能力の減退が認められない場合，すなわち，当該者が毎日六時間あるいはそれ以上の時間就労できる場合は，雇用エージェンシーによる稼働能力の認定問題は生じない．

しかし，当該者が年金保険実施者の判断により，稼働能力が部分的に減退しているようなケース（表2－1－2の二番目と三番目のケースグループ参照）は，問題となる可能性がある．このようなケースでは，雇用エージェンシーによる稼働能力の確定および失業手当Ⅱの支給に加えて，稼働能力減退年金が部分的に支給される（Chojetzki/Klönne 2004：513, 523)．というのも，稼働能力の部分的な減退の存在は，必ずしも社会法典第二編第八条第一項の就労可能性の存在を排除するとは限らないからである．しかし，このような場合には，いわゆる労働市場に条件付けられた稼

(19) §8 Abs.1 Satz 5 EinigungsStVV.

表2-1-2　要扶助者の能力範囲一覧

一般労働市場における労働時間	社会法典第２編	社会法典第６編
毎日３時間未満	就労不可能	稼働能力の完全減退
毎日３時間以上６時間未満	就労可能	稼働能力の部分的減退
毎日６時間以上、だが従来の職業では６時間未満	就労可能	稼働能力の部分的減退（就労不能、社会法典第６編第240条）
毎日６時間以上	就労可能	稼働能力の減退なし

出所）Steck/Kossens 2008：26.

働能力減退年金に対する連邦社会裁判所の裁判が重要になることも考えられる[20]．これによって、被保険者が限られた範囲で就労可能かどうかの判断にあたって、被保険者の健康上の障害程度ばかりではなく、労働市場のそのときの状況、すなわち、被保険者の残された能力で満たすことのできる就職先かどうかにも左右される．

被保険者に就職先がもはや見つからず、残された労働能力が毎日六時間未満に低下していたら、完全な稼働能力減退が理由で労働市場に条件付けられた年金を受給する（ＳＧＢ第六編第四三条第三項の逆の論理）．しかし、当該者の稼働能力が完全に減退していれば、社会法典第二編第八条第一項にいう就労可能ではない．こういった事態を背景に、雇用エージェンシーは自らが給付義務を負わないようにするために、自らが決定を下す前に年金保険実施者を引き入れるのは当然だと思われる[21]．そうすれば、稼働能力の部分的減退が存在しながら失業手当Ⅱを受給するのは例外であり、当該者が稼働能力減退年金の全額給付のための保険法上の前提条件（ＳＧＢ第六編第四三条第二項第一文第二）を満たしていないことになる．しかし、失業手当Ⅱの受給者の年金法上の保護を顧慮して（ＳＧＢ第六編第三条第一号第三番ａ、第一六六条第一項第二番ａの

（20）BSGE：30, 167ff. BSGE：30, 192ff. BSGE：43, 75ff.
（21）このことに関連して社会法典第二編第五条第三項第一号参照．それによれば必要な場合には、雇用エージェンシーは法定代理人として、扶助受給者に代わって稼働能力減退年金を申請できる（Steck/Kossens 2005：24）．

改正参照)、従来は年金法上保護されていなかった社会扶助受給者も、稼働能力減退年金の全額給付に対する保険法上の前提条件を三年以内に満たすようになる.

この背景の前に、遅くとも二〇〇八年までには失業保険から離れて年金保険へと向かう、「新しい操車場」(neuer Verschiebebahnhof) がすでに今日はっきり見えてきている (Spellbrink 2004 : 164ff.).

逆に、雇用エージェンシーが求職者の就労可能性とともに求職者自身の能力を否定する場合、他の給付実施者に管轄権が移る. 考慮されるのは、稼働能力の完全減退に基づく年金保険実施者による年金 (表2-1-2の一番目のケースグループ参照)、あるいは「老齢・障害等基礎保障」に対する請求権 (SGB第一二編第四一条から第四六条)、社会扶助実施者による生計扶助に対する請求権 (SGB第一二編第二七条以下) である. 稼働能力減退年金全額給付のための保険法上の前提条件が存在しない、または稼働能力の減退が不特定の期間 (六ヵ月よりも長くない期間) にわたって存在しない場合は、常に社会扶助実施者に管轄権がある. したがって、雇用エージェンシーにより、就労が可能ではないと分類された一八歳以上の要扶助者の大多数にとって、就労可能性 (正確には稼働能力の完全減退) について認定すべきなのは年金保険実施者である. 年金保険実施者は自身の管轄で、管轄する社会扶助実施者の要請に応じて、稼働能力減退の際の各種基礎保障給付を顧慮して、稼働能力の存在を査定すべきだからである (SGB第一二編第四五条、SGB第六編第一〇九条a第二項).

このような背景の下での立法手続きにおいては、年金保険実施者側から、場合によっては雇用エージェンシーの求めに応じて、就労可能性の確定をも年金保険実施者に委託できる. そうすれば、年金保険実施者と連邦雇用エージェンシー間の異なる社会医学的判定ケースも、行政協定をベースとした合意の過程で、一致して解決することができよう. もっとも、減退した稼働能力に基づく年金と失業手当との間の区分のために、そのような協定はすでにある.(22) ここでは雇用エージェンシーでの手続きは要らないことになる（Chojetzki/Klönne 2004：513, 524）．

しかし、こうした年金保険の批判について立法機関は取り上げなかった．そのため、雇用エージェンシーと主に年金保険実施者との間で異なる医学的事情にあたり、共同調停機関が実際にどのような真価を発揮するか、一致した結論を得るために努めるという任務をどのように果たすかについては、今後の結論を待つべきであろう．年金保険実施者が稼働能力の完全な減退は認められないという結論を疑問の余地なく、すでに下したような場合、調停機関がそのような決定を個々の場合に修正し、就労可能性を認めるかどうかは、今後の推移を待つべきだろう．いずれにせよ、調停機関は年金保険実施者の決定に拘束されない．ということは、調停機関はいつでも年金保険実施者の決定を調べることができる．そのような調査が排除されるのは、年金実施者の決定が確定判決により立証された場合に限る．調停機関の決定は関与している給付実施者に対し拘束力を持つ[23]．したがって、関与する給付実施者はその決定に対して告訴することができない．決定の調査は、申請者の申請に応じて、または上訴手続きにおいて管轄裁判所により行われる場合に限られるからである．いずれにせよ、調停機関においては当該者に負担をかけ、官僚的で膨大な時間のかかる手続きは避けられない恐れがある[24]．

（22）たとえば、年金保険実施者および雇用エージェンシーによる異なる能力判定ならびに二重診察を避けるための行政協定（Steck/Kossens 2005：25）．

（23）BR-Drucksache 759/2004.

（24）§8 Abs.1 Satz 5 EinigungsStVV.

3. 要扶助性

(1) 概念

求職者基礎保障の給付を受給する資格があるのは、社会法典第二編第七条第一項によれば、まずは要扶助者に限られる．これは、「自己の生計費および労働への適応、自己と同一のニーズ共同体に生活する者の生計費を、自己の能力および資力によっては賄えない、または十分には賄うことができない者」である（SGB第二編第九条第一項）．従来の社会扶助のように、基本的にはどの仕事も就労要求可能であるし、要扶助者は基本的に自己または家族の生計費をカバーするために、自己の得た収入はすべて活用しなければならない．

要扶助性は、この他にも「必要な扶助が他から、とりわけ家族や他の社会給付実施者から支給されない」ことが前提になる．どのような形式で給付が支給されるか、法律上の扶養義務に基づいているのか、それとも任意なのかは、ここでは問題ではない．要扶助者のニーズ共同体（SGB第二編第七条第三項）には属していないが、同じ世帯に生活している血族からの給付は活用すべきである．これらの給付は住居や食事といった形で供給されうる．

要扶助者が、無料の住居や食事ならびにその他の給付、たとえば、衣類、お小遣いなどを得ており、需要を満たすには十分である場合には、要扶助性はなく、社会法典第二編による受給請求権も生じない[25]．

世帯には属しているが、ニーズ共同体には属していない者の収入および資産は、社会法典第二編第九条第五項の前

(25) たとえば、四〇歳の扶助を必要とする女性が両親と同一世帯に同居しているとする．彼女は両親から無料の住居と無料の（全）食事を得ている．この場合、住居費の需要は生じないので、この女性は住居費は得られない．通常給付（三四五ユーロ）は食事の分だけ減額される（Steck/Kossens 2005：27）．

提条件の下でのみ考慮すべきである．誰がニーズ共同体の構成員かについては，社会法典第二編第七条第三項により明らかである．

(2) ニーズ共同体と要扶助性

ニーズ共同体（SGB第二編第七条第二項および第三項）に生活する者においては，第九条第二項により，社会法典第二編第七条第三項第三番でいうパートナー（＝配偶者，婚姻類似共同体のパートナー，人生パートナーシップ法による同性の人生パートナー）の収入および資産も活用すべきである．未婚で二五歳未満の子どものうち，両親または単親と同一のニーズ共同体で生活し，生活費保障のための給付を自己の収入または資産で調達できない場合においては，両親または単親の収入および資産も活用すべきである．両親の収入の活用は妊娠中の未成年者のケースを除いて，通常行われるが，社会法典第二編第九条第三項は，ニーズ共同体で生活している子に対する両親の収入の活用が，妊娠中の未成年者の妊娠中絶のきっかけとなってはならないよう保証する．この規則は，社会法典第一二編第一九条第四項の規則に等しい．

社会法典第二編第七条第三項aに関連して，第三項第三番により，形式的な人生パートナーシップによる結びつきがなく同居している同性パートナーの収入および資産も，算入に含められることが今では明文化されている．

社会法典第二編第九条第四項によれば，資産を直ちに消費または換価できない者，あるいはそのことが特別な苛酷さを意味するであろう者も扶助を必要とする．[26] 社会法典第二編第七条第三項のニーズ共同体

(26) たとえば，資本を形成する生命保険があと少しで満期支払い期日になる場合がそうである．

の各世帯構成員は、需要全体における各自の需要の割合に応じて、扶助が必要な状況に関与している．

（3）世帯と要扶助性

社会法典第二編第九条第五項は、かつての連邦社会扶助法第一六条（家族に適した給付）を再び採用した．社会法典第二編による扶助を必要とする者が、社会法典第二編第七条第二項および第三項の人的範囲に属さない親戚や姻戚と同居していて（たとえば、祖父母、おば／おじ、いとこ、義兄弟など）、社会法典第二編第七条第二項および第三項でいうニーズ共同体を形成する場合ある．共通の家計、すなわち、「一つの財布を源とする家計」（Wirtschaften aus einen Topf）が存在する限り、ニーズ共同体とは別に親戚や姻戚と世帯を形成する．そのような場合、世帯に属する親戚の収入および資産から期待できる限り、扶助を必要とする者は、その親戚からも給付を受けると推測される．社会法典第二編第九条第五項とは異なり、社会法典第一二編第三六条においては、同居しているすべての者は（親戚に限らず）、家計を一つにし、互いに支援し合うと推測される．したがって、社会法典第二編第九条第五項の規則は、収入および資産の算入にあたって、扶助を必要とする者が社会法典第二編第七条第三項によるニーズ共同体で生活しているかどうかだけではなく、さらに場合によっては、扶助を必要とする者が支援を得ていると法律上推測できる（反駁は可能）．このような場合、この人々の一部（たとえば、独りで子育てしている者と子）が友人と同居しており、世帯内でニーズ共同体を形成するということもありうる．

理論上、一つの世帯が社会法典第二編第七条第二項および第三項による複数のニーズ共同体から成り立つという可能性もある．住居費は世帯内で、世帯構成員数で割って分割される．社会法典第二編による申請者は、自己の負担分に対して住居費として償還を受ける．一方、扶助を必要とする者が扶助を必要としない親戚または姻戚と一つの世帯

表2-1-3　推定支援額

推定収入（手取り）	1.340€
E 自身の需要	
社会法典第２編による通常給付額の２倍	728€
住居と暖房費の１/２	275€
就業収入控除額（1,340€ の15%）	201€
＝残額	136€
うち50%＝支援額	68€

出所）Hüttenbrink 2011：35.

に同居している場合には、社会法典第二編第九条第五項により、親戚または姻戚は扶助を必要とする者を可能な枠内で支援するであろうと推測される。その結果、失業手当Ⅱの算出にあたり、世帯構成員全員の収入および資産が活用される可能性がある。しかし、社会法典第二編第九条第五項の定めるところによれば、親戚および姻戚は、その「収入および資産により期待できる」場合に限り算入が考慮されるので、扶助を必要としない親戚または姻戚に対する収入控除額ははるかに高い。連邦経済雇用省の提言によれば（失業手当Ⅱ・社会手当条例第一条第二項に定められている）、親戚または姻戚それぞれの収入は、独身者の通常基準額三六四ユーロの二倍に住居と暖房の費用割り当てを加えた金額に達した場合に限り考慮される。そのような場合には、超過額の半額が各申請者の需要から差し引かれる。扶助を必要としない親戚の資産に対しては、扶助を必要とする者自身に対する控除額と同額の控除額が適用される（失業手当Ⅱ・社会手当条例第四条第二項）。

事例③：姉Dと弟Eは同じ住居に同居している。家賃は暖房費も含めて五五〇ユーロになる。Eは失業手当Ⅱを受給している。Eは税込みでおよそ二、三〇〇ユーロの収入がある。税金および加入義務のある保険の保険料、その他適切な保険料や必要経費を差し引いた後、Eが自由に使える手取り額は月々一、三四〇ユーロである。Eの姉に対する推測支援額（表2－1－3）は、次のように算出される．

Eは姉に対し、六八ユーロの支援をしていると推測される（反駁は可能）．姉の失業手当Ⅱからこの金額分が差し引かれる．DがEから支援を受けていないことが証明できれば、算入は行われない．Eが弟ではなく、二人の女友達と同居している場合、失業手当Ⅱ・社会手当条例第一条第二項に関連して社会法典第二編第九条第五項による収入認定のための前提条件は、存在しない．義両親／義理の子どもの関係をどのように扱うのが妥当かについても、議論の余地がある．

義両親および義理の子どもは確かに、社会法典第二編第七条第三項によるニーズ共同体に所属することができる．しかし、だからといって、社会法典第二編第九条第二巻第二文により、義理の親の収入を義理の子どもの需要に算入しても良い、ということにはならない．

社会法典第二編第九条第二項第二文の文面によれば、ニーズ共同体に両親と同居している未婚の子どもについては、両親の収入および資産も活用すべきである．両親とは実の両親および養父母であるが、義両親ではない．義両親と義理の子どもが世帯内に同居している場合、代わりに社会法典第二編第九条第五項の支援推測だけが関連し、収入は前記の制限額を超えた場合に限り算入されることになる．世帯内に生活していない者に対する生活費償還請求については、社会法典第二編第三三条第二項に定められている．

資産（SGB第二編第一二条）は確かに基本的には活用すべきではあるが、それが直ちに活用できない場合、即座に換価できない要扶助者に特別な苛酷さをもたらすような場合、社会法典第二編による生活費保障のための各種の給付は、貸付として支給することができる．

貸付は無利息で与えられ、社会法典第二編第三章第二部によるすべての給付を網羅している．算出された需要額が毎月支給される．貸付期間中は要扶助者には、社会保険加入義務がない（ＳＧＢ第五編第五条第一項第二号ａ、第三条第三号ａ、ＳＧＢ第一一編第二〇条第一項第二号ａ）．

４．就労要求の可能性と不可能性

（１）就労要求可能性

公的扶助の主柱としてのドイツの求職者基礎保障は、わが国の生活保護給付と同様、要扶助者の労働能力の活用を優先している．しかし、ここでいう労働能力の活用は、要扶助者の自立を助長するという法目的の実現の重要な手段であるのであって、後述の収入と資産の活用と同一に捉えるべきではない．「労働そのものは、－どのような方法でその機会が提供されるにせよ－人格の発達の機会を与える手段であり…、自立生活を送るという人間の尊厳に値する生活の重要な基準である」[27]とし、ドイツでは労働能力の活用と収入と資産の活用とは区別し取り扱うという姿勢をとっている．

ところで、労働能力の活用という場合、どのような場合に就労が可能で、就労することを要求できるかが明確でなければ具体性を欠くことになる．この点、わが国の生活保護法とは異なり、ドイツ社会法典第二編では就労可能で扶助を必要としている者が労働能力の活用を求められる要件として「就労要求可能性」（Zumutbarkeit）という概念を用いている．[28]すなわち、社会法典第二編では、労働能力活用義務を定めてはいるものの、求職者基礎保障を制限する

（27）一九八三年二月一〇日連邦行政裁判所判決、Bd.67.S.1. 木下（2000：58－71）．

（28）この用語「Zumutbarkeit」は、要扶助者に対し「無理でない仕事」または「適度な仕事」に就くことを要請できるか否かというのが含意であるので、他の論考での訳「期待可能性」とするのではなく、「就労要求可能性」とした（田畑 2007：43）．

要件としては、就労可能で扶助を必要としている者が「無理でない仕事」に就くことや「労働適応措置」を拒否した場合であるとし、同法第一〇条に「就労要求可能性」について規定している．

この規定は、従前の連邦社会扶助法（ＢＳＨＧ）第一八条に基づくものである．それによると、同条第一項では「すべての扶助申請者は、自己とその扶養権利者たる家族員のための生計費を調達するために、その労働能力を活用せねばならない」という労働能力活用義務を定めるとともに、同条第二項一号では「扶助申請者は仕事を得ようと努力し、（扶助実施者は）それが見つけられるように働きかけなければならない」とし、さらに同法第一九条では、もし扶助申請者が「仕事を見つけることができないとき」は、臨時的労働を受け入れる義務があると規定されていた．

社会法典第二編第一〇条は、こうした規定を基本にしたものであるが、これは従前の規定よりも厳しくなっており、扶助申請者は社会的負担を軽減する義務がある故、基本的にはどのような仕事でも就労要求が可能であるとする立場に立たされている．社会法典第二編第一〇条によると、ある仕事が要扶助者の以前の教育や仕事にふさわしくない、あるいは低く評価されているという理由だけでは、その仕事に就労しなくてもよいということにはならない．以前の仕事に比べて職場への通勤距離が遠い、または労働条件が悪いなどを理由に就労を拒むことができないこと、すなわち、すべての仕事が就労要求可能であることを明らかにしている．ただし、次のような場合は就労要求ができない旨、例示している（Steck/Kossens 2005：31－34）．

（2）就労要求不可能性

⑴　身体的、知的あるいは精神的な過重負担

要扶助者が「身体的、知的、精神的に」一定の仕事に就く状態にない場合は、すべて就労要求不可能である．連邦

社会扶助法第一八条第三項の旧規定にはなかった「精神的」という言葉が付け加えられているが、これをどう解釈すべきかは、立法理由には説明されていない[29]．しかし、精神的な理由で就労できないと拒否できる仕事は、（いつも引き合いに出されるが、あくまで理論上の話である）売春婦としての求人の例くらいである[30]．「身体的」および「知的」という適性は、場合によっては医師または国立医療施設の医師の鑑定により確定されることになる．

(2) 特殊な身体的負担

かつての仕事が特別な身体的能力を必要としていたために、その仕事への将来復帰を非常に難しくするような仕事もまた就労要求不可能とみられる．この規定も同様に、社会扶助法の規定を受け継いでいる．この規定が意図しているのは、主に自営業者の一時的な苦境のケースであった．従来の法的解釈によれば、一時的困窮が理由の自営業者に対し、その営業をやめて、短期間だけ被用者としての仕事に就くように要求してはならないことになる．いまや社会法典第二編第一〇条第一項第二番では、このような例外は認められず、従来の仕事に特別な「身体的能力が必要」であるために、その仕事を営むことが著しく困難になるケースに限られるようになった．したがって、この規定の適用範囲は以前の社会扶助法よりも著しく狭められたことになる．たとえば、建築現場での仕事を元ダンサーに期待できない．なぜなら、この仕事に就けば、彼のダンサーとしての本来の仕事が身体的な理由により（特別な柔軟性の喪失）

---

(29) BT-Drucks15/1516.

(30) 精神的理由として、嫌がらせやセクシャル・ハラスメントにより雇用関係を終了した場合に、以前の雇用者の下で就業、摂食障害の場合にコックとして働くこと、アルコール依存症の場合にバーテンダーとして仕事すること、鬱の場合に、主としてストレスの多い分野に動員されることなどである（Hüttenbrink 2011：36）．

もはやできなくなるからである（田畑 2007：33）．

(3) 児童養育を妨げる恐れ

子どもの養育を脅かす恐れのある仕事もまた就労要求不可能である．しかし，この場合に就労受入が不可能と認められるのは，子どもが満三歳になるまでの間だけである．その後は子どもに「保育施設または昼間在宅養育…あるいはその他の方法で，世話が保証されている」限り，基本的に就労が期待できるものとみなされる（Steck/Kossens 2005：32）．もちろん，女性が望めば（たとえば，子どもの世話が保障されたという理由で），いつでも，たとえ子どもがまだ三歳になっていなくとも働くことができ，ケースマネージャーによる援助ならびに第一六条による全給付を請求できる．このことが今回の改革で改善された点である．加えて，法律では子どもが満三歳になった場合について，就労可能で子育てをしている者が子どもの日中の世話を優先的に受けられるよう，管轄自治体実施者は努めるべきである，ということを明らかにしている[31]．

この規定もまた広範囲にわたって，従来の連邦社会扶助法に対応するものであるが，これによれば，子どもが複数いる場合は，一番年下の子どもの年齢が決定的に重要である．一世帯の中で両親のどちらも失業している場合は，まず二人とも就労可能であるとみなされ，仕事を始める用意がなければならない．両親のうち一人が就労するとすぐに，

---

(31) 三歳以上になった子どもがいる場合，就労が要求できないのは，子どもの世話が第三者により保障されていない場合に限る．たとえば，第三者による子どもの世話および教育をまったく，あるいは部分的に除外するような特別な理由が子どもの性質にあるような場合が，これに該当する（たとえば，行動が異様な子どもや多動傾向のある子どもの比較的手のかかる世話）．

この就労した者は世話をする者としては考慮されなくなるので、両親のうち残った方は就労不可能性を理由に、求人が提供されても断ることができる．

(4) 家族の介護

家族の介護と両立できないような仕事は、他の方法により介護が保証できない限り、就労要求不可能である．家族という概念は広く解釈すべきであって、社会扶助における従来の実践でもそうであった（Steck/Kossens 2005：33）．血族および姻族の他に、要扶助者が「道徳的考慮」から世話する、たとえば、里子なども家族と解釈できる．介護という概念も、従来の社会扶助に基づくならば狭義に解釈すべきではない．労働義務を負う者が家族の介護をしながら、仕事に専念することができるかどうか、どの程度専念できるかできないか、という問題を評価判断するには、家族の介護必要性の範囲を顧慮することが決定的に重要である．介護される家族の介護必要性の度合い（要介護度）は、とくに重要である．家族が要介護度Ⅰと判定された場合、通常は少なくともパートタイムの仕事、場合によってはフルタイムの仕事が可能であろう．家族が要介護度Ⅱ、さらに要介護度Ⅲと判定された場合には、就業は通常、無理であろう．いずれにせよ、個々のケースをそれぞれ調査する必要がある．介護の負担が小さく、必要な給付が介護保険から得られないような場合は（要介護度ゼロ）、基本的に就労を要求できる．

(5) その他の重大な理由

「その他の重大な理由」が仕事の妨げとなっている場合、その仕事は就労要求不可能であるという規定は、従来の社会扶助と同様に、受け皿的要件（Auffangtatbestand）としての機能を果たしている．立法理由によれば、受け皿的要件の適用は限定すべきであって、公共の利益が優先されなければならない．この意味で、原則として個人の利益は控えなくてはならないということになる．

「その他の重大な理由」により仕事の提供を断るのは、従来の社会扶助法でも可能だった．たとえば、労働条件あるいは労働保護規定における拘束力を持つ規定が守られなかったような場合に、その仕事を拒否することができた(Steck/Kossens 2008：35)．その他、拒否する理由としては、たとえば、提供された仕事に就いたとしたら、家族から長い期間離れて暮らさざるをえなくなり、「家族の健全さがそのことにより損なわれる恐れ」があるような場合である．またはイスラム教徒による豚の畜殺など、法律または道徳に反する仕事も拒否することができる．道徳に反するとしか考えられないほど、「賃金水準あるいは当地の標準的な報酬」をはるかに下回る賃金支給も拒否することができる[32]．しかし、どの程度の措置が正当であるのか、少なくともパートタイムの仕事を受入るかどうか、個々のケースにおいて吟味すべきである．

従来の社会扶助に比べ、重大な改正点は社会法典第二編第三一条第一項による立証責任転換の規定である．すなわち、扶助受給者はその行動、たとえば、仕事の拒否などに対し理由を証明しなくてはならなくなり、それができない場合には、扶助の受給請求権が縮小されることになった．

(3) いわゆる五八歳規則

比較的高齢の被雇用者に対し、立法機関は経過規定を社会法典第二編第六五条第四項に定めた．これによれば、五

(32) zur Rechtsprechung vgl. Hanau in Münchner handbuch für Arbeitsrecht §63 Rdnr.4ff.

八歳以上の就労可能な要扶助者が、生活費保障のための給付の請求権の通常要件を満たさない理由が、働く用意がなく、要扶助状況を就労により終結させるためのすべての手段を用いず、または用いようとしない、という理由に限られる場合、就労可能な要扶助者も社会法典第二編第二条とは異なり、生活費保障のための給付を受給する．しかし、二〇〇八年一月一日以降、社会法典第二編第六五条第四項のこの例外規定が有効なのは、社会法典第二編による求職者基礎保障に対する請求権が二〇〇八年一月一日よりも前に生じており、かつ就労可能な要扶助者がこの日よりも前に満五八歳になった場合に限られる（Hüttenbrink 2011：38–39）．社会法典第二編第六五条第四項第三文において、社会法典第三編第四二八条を参照するよう指示されていることからわかるように、雇用エージェンシーは扶助を求める者に対し、三ヵ月後に年金申請書を提出するよう求めることができる．扶助を求める者に対し、法定年金保険による高齢のための部分年金、または公法上の類似給付が認められると同時に、社会法典第二編による請求権（SGB第二編第七条第四項）は消滅する．

第2節　実施者と協力義務

1．実施者

求職者基礎保障の実施主体については、立法手続きにあたって激しい議論が交わされた．誰が社会法典第二編による給付を実施すべきなのか、政府と野党の意見は最後まで一致しなかった．当時の連立与党（ドイツ社会民主党／緑の党）は、連邦雇用エージェンシーが主に給付を支給するモデルを推進していたのに対し、キリスト教民主同盟／キリスト教社会同盟が多数を占める連邦参議院は、地方自治体を給付主体とする選択肢を推進した．立法手続きの枠内において長い間駆け引きが行われた後、社会法典第二編第六条において、給付主体は連邦雇用エージェンシーと郡に属さない市および郡（地方自治体実施者）の二者と定められた．

(1)　連邦雇用エージェンシー

社会法典第二編第六条第一項第一番は連邦雇用エージェンシーに全管轄権を認めている．すなわち、社会法典第二編第六条第一項第二番により、例外的に地方自治体実施者が管轄する場合を除き、連邦雇用エージェンシーは常に管轄権を持つこととした.

(2) 自治体・オプション自治体

地方自治体実施者は、社会法典第二編第六条第一項第二番により、①第一六条aによる給付(地方自治体の適応給付、たとえば、家族の世話、世帯構成員の世話、債務者相談、学校心理社会カウンセリング、依存症相談)、②住居および暖房のための需要に対する支給、③第二四条第三項による給付、④第二八条教育と参加に対する需要を管轄する.

その他、州立法機関には州法により、法律に指定されている地方自治体実施者以外を指定する選択肢がある. 当初の法律構造は受給資格者にとって、生活費のための経常的扶助だけで、二箇所の実施者に連絡を取らなくてはならないという欠点があった. すなわち、失業手当Ⅱと社会手当は連邦雇用エージェンシーに申請しなくてはならないのに対し、地方自治体の管轄に入る給付は、管轄地方自治体実施者に申請を提出する必要がある. とくに住居・暖房費がそうである.

社会法典第二編の発効に際して、社会法典第二編第六条aが直前になって規定化された. この条項により、地方自治体管轄権という選択権が導入された. 社会法典第二編第六条の例外として、当初は最高六九(現在は一一〇)の郡に属さない市および郡が申請し、管轄州最高官庁の認可を得て、連邦経済雇用省の雇用エージェンシーの代わりに当該法律による任務を行う実施者として、法規命令により認可された(Hüttenbrink 2011 : 17). 詳細は社会法典第二編第六条a~cに定められている. 認可された地方自治体実施者は、補遺第五番に記載されている. このような選択モデルのため、「求職者基礎保障」については実施者がばらばらになる可能性がある.

この選択モデルに沿って、社会法典第二編によるあらゆる給付の唯一の実施者として管轄権を持つ地方自治体実施者はなく、連邦雇用エージェンシーならびに社会法典第二編第六条の指す地方自治体実施者が、社会法典第二編による給付の管轄権を持つ場合、これらの給付実施者は社会法典第二編による任務を統一して遂行するために、公法上または私法上の協定により協議体（現在は共同施設 gemeinsame Einrichtungen と呼ばれる）を設立する（SGB第二編第四四条b）.

2．協同組織

協議組織（ArbeitsgemeinscHaft）は、社会法典第二編による給付実施者として、雇用エージェンシーおよび地方自治体実施者の任務をまとめて遂行する．地方自治体実施者は社会法典第二編による自身の任務遂行を協議体に委託する．こうして、社会法典第二編給付における連邦雇用エージェンシーおよび地方自治体実施者の二重管轄権は一本化された．協議体が結成される場合、任務を遂行するために、協議体には行政行為および異議申し立てに対する決定を発布する権利が認められる（SGB第二編第四四条b第三項）．協議体の活動は一人の協議体理事が管理する．協議体理事は法定内外において、協議体を代表する権利がある（SGB第二編第四四条b第二項第一文および第二文）．

社会法典第二編第四四条bに基づく協議体の導入は、責任を持った任務遂行という原則に反している．しかし、連邦憲法裁判所は二〇〇七年一二月二〇日付の判決において、立法機関が二〇一〇年一二月三一日までに他の規定を定めない限り、社会法典第二編第四四条bの規定は二〇一〇年一二月三一日まで適用できるという解釈を示した．基本法改定（補足として基本法第九一条eが基本法に導入された）により、協議体および自治体が並立する従来モデルの根拠が確立されたことになる．しかし、選択自治体数（地方自治体実施者）は、著しく増加した．従来の六九地方自治体実施者が、現在一一〇の実施者になった結果、協議組織（共同施設）の数は明らかに減少している．社会法典第二編第四四条bによる連邦雇用エージェンシーと地方自治体実施者の共同施設、および選択自治体（地方自治体実施者）

の施設は、社会法典第二編第六条ｄによりジョブセンター（Jobcenter）と表記される．

求職者基礎保障に関する諸給付は社会法典第二編第三六条により、就労可能な要扶助者の通常の居所がある管区の実施者が管轄する．住居を自由に使うことができて、その住居にとどまり使用していると考えられる状況である場合、そこに住所があるとみなす（ＳＧＢ第一巻第三〇条第三項）．該当者がその場所またはその地域で過ごそうとする期間が一時的ではない、ということが全体状況から結論付けられる場合、そこに通常の居所があるとみなされる（ＳＧＢ第一巻第三〇条第三項第二文）．扶助を必要とする者の通常の居所が確定できない場合には、就労可能な要扶助者が実際に滞在している地区の実施者の地域管轄となる．女性の家においては、社会法典第二編第三六条ａの例外規定が適用される．すなわち、女性の家に庇護を求める者がいる場合には、従来の通常の居所のある地域の地方自治体実施者は、女性の家への収容により管轄権を持つ女性の家のある場所の地方自治体実施者に、女性の家滞在期間中の費用を返還する義務を負う（Hüttenbrink 2011：16–19）．

３．実施者をめぐる状況

二〇〇五年当時、社会法典第二編の実施者に関しては、未だ先の見えない問題となっていた．第一に協同組織における雇用エージェンシーと自治体の共同関係のあり方とイニシアティブの所在、第二に協同組織かオプションかの選択の問題にあると考えられる．まず、協同組織における雇用エージェンシーと自治体の共働をめぐっては、連邦雇用エージェンシーと自治体の指揮命令系統の混在と協同組織としての意思決定システムの弱さがしばしば問題となっていた[33]．法施行直後の混乱を解決するため、連邦経済労働省、連邦労働エージェンシー、ドイツ都市会議、ドイツ市町村同盟は協同組織における運営についての協定を結んだ．

この枠組み協定は、協同組織の執行体制における権限関係の整理と明確化を図り、協同組織の実施者総会（Träger-versammlung）は自治体と雇用エージェンシー双方からの代表者によって構成される協同組織の最高意思決定機関である．そこでの両者からの代議員構成の如何によっては協同組織に対する双方の影響力が異なってくるのであるが、たとえば、協同組織の職員構成でみると五四％が雇用エージェンシー、四六％が自治体という比率となっており、代議員数をこの比率で割り振るとすれば、自治体が協同組織の意思決定においてイニシアティブを発揮することはできない．枠組み協定では、この問題をクリアするために、自治体が一定の基準を満たした場合には、自治体側から過半数の代議員を送ることができるものとした．

しかし、実施者総会で自治体が過半数を握ったとしても、それを通じて連邦雇用エージェンシーに対して影響力を及ぼしうるか否かはまた別の問題である．とりわけ地域構造問題を抱え、失業率の高い地域においては、自治体が協同組織を通じて地域雇用市場に影響を及ぼす余地は限られている．「要は連邦雇用エージェンシーによる集権的コントロールが強いあまり、実施者総会での過半数は自治体の政策的余地を拡大することにならない、というのが実態と考えられる」（武田 2007：165）．

また、実施体制の問題として、受給者の増加に対して職員配置が追いついていない状況は一般的に指摘されていることであるが、オプションと協同組織の間でも状況に相違があることが明らかにされている．すなわち、職員配置については、職員一人当たりの担当件数の上限を、給付担当職員と斡旋担当職員のそれぞれについて、各実施者が定め

(33) 私どもの聞取り調査でも、協同組織内部の職員が出身所属の違いにより、失業者に対する姿勢が異なっていた．そうした行政文化の違いから協力体制が十分ではないということが指摘されていた（マルティンルター大学社会人類学研究所・鹿児島国際大学大学院福祉社会学研究科（2005）『ドイツハルツⅣ調査報告書』）．

ることになっているので、「受給者の労働市場への統合における実績についても相違が生じている」（武田 2007：166）．

4．協力義務

要扶助者、使用者ならびに第三者には、社会法典第二編第五六条以下による協力義務があり、その義務の中には不履行による損害賠償の義務が生じたり、法律違反になったりするものもある（Steck/Kossens 2005：157）．

(1) 要扶助者の義務

就労可能な要扶助者が生活費保障のための給付を受給または申請した場合は、次の協力義務が生じる．

(1) 社会法典第一編第六〇条以下の協力共通義務

要扶助者とニーズ共同体の構成員は、とくに次の項目を果たす義務を負う．

・原則として給付にとって重要であり、質問用紙で尋ねられている事実をすべて申告すること．
・管轄給付主体の要請に応じて、第三者による必要な情報の授与に同意を与えること．
・管轄実施者の要請に応じて、必要な証明手段（たとえば、証明書）の提出または提出に同意すること．
・給付にかかる状況の変更、とりわけ就労開始、就労要求可能状況、出産手当または類似の給付ならびに年金の申請または受給、新しい住所、結婚および婚姻に類似したパートナーシップの開始または別離、収入および資産状況またはパートナーの収入および資産状況の変更、資産収入または税返還の流入などは、遅滞なく届け出ることになっている．

状況の変更にもかかわらず、正しく完全に、しかるべき時に届け出る義務を履行しなかった場合は、社会法典第二編により法律違反と判定され、五、〇〇〇ユーロ以下の罰金に処せされる．協力的でない時は、社会法典第一編第六六条第一項により給付の拒否または取り上げに至る場合もある．(34)

(2) 届出の共通義務（SGB第三編第三〇九、三一〇条に関連してSGB第二編第五九条以下）

雇用エージェンシーの要請に応じて、特定の目的（職業アドバイス、実習または仕事の斡旋、能動的職業助成給付の準備、給付手続きにおける決定準備、請求権前提条件の存在審査）については、原則として決められた日と決められた時間に面談に来ること、または医学的心理的診察の日時に訪れることなどの義務がある．これは異議申し立て期間や裁判手続きにも該当する．要扶助者が書面による法律効果の教示にもかかわらず、これらの義務のうち一つでも履行せず、それに対する重要な理由を証明しなければ、失業手当Ⅱは段階的に減額される．このような結果を避けるためには、支障が起きたらすぐ届出がなされるべきである．

要扶助者は、転居により変更する場合、管轄雇用エージェンシーに遅滞なくこれを届け出なくてはならない．

(3) 就労可能時の届出義務

就労可能状態になった時ならびにその予想期間について、雇用エージェンシーに届け出ること．雇用エージェンシーに医師が就労可能であると認めた時には、その予想期間についての証明書を、三暦日が過ぎないうちに提出する義

(34) vgl. BA-Merkblatt, S.51 sowie Alg Ⅱ-Antragsformulare, Zusatzblatt Veränderungsmitteilung.

務がある．就労可能状態が長引く場合には，さらに証明書を提出することが必要である．連邦雇用エージェンシーによれば，就労可能状態になった時は遅滞なく届け出るべきであり，故意または重大な過失により届出義務を怠った場合には，給付認可は就労可能状態の発生時までさかのぼって中止されることもある（BA-Merkblatt, 51）．

(4) 収入証明書の提出義務

経常的金銭給付を申請し，受給している要扶助者が，報酬を得てサービスや労働を提供する場合，使用者・発注者は遅滞なく所定の収入証明発行用紙を提出する義務がある（SGB第二編第五八条第二項）．法律がここで対象とするのは，サービスと役務の提供に限られている．故意または重大な過失による提出義務の不履行は，法律違反であり二，〇〇〇ユーロ以下の罰金に処せられる．

(2) 使用者の情報提供義務

要扶助者の使用者は，雇用エージェンシーの要請に応じ，給付請求権についての事実に関して，労働条件の終了と終了理由についての申告も含めて，情報を提供しなくてはならない（SGB第二編第五八条第二項）．ここで対象となるのは，社会法典第三編第三一二条による雇用証明書，たとえば仕事内容，労働報酬およびその他の金銭給付など，広範囲にわたる情報の提供である．この規則の対象は使用者に限られているため，把握されるのは雇用関係のみであり，フリーの就労またはその他の基盤に基づく仕事は把握されない．故意または重大な過失によるこの義務の不履行は，損害賠償の義務が生じ，法律違反であり二，〇〇〇ユーロ以下の罰金に処せられる．

社会法典第二編の経常的金銭給付を受給し，または申請した要扶助者を，対価を渡して雇用する（使用者），または報酬と引き換えに自立したサービス・仕事を委託する者は、この要扶助者が給付を申請し、受給する期間の間、仕事の内容と期間、対価または報酬額について証明する義務を負う．証明書は遅滞なく発行され、要扶助者に交付する．証明書には、雇用エージェンシーが定めた用紙を使用する．自営業者はこの用紙を発注者に遅滞なく提出する義務がある．

故意または重大な過失による証明義務の不履行は、損害賠償請求権につながることもありうる（SGB第二編第六二条第一番）．さらに、故意または重大な過失による証明義務または交付義務の不履行は法律違反であり、二、〇〇〇ユーロ以下の罰金に処せられる．

給付受給者の使用者、あるいは自営業の発注者は、任務の遂行に必要な場合には、要請に応じて雇用エージェンシーに営業簿、営業資料、証明資料ならびに在宅労働者のリスト、対価リスト、対価証明資料を調べさせる義務を負う（SGB第二編第六〇条第五項）．このことは、給付の申請者、受給者、または受給したことのある者、または第三者が資料を所有している場合もそうした義務を負う．資料の引渡し、模写・複写を要請することができない．故意または重大な過失によるこの情報提供義務の不履行は、法律違反であり、二、〇〇〇ユーロ以下の罰金に処せられる．これに対して、社会法典第二編第六二条による損害賠償の義務は、この項が「情報提供義務」の不履行を罰するに過ぎないため生じない．しかし、ここで対象となるのは「情報提供」ではなく、調査に対する許可である．

（3）第三者の情報提供義務

収入状況・資産状況を顧慮するとき、特定の情報提供義務が第三者に生じる（SGB第二編第六〇条）．定められている審査権は、社会法典第一〇編第二〇条以下、第九八条以下の一般規則を補足、または排除し、適切性の枠内に限り有効である．すなわち、個々の場合の重要な事実を明らかにするためには、原則として審査がどうしても必要であるが、そのためには要扶助者自身が、優先的に審査に協力しなければならない．情報提供義務を負う者またはその身近な者が、法律違反または犯罪行為により告訴される危険がある場合には、情報は提供されなくてもよい（ＳＧＢ第一〇編第九八条第二項第二文、第九九条第三文）．個々の場合には、次の内容が該当する．

要扶助者に、要扶助性審査の枠内で考慮すべき給付（たとえば、生計費）を支給する者は、雇用エージェンシーの任務遂行に必要な場合には、要請に応じて雇用エージェンシーに、この点に関する情報を提供する義務を負う（任意給付または不明確な法的状況に基づく給付についてはＳＧＢ第二編第六〇条第一項、給付義務のある場合はＳＧＢ第二編第六〇条第二項）．扶養義務の確定は、ドイツ民法典（ＢＧＢ）第一六〇五条第一項の情報提供義務に関連する（Steck/Kossens 2005：161）．

要扶助者のパートナー（配偶者、人生パートナー）の収入と資産を活用すべき場合は、パートナーは要請に応じて、雇用エージェンシーに、この点についての情報を提供する義務を負う（ＳＧＢ第三編第三一五条第五項第一番に基づいているＳＧＢ第二編第六〇条第四項第一番）．

要扶助者の預金を預かっていたり資産を保管したりする者（とくに金融機関ならびにすべての投資形式の保険）は、それに関連する収入または資産について、必要な場合に情報を提供する義務を負う（ＳＧＢ第二編第六〇条第二項）．そのためには所定の用紙に記入する．要扶助者のパートナーの収入と資産を活用すべき場合には、この情報提供義務はパートナーの収入と資産にも適用される（ＳＧＢ第二編第六〇条第四項第二番）．当該者にはこの点に関して、補償請求権が認められる（ＳＧＢ第一〇編第二一条第三項第四文）．

故意または重大な過失によるこれらすべての義務の不履行は、損害賠償の義務を生じ（ＳＧＢ第二編第六〇条第二番）、法律違反であり、二、〇〇〇ユーロ以下の罰金に処せられる．

(4) 労働適応給付における情報提供義務

実施者は給付が正当に支給され、またはされているかどうか、そしてどの程度正当であるかについて解明するような事実について、雇用エージェンシーに遅滞なく情報を提供する義務を負う．故意または重大な過失によるこの義務の不履行は、法律違反であり、二、〇〇〇ユーロ以下の罰金に処せられる．また実施者は、給付にとって重要な変更事項がある時には、それを遅滞なく雇用エージェンシーに伝達しなくてはならない．

適応対策参加者は、雇用エージェンシーの要請に応じて、適応成果についての情報、適正試験を始めとしてその他のすべての情報を提供し、その実施者による成果の評価を認める義務を負う（SGB第二編第六一条第二項）．実施者は、そうした対策への参加者の評価を遅滞なく雇用エージェンシーに届け出なければならない．

(5) データ収集についての経過規定

失業扶助、引揚者に対する社会統合扶助、または社会扶助を受給する要扶助者、ならびにこれらの者とニーズ共同体で生活している者についての実施者によるデータの収集は二〇〇四年八月一日以降からすることができる．そして遅くとも二〇〇四年一〇月一日以降は必ずデータ収集しなくてはならない（SGB第二編第六五条第一項）．

第3節　給付

求職者基礎保障（社会法典第二編）には、積極的給付と消極的給付がある．前者が再就労による要扶助性の終了または軽減を目指す労働適応給付で、後者が生活費保障のための給付である．

1．労働適応給付

(1) 支援の原則

求職者基礎保障制度の実施者は、社会法典第二編第一四条により、就労可能な要扶助者を就労させるという目標に向けた広範囲な援助を行う．雇用エージェンシーはその際に、単なる助言と仲介に留めないようにするため、就労可能な要扶助者ならびにその者と共にニーズ共同体で生活する者全員に、それぞれ個別に相談員を指名する．すなわち、雇用エージェンシーは将来の就労に対するあらゆる影響要因を考慮し、そのために必要な倹約性と経済性の原則に合致する支援を与え、いかなる場合でも、有効なケースマネージメントが行われるよう保証することになる．

(2) 労働適応協定の法的性質と内容

(1) 労働適応協定の法的性質と形式

社会法典第二編第一五条は、雇用エージェンシーと就労可能で扶助を必要とする者との労働適応協定について定めている．自治体実施者と雇用エージェンシーの間で協同組織が結成されたならば、この協同組織は社会法典第二編第四四条b第三項に沿って、労働適応協定を結ぶ．自治体実施者を選択し（ＳＧＢ第二編第六条ａ）、州最高官庁の承認を得て社会法典第二編による任務の実施者として認可されているならば、労働適応協定締結の責任は地方自治体にある．

雇用エージェンシーは、自治体実施者と協力して、すべての就労可能な求職者とその適応に必要な給付を労働適応協定において取り決める（ＳＧＢ第二編第一五条第一項第一文）．しかし、連邦雇用エージェンシーには要扶助者と労働適応協定を結ぶ義務はない．要扶助者にも、労働適応協定を結ぶ義務は、法律の文面からも法の制定理由からも生じない．立法者は労働適応協定締結は要扶助者の自由意思に委ねるという前提に立っている（Steck/Kossens 2005：76）．

しかし、要扶助者にとっては、こうしたことへの協力義務があるため、労働協定締結は強制的になる．なぜなら社会法典第二編第三一条第一項第一番ａによれば、就労可能な要扶助者が法律効果についての書面による教示にもかかわらず、自らに提示された労働適応協定を結ぶのを拒否する場合、失業手当Ⅱが減額されるからである．

社会法典第二編第一五条による労働適応協定は、社会法典第一〇編第五三条以下が示す公法上の協定である．労働適応協定はどの形式にも拘束されるものではないが、原則として書面による．

(2) 労働適応協定の内容

労働適応協定には労働適応給付、ならびに職業適応を目指して要扶助者が行う何らかの努力の方法と程度が記載される．社会法典第二編第一五条第一項第二文によれば、労働適応協定ではとりわけ次の点を定めなければならない．

① 就労可能な者が労働適応のためにどのような給付を受けるか．

② 就労可能な扶助受給者は労働適応のために、少なくともどのような頻度でどのような努力をしなくてはならないか、そしてどのような形式でその努力を証明しなくてはならないか．

労働適応協定には就労可能者の労働適応給付や就労を目指す自身の努力に最低限要請される事項の種類と範囲に関して拘束力を持つあらゆる取り決め等を含む．複数の就労可能者が一つのニーズ共同体で生活している場合には、それぞれの就労可能者と協定を結ぶべきである．労働適応協定には、どの労働適応給付を就労可能者が受給するのか、正確に定められていなければならない（SGB第二編第一五条第一項第一番）．その時点での給付と義務については、受給資格者と面談のたびに検討し、必要な場合には適切に修正するのが望ましい．就労支援のための支援給付は、社会法典第二編第一四、一六、二九条による．この場合、それぞれの支援給付は受給資格者に対する集中的な助言の枠内で算出し、助言の段階から明確に定める必要がある．その際、対策指示が追求する目標は、受給資格者に説明し、少なくともキーワードは記録すべきである．さらに労働適応協定には、第三者（とくに他の社会給付実施者）のどの給付を申請しなくてはならないかについても示す必要がある．

労働適応協定はさらに、受給資格者の努力を証明する形式および頻度、方法を定めなければならない．これらは、資格者個人とその与えられた情況に合わせて、個人的に調整する．この際に就労可能者に対する要請は、理解しやすく達成できるように、一義的にはっきりと記述されるよう細心の注意を払うべきである．個人的に定めるべき義務が受給資格者により果たされなかった場合、社会法典第二編第三一条に基づき失業手当Ⅱを減額する根拠となることもありうるので、いかなる場合にも、一般的な勧告や不明確な文章は、労働適応協定では避けなくてはならない．限定期間内の求人応募数は正確に、しかも個人の特性および個々のケースの具体的な状況に関連して定められなくてはならない．応募を証明する方法も定めるべきである（たとえば、雇用者になりうる者に宛てた当事者の送付状）．正当な理由がある場合には、雇用者の返信または受付証明（たとえば、スタンプ）を請求することができる．書類による応募費は、通常基準では部分的にしか賄えないので、労働適応協定に拘束力を伴って協定された書類による応募に対しては、費用償還規則を補足的に定めるのが望ましい．

社会法典第三編第四五条、第四六条第一項は、社会法典第二編第一六条第一項に関して適用可能なので、応募費用の償還も労働適応協定に定めることができる．外国人または後期強制移住者で、ドイツ語を十分に話せない者には、労働適応協定において統合コースの参加を義務づけることができる．就労可能者が社会法典第二編または社会法典第三編により、生活費保障に役立つ経常金銭給付を二年以内に受給した場合、社会法典第二編による給付申請と同時に、労働適応給付が即座に提供される（いわゆる即時提供）．「いわゆる一ユーロJob」が提供される場合、仕事の種類、勤務場所、時間量、時間配分、超過支出補償額などを規定する．その際、具体的な統合戦略について説明すべきである．その他、就労可能な要扶助者は担当相談員と取り決めた場合に限り、時間的にも場所的にも近い領域に滞在することが許される．就労可能な要扶助者は基本的に、平日はいつでも管轄実施者が住所または通常の居所で、確実に連絡が取れるようにしなくてはならない．扶助を必要とする者が留守にする予定を立てる場合は、前もって申請しなくてはならない．その場合でも通常、留守は暦年内で三週間までしか認められない．労働適応協定は扶助を必要とする者の個人相談員が正本を二通印刷し、それぞれに双方の契約者が署名する．一通は記録として保存され、もう一通は扶助を必要とする者に交付される．[35]

(3) 労働適応協定の期間

労働適応協定はその都度六か月間有効とする．この期間で労働適応が達成されなかった場合、新たな協定を取り決める．その際、それまでに得られた経験が考慮される．六か月という期限を設けることによって、集中的にケアを行い、就労のために活用する手段を、タイムリーに批判的にチェックすることが確実になる．扶助を必要とする者と雇用エージェンシーの間に適応に関する協定が成立しない場合、予定されていた決定は、連邦雇用エージェンシーがかわりに行政行為によって行うことができる（SGB第二編第一五条第一項最終文）．行政行為に対して対象者は、異議申し立て―さらに対処されない場合は―社会裁判所への告訴により防御できる[36]．労働適応協定において社会法典第三編第七七条に基づく教育対策について取り決められるならば、就労可能者が自身の落ち度により対策を最後まで行わなかった場合に備えて、協定では就労可能者の損害賠償義務範囲を定めなくてはならない（SGB第二編第一五条第三項）．その際、扶助を必要とする者は自分の損害賠償リスクについて、明確に誤解のないよう指摘を受ける．このことが失業手当Ⅱの減額の恐れ以上に、当事者が教育対策を計画通りに終了する励みとなる．

(35) 労働適応協定に対する違反は、社会法典第二編第三一条により、給付減額という制裁を伴うことがある．
(36) 提案される労働適応協定を拒否する場合の制裁については、社会法典第二編第三一条第一項を参照のこと．

(3) 労働適応給付の具体例

(1) 一般給付

社会法典第二編第一六条第一項によれば、社会法典第三編の主要な労働適応給付はすべて、失業手当Ⅱの受給者も、次のサービスを利用できる.

・助言と仲介
・助言と仲介の援助
・適応見込みの改善
・就業の助成
・自営業開始の助成
・職業教育の助成
・職業発展教育の助成
・被雇用者の適応
・実地教育
・職業発展教育および職業生活参加のための給付
・職業教育助成と仕事に伴う適応扶助
・失業者雇用対策の助成
・雇用を促す社会的経済基盤対策の助成
・就業中の被雇用者の助成

表2-3-1　障害者に対する裁量給付（社会法典第３編）

規定	対策
第97～99条	労働生活参加助成給付
第100条第１番より第３番および第６番	アドバイスおよび斡旋の援助、労働生活参加の見込み改善、就労助成、職業発展教育助成
第101条第１、２、４、５項	移動扶助、職業教育および職業発展教育助成、教育の反復または延長時の助成
第102条	障害者に対する特別給付
第103条第１文第３番、第２文	参加費用、個人的予算の引受
第109条第１項第１文および第２項	社会法典第九編第33、44、53、54条による参加費用

出所）Steck/Kossens 2008：95-96.

・仲介引換券の請求
・実施者に対する適応対策の依頼
・比較的高齢の被雇用者の雇用における雇用促進保険金の免除．社会法典第二編による請求権がない者にとっては，第三編の給付に変更はない．

就労可能で扶助を必要とする障害者に対しては，社会法典第二編第一六条第一項第二文により，対策がさらに用意されている．社会法典第二編第一六条第一項第二文は社会法典第三編第九七～九九条、第一〇〇条第一～三番および第六番、第一〇一条第一、二、四、五項、第一〇二条、第一〇三条第一文第三番、第二文、第一〇九条第一項第一文および第二項の参照を指示している（表２－３－１）．

(2)　地方自治体による労働適応給付

社会法典第二編第一六条a第二項では，第一項で挙げられた給付以外にも給付が支給されることがあると明確に定められている．これらの給付には次のようなものがある．

① 世話給付

社会法典第二編第一六条第二項第二文第一番により、子どもの世話や家族の在宅介護の給付が支給される．この「世話給付」(Betreuungsleistungen) は、就労可能な要扶助者が、自らが行う世話や介護のために仕事ができなくなった時に実施される．しかし、就労の可能性を拡げた結果、社会法典第二編第一六条第二項第二文第一番は、要扶助性に決定的な影響を与える限り、適用することができる．

世話給付はまず同条第一番により、世話給付の負担が支払えるように、金銭給付として支給される．給付が必要なのは、その他のニーズ共同体内にまたはその他の家族の中で、世話が整えられない場合に限る．世話の必要性が自明でない限り、専門機関の証明書が必要である．一二歳以上の子どもならびに障害の特徴、または介護を必要とする家族についても同様である．しかし、社会法典第二編第一六条第二項第二文には、社会法典第九編第六八条による重度障害の定義、または社会法典第九編第一四条、第一五条による介護必要性の定義を参照するようにという明確な指示はない．この点について、これらの規定の条件に該当する身体的精神的制約のある者の介護費用引受も考慮される．社会法典第二編第一六条第二項第二文の指す家族とは、社会法典第一〇編第一六条第五項に示された人たちである．

② 債務者相談

その他の裁量給付として、社会法典第二編第一六条第二項第二文第二番には「債務者相談」(Schuldnerberatung) が挙げられている．この場合の費用引受の背景には、負債または債務超過、とりわけ債権者の強制執行が理由で、就労へのチャンスが狭まるという事実がある．債務者相談給付は、財政状況の明確化と債務整理の方法の明示からなる．そのためには、一ヵ月当たりの収入と支出についての一覧表、ならびに債務明細が必要である．さらに債務状況に影響のあるすべての書類の提示が必要である（たとえば、差押決定および振り込み決定、支払い催告、譲渡など）．

③　心理社会的なケア

社会法典第二編第一六条第二項第二文第三番による「心理社会的なケア」（Psychosoziale Betreuung）には、提供された援助としての短期または中期に渡る随伴または中期から長期の随伴のケアまたはその他のケアが含まれる．心理社会的なケアの必要性については、治療に当たる医師が決定する．心理社会的なケアは、麻薬中毒者が職業、家族、社会に再び根を下ろすのを手伝うことを目的とする．住居探しならびに経済的問題、家族の問題の解決の他に、このケアは意義深い日常生活計画を構成し直し、さらに教育または仕事へのなるべく早期の合流を目指している．

④　中毒に関する相談

適応給付には社会法典第二編第一六条第二項第二文第四番により、「中毒に関する相談」（Suchtberatung）も基本的に含まれている．

⑤　高齢者パートタイム法による給付

社会法典第二編第一六条第二項第二文第五番により、「高齢者パートタイム法」（Altersteilzeitgesetz）による給付を支給することができる．

(3)　就労手当

失業中の就労可能な要扶助者が就労する際に、一般的な労働市場への適応に就労手当が必要な時は、扶助必要性を克服するために就労手当を支給してもよい（自由裁量による決定）．就労手当は失業手当Ⅱの補助金として支払われる．就労手当は社会法典第二編第一六条b第一項第二文により、扶助の必要な状況が就労と同時または就労後に解消された場合でも、支給することができる．また第一六条b第二項により就労手当は、その他の扶助の必要な状況の存在とは関係なく支給することができる．同時に就労手当により、生活基盤を築くための経済支援において、補助金の実際運用が容易になることを目指している．生活基盤を築く者は経済計画におけるその都度の承認期間に対し、就労手当を所得として計算することができる．

就労手当は就労事実がある限り、最高二四か月間支給される．就労手当の金額査定にあたっては、先行する失業期間の長さ、ならびに就労可能な要扶助者が生活しているニーズ共同体の大きさが考慮される．

(4) 自営業者労働適応給付

社会法典第二編第一六条cは、自営業者労働適応給付に関して詳しく定めている．この給付は、その自営業が経済的に成り立ち、扶助の必要な状況がその自営業によって、適切な期間内に継続的に克服または減少される場合に限り、支給できる．

社会法典第二編第一六条c第一項により、自営業を営むのに必要で適切な物質である場合、その物質を入手するために貸付および補助金を、本業として自営業を営む就労可能な要扶助者に支給することができる．その際、戻ってこない補助金である場合、その金額は個々の場合につき五、〇〇〇・〇〇ユーロを超えてはならない．

(4) 臨時労働の提供

仕事を見つけられない就労可能な要扶助者には、臨時労働を創出する必要がある（SGB第二編第一六条d）．

公共の利益に沿った追加的臨時労働が、社会法典第二編第一六条第一項による失業者雇用対策として助成されなかった場合、就労可能な要扶助者がその種の労働に斡旋される時には、その者に失業手当Ⅱに加えて超過支出に見合った補償を支払う．この種の労働は、労働法の指す雇用関係を築かない．公益的追加的労働への斡旋により、仕事からの離脱を防ぎ、それぞれの者に対して、後に一般的な職業生活における正式な仕事を引き受ける準備を整えるよう意図されている．労働は公益に沿ったものでなければならず、なんらかの私的な目的に利用されてはならない．普通ならばその労働が行われなかった、あるいはその範囲では、あるいはその時期には行なわれなかったであろう場合には、その労働は追加労働と見なされる．「いわゆる一ユーロJob」が提供される場合、仕事の種類、勤務場所、時間量、時間配分、超過支出補償額などを規定すべきである．さらに具体的な適応戦略を定めるのが望ましい．報酬の適切さについては、連邦雇用エージェンシーが支払う、住居費を含まない生活費給付（失業手当Ⅱ）に超過支出補償を加え、労働時間に当てはめて時間給に換算する[(37)]．なお、臨時労働への斡旋は労働適応協定の枠内で行うことができるが、その他行政行為によっても行うことができる（SGB第二編第一五条第一項第六文）．受給資格者が拒否する場合には、社会法典第二編第三一条以下の制裁が行われる．

（5）雇用促進給付

就労が困難とみられる受給資格者を雇用した場合、雇用者は予想される被雇用者の能力不足に対する調整として雇用補助金、およびその他の費用に対する補助金を受けることができる．前提条件は次のすべての項目である．

・就労可能な受給資格者が満一八歳に達しており、社会法典第三編第一八条による長期失業状態で、その他に自身の

（37）受給資格者は失業手当Ⅱとして三六四ユーロを受給し、月平均六四時間労働を超過補償支出一時間当たり二ユーロで斡旋されているとする．この場合、失業手当Ⅱと合わせて月額四九二ユーロを受給することになる．

特性に基づく仲介するのに二つ以上の困難さを有し，就労チャンスが深刻な悪影響を受けている．

・就労可能な受給資格者が，最低六か月以上の期間の労働適応協定に基づいてケアを受け，かつ社会法典第二編による通常の給付に関連して労働適応給付を受給した．

・適切な就労促進対策がなければ，一般労働市場における職業に今後二年の間に就くのは不可能だと思われる．

・雇用者と受給資格者の間で，共通賃金に沿った労働報酬または現地水準の労働報酬で取り決め，原則としてフルタイム労働の雇用関係があり，取り決められた労働時間がフルタイムの労働時間の半分を下回ってはならないことになっている．

雇用補助金額は受給資格者の能力によって決められ，労働報酬の七五％を上限とする．社会法典第二編第一六条e第三項により，さらにその他の費用に対する補助金（たとえば，雇用に伴う資格認定）を，雇用者に支給することができる．最長促進期間は，社会法典第二編第一六条e第三項第四番により二四か月に限定されている．場合により，雇用補助金をさらに支給することができる．

（6）適応給付のための施設とサービス

社会法典第二編第一七条は，雇用エージェンシーに広範囲にわたって自制するよう指示を下している．具体的には，第三者が然るべきサービスを含む施設を提供しているか，拡張あるいはまもなく新設できる限りは，雇用エージェンシーは自らのサービスおよび施設を新規に興すべきではない．このことは，特に地方自治体の実施者と民間社会福祉事業実施者に当てはまるが，その他の実施者にも適用される．

2. 生活費保障のための給付

社会法典第二編による生活費保障のための給付は保険給付ではなく、国による後順位の社会福祉給付である．ここでは、社会法典第二編第八条第一項による就労可能な要扶助者に対する給付、社会法典第二編第七条第二項および第三項による就労可能な要扶助者と同一ニーズ共同体に生活する就労可能でない家族に対する給付、を区別しておく必要がある．

就労可能な要扶助者は、社会法典第二編第一九条から第三〇条aによる失業手当Ⅱを受ける．これに対し、就労可能でない家族は社会法典第二編第二三条による社会手当を受ける．

(1) 失業手当Ⅱ

就労可能な要扶助者に対する失業手当Ⅱには、社会法典第二編第一九条により次の各給付を含む．

- 生活費保障のための通常需要（SGB第二編第二〇条）
- 増加需要（SGB第二編第二一条）
- 住居と暖房のための需要（SGB第二編第二二条）
- 社会手当（SGB第二編第二三条）
- その他の給付支給（SGB第二編第二四条）
- 年金保険の医療的リハビリテーションおよび傷害保険による傷病給付請求における給付（SGB第二編第二五条）
- 保険料への補助金（SGB第二編第二六条）

表2-3-2　通常需要の消費支出の内訳

食費、ノンアルコール飲料	128.46 €
衣料靴	30.40 €
住居（家賃と暖房を除く）、エネルギー維持、住居維持	30.24 €
内装、家庭用器具、家庭用品	27.41 €
健康管理	15.55 €
交通	22.78 €
情報伝達	31.96 €
余暇、娯楽、文化	39.96 €
教育	1.39 €
宿泊、飲食店サービス給付	7.16 €
その他の物品とサービス給付	26.50 €

出所）Hüttenbrink 2011：67

・職業教育を受ける者に対する給付（ＳＧＢ第二編第二七条）
・教育と参加のための給付（ＳＧＢ第二編第二八、二九条）

(1)　生活費保障のための通常給付

連邦憲法裁判所は二〇一〇年二月九日付の判決により、社会法典第二編および社会法典第一二編による通常需要を、憲法に照らして査定し直すよう立法機関に命じた[38]。それまでにこの件に関して連邦憲法裁判所は、とりわけ児童と青少年の需要に関する懸念を表明していた。連邦憲法裁判所の決定に続いて、立法機関は独身者世帯の月々の消費支出を批判的に調査し、改めて評価した。これに関連して立法機関はとくに、教育と参加のための需要項目を社会法典第二編第二八、二九条の法律に新たに取り入れた。同時に月毎の生活費保障のための通常給付は、社会法典第二編第二〇条第二項により、二〇一一年一月一日から独身者に対しては二六四・〇〇ユーロと定

（38）二〇一〇年二月九日、連邦憲法裁判所は、三家族からの訴え（子どものための現行の基準給付額は憲法に違反すると主張）について、社会法典第二編による求職者基礎保障の基準（Regelleistungen）も、そして満一四歳までの子どものための社会手当（Sozialgeld）も、人間に値する最低限の生存の保障という基本権を満たしていない、と判じた（正井 2011：81）。

められた．二〇一二年一月一日からこの需要は，さらに三・〇〇ユーロ引き上げられて二六七・〇〇ユーロになる．ここには通常需要算出法第五条第一項（二〇一一年一月一日現在）により，通常需要に関連する表2－3－2に示す消費支出が含まれている．

この配分は，たとえば，社会法典第二編第二四条第一項または第三項による特別需要または一時需要の支給を決定する際に参考になる．

ニーズ共同体の二人の世帯構成員が満一八歳以上の時は，第四項により各々の受給する額は通常給付の一〇〇分の九〇となる．このことをもっと明確に記せば，同居している二人は計算上，一人当たり独身者の通常給付とそのパートナーの通常給付の平均額をそれぞれ受給する．立法機関はこの規則を意義深いものと評価している．なぜならば，カップルの関係での女性はたいてい世帯主には該当せず，よって平均値を算定しないと，より少ない一〇〇分の八〇の通常給付しか受給できないことになる．

パートナーが仕事の事情で留守であっても，通常給付算出には影響がない．これに反して，パートナーの拘留により別居している場合は，双方のパートナーが関係を今後も維持するとしても，給付の算出に影響する．拘留者は，この場合，刑務所より生活費を得るのであって，結果的に社会法典第二編第九条第一項による扶助の必要な状況は存在しない．しかし，関係を維持する場合は，拘留されたパートナーは，その後もニーズ共同体に属するので，パートナーのその他の収入および資産があった場合は，その他の家族のニーズ共同体の需要に算入すべきである．社会法典第二編第七条第四項の除外となる事実構成要件は，拘留期間が六か月よりも長くなると予想される場合に限り関係する．拘留期間が六か月よりも短いと予想される場合，住居費が拘留期間もかかるのであれば，少なくとも社会法典第二編第二二条による適切な住居費の償還に対する請求権は存続する．

表2-3-3　通常需要

通常需要度	失業手当Ⅱ／社会手当の通常給付（RL）包括額	2011年1月1日～12月31日
ステップ1	独身者または独りで子育てをしている者	364€
ステップ2	18歳以上のパートナー	328€
ステップ6	社会法典第2編第7条第3項によるニーズ共同体の満6歳未満の家族	215€
ステップ5	満6歳以上満14歳未満	255€
ステップ4	満14歳以上満18歳未満	287€
ステップ3	満18歳以上	291€

出所）Hüttenbrink 2011：69

社会法典第一二編第二八条aおよび（SGB第一二編第四〇条第一文第一番に基づき）関連条例から類推して，通常需要は毎年一月一日に見直される．通常需要を算出し直すために，通常需要算出法も適切に適応される．二五歳未満で，社会法典第二編第二二条第五項に関連し第二〇条第二項に基づく管轄地方自治体実施者の確約なしに，両親の住居から転出した子どもは，満二五歳になるまで住居と暖房のための給付は受給できず，通常需要として二九一ユーロのみ受給する（表2－3－3）．

その他，同一のニーズ共同体に生活する満一五歳以上の就労可能な世帯構成員に対する通常給付額は，一八歳未満は社会法典第二編のために新しく発布された条例により一八歳以上は二九一ユーロになる．

世帯に同居する成人した就労可能な子どものうち，満二五歳になった子どもは自身のニーズ共同体を形成するので，社会法典第二編第二〇条第一項第二番に基づき独身者の通常基準額を受給する．

通常給付には社会法典第二編第二〇条第一項に基づく包括金額の形で，生活費のすべて，とくに食料，被服，保健衛生，家具，暖房にかかる部分を除いた家庭用エネルギー，日常生活上の需要，ならびにまわりの世界との関係を維持し，また文化的生活に参加する費用も相当の範囲で含まれる（包括金額の範囲については第三部第三章Ⅱを合わせて参照のこと）．社会法典

第一二編による広範囲にわたる扶助は、社会法典第二編第五条第二項により除外されている。

これに対して、社会法典第一二編第四章（SGB第一二編第四一～四六条）に基づく給付、つまり「老齢・障害等基礎保障」は、社会法典第二編の諸給付に対して優先する。社会法典第一二編第五章（SGB第一二編第四七条より第七四条）による給付は、社会法典第二編による給付と並行してその他の社会扶助給付として認められる。なぜならば、そこで定められた内容は生計扶助とは関連がないからである。

(2) 生活費の増加需要給付

社会法典第二編第二〇条で定められた通常給付と並行して、就労可能な扶助受給資格者は、社会法典第二編第二一条第二項から第五項による増加需要をさらに受給する。増加需要の対象および加算額は、社会法典第一二編第三〇条第二項から第五項の規則と同一なので、詳細についてはその説明（第三章）を参照できる。増加需要支給の対象となるのは、次の通りである。

・妊婦（SGB第二編第二一条第二項）
・独りで子育てをしている者（SGB第二編第二一条第三項）
・就労可能な扶助受給資格者のうち、社会法典第九編第三三条による労働生活参加のための給付、または社会法典第一二編第五四条第一項第一文第一～三番による統合扶助が支給される者（SGB第二編第二一条第四項）
・就労可能な受給資格者のうち、費用のかかる滋養を必要とする者（SGB第二編第二一条第五項）
・セントラルヒーティングによらない温水準備の場合、社会法典第二編第二一条第七項

社会法典第一二編第三〇条第一項による増加需要が社会法典第二編第二一条で欠けているのは、この人的範囲が社

表2-3-4　増加需要給付

100分率　子ども	12	24	36	48	60
子ども１人＜7			X		
子ども１人＞7	X				
子ども２人＜16			X		
子ども２人＞16		X			
子ども１人＞７＋子ども１人＞16		X			
子ども３人			X		
子ども４人				X	
子ども５人以上					X

出所）Hüttenbrink 2011：72

会扶助のみを受けられるからである．社会法典第二編第二一条第六項により、増加需要合計額は、扶助を求める者に対する基準通常給付を超えてはならない．

独りで子育てをしている者は、社会法典第二編第二一条第三項第一～二番の条件の下で、増加需要として通常給付全額の一〇〇分の一二または二四、三六、四八、六〇の金額の給付を受給する（表２－３－４）．

基本的に通常給付基準が一〇〇％支払われるならば、増加需要の前提条件は現存すると仮定できる．一人または複数の子どもと同一世帯に生活する独身者は、子どもの世話と教育に関わる他の人はニーズ共同体にいない、という状態を考慮して、増加需要給付を受給する．二五歳未満で結婚していない子どもとその子ども（＝孫）が、両親の世帯に同居している場合、子どもとその子どもは自身のニーズ共同体を形成し、通常給付を全額受給する．このような者に対しても、増加需要は認められる．未成年の子どもが自分の子どもと、独身の単親と同一世帯に生活する場合にも、この事は該当する．独身の単親（祖母、祖父）は自分の子に対し、増加需要を申請することはできない．自分の子ども（＝孫）がいる子どもの単独養育は、もはや増加需要の原因とはならないからである．

(2) 住居と暖房のための給付

(1) 概説

住居と暖房の費用は基準給付には含まれていない．これらの費用に対しては，むしろ個別の請求権が生じ，それが基本的に適切である限りは実費が支給される（SGB第二編第二二条第一項）．また特定の条件下では住居調達，賃貸保証金，引越ならびに家賃負債の費用も引き受ける場合がある．したがって，社会法典第二編第二二条の規定は，広い範囲で通常基準細則第三条における従来の社会扶助法の規定に相当する．このことが当てはまる限り，新規定の解釈は基本的に，従来の社会扶助の実践に基づいて行えばよい[39]．

しかし，従来に比べて重要な違いがある．新規定では，失業手当Ⅱおよび社会手当の受給者は，住宅手当を受給できなくなった．これらの人たちの住居費は，例外なく社会法典第二編の基準に替わった．こうして初めに住宅手当を認可し，それから収入の枠内で再び算入するという面倒な手間がなくなった．将来的には社会法典第二編第二二条による請求権だけが生じるようになる．

これらは従来，一時給付として支給されていたが，住居の維持ならびに美観保持補修の費用は該当しないと思われる．社会法典第二編の法律改正によって，一時給付の大半は確かに基準給付に編入されたが，住居費に関してはそうではない．しかし，従来は，維持補修費は必要な生計費の一部として（BSHG第一二条第一項）「住居」費として計上されていた（Brühl 2003：96f）．このことは今後も有効であろう．したがって，維持補修費は，賃借人が契約によって負担する義務を負う限り，社会法典第二編第二二条第一項によって支給される．

(39) BT-Drucks 15/1516.

失業手当Ⅱ／社会手当に対する請求権が各個人に生じるために、複数の人たちが同居する場合には、住居と暖房のための費用はこれらの人々に割り振られる．要扶助者が扶助を必要としない者と同一住居に住んでいる場合には、要扶助者の費用は費用部分のみが引き受けられる．この場合複数の扶助を求めている者－複数の小さな子どもたちの場合も－の費用は、基本的には人数で持分に分割するという、社会扶助法に関する従来の判決は今後も有効であろうと思われる．すなわち、AとBとC（扶助が必要）が住居共同体に同居し三〇〇ユーロを払っている場合、Cの住居費は基本的に一〇〇ユーロと査定される．ニーズ共同体内では、費用は各個人の需要に応じて割り振られる．

連邦雇用エージェンシーの想定によれば、住居費の適切性は、一方で個人的な居住状況（家族構成員の人数、その年齢、性別、健康状態）、他方では現在の部屋数、その土地の賃料基準、その土地の住居市場の可能性によって決まる．適切な一平方メートル当たりの価格は、低価格帯の相当する住居の平方メートル当たりの価格によって決まる．適切な家賃は居住面積に、平方メートル当たりの価格をかけて算出される．適切性の問題については現在、法規細則により定められていないので、適切性についての決定は当地で行われる．

適切な住居の広さに関しては、住宅拘束法の各州実施規定に対応していた当時の社会扶助法と同様に、次の基準値が有効である（Hüttenbrink 2011：149）．

―一人：五〇平方メートル
―二人：六〇平方メートル又は二居室
―三人：七五平方メートル又は三居室

―四人：九〇平方メートル又は四居室
―一人につき約一五平方メートル又は一居室加算

たとえば、F家には三人の一八歳未満の子どもがおり、居住面積は九五～一〇〇平方メートルが適切であるとする。これに対し、子どもの一人が大学に入って家を出、期末休暇の間だけ家に帰ってくる場合には、この子どもは考慮されないので、需要は八五～九〇平方メートルのみとなる（Steck/Kossens 2008：57）。

問題になるのは、複数の人たちが同居している場合や一八歳以上の子どもがずっと家族と同居しているような場合である。ニーズ共同体に属さない人を別とみなせば、同居している人たちを一緒に計算するのに比べて適切な居住面積は増える。たとえば、独身者二人に対して別々に考えれば、適切な居住面積は九〇～一〇〇平方メートルになるが（二×四五～五〇平方メートル）、二人をまとめて計算すれば六〇平方メートルにしかならない[40]。

この場合、この人たちの家計が共通である限り、区別して考慮する明白な理由はない。一つのニーズ共同体のように、特定の空間は共同で使用されるからである。独身者により広い平方メートルがなぜ認められるのか、という理由は、この場合には該当しない。したがって、適切な居住面積の算定に当たっては、一つの家計に同居する人たちに照

(40) たとえば、AとEは三人の子どもX、Y、Z（すでに一八歳に達しており、前提条件を満たせば独立したニーズ共同体とみなされる）と同居しているとする。この場合、全員を合わせて考慮すれば、九五～一〇〇平方メートルの居住面積が妥当である。住居と暖房の費用（七〇〇ユーロ）は全員に割り当てられるので、一人当たり一四〇ユーロになる。Zが扶助を必要としていなければ、A、E、X、Yに対しそれぞれ一四〇ユーロずつ査定される。Zは自分の分を自分で負担しなくてはならない。また、AとBはCに転貸し、Cが失業手当Ⅱの受給者であれば、Cには四五～五〇平方メートルの居住空間部分が適切である。住居と暖房の費用はCの分だけ引き受けられる。基本的には人数で均等割りされる（Steck/Kossens 2005：57）。

ってくる．

準を合わせるのが有効である．共通の家計を持たない純粋な住居共同体，たとえば，転貸に対しては該当事項が異なってくる．

二つ目の算定要件である適切な平方メートル当たりの価格は，低価格地帯の該当者にふさわしい住居によって定められ，その土地の事情との具体的な関連のために，基本的には当地の家賃表が借用される．たとえば，F家は九五平方メートルの住居に住んでおり，当地の現在家賃価格は六・一四ユーロと認定されている場合，住居費は五八三ユーロ（九五平方メートル×六・一四ユーロ）までは適切である．この上限を超えない限り，実際の支出額が補償される．

住居費が適切な価格を超えた場合，適切な価格と実際の価格の差額を要扶助者自身が（算入できない収入および資産から）負担することが許可されているかどうかについては，従来議論の的となっていた．このような可能性にとって，法律の文面は有利に表現しており，それによれば費用は適切である（「場合は」ではなく）「限り」負担することができる．

社会法典第二編第二二条第二項の定めるところによれば，第一二条第三項第一文第四番の指す自身の住む所有住宅／区分所有住宅の，維持および修理にかかる必要な費用も，住居需要として承認される．費用は一年間の期間に割り当てられる．維持・修理費が住居と暖房のための適切な出費より高い場合には，適切な住居費を超えた出費分はその時点の実施者から，貸付によって支給させてもよい．

新しい住居について契約を結ぶ前に，扶助を必要とする者は管轄実施者の確約（Zusicherung）を得ておくのが望ましい．引越しが必要で，新しい住居のための出費が適切である場合に限り，実施者は住居費を引き受けると確約する義務がある（ＳＧＢ第二編第二二条第四項）．

適切な住居と暖房のための出費に限り引き受けられる．必要ではない引越しの後で適切な住居と暖房のための出費

表2-3-5　借主の増加需要加算

通常要扶助度	通常基準額	第21条第7項による加算（%）	加算（ユーロ）
ステップ1	364 €	2.3 %	8.37 €
ステップ2	328 €	2.3 %	7.54 €
ステップ3	291 €	2.3 %	6.69 €
ステップ4	287 €	1.4 %	4.02 €
ステップ5	251 €	1.2 %	3.01 €
ステップ6	215 €	0.8 %	1.72 €

出所）Hüttenbrink 2011：74

が増えた場合、その後も給付は従来引き受けるべき出費額までしか支給されない．長期失業者が不適切に高価な貸住居に住んでいても、管轄実施者が住居変更を要求できず、失業者が暖房費の金額に影響を及ぼすことができない限り、失業者には暖房費の全額引き受けに対する請求権がある．より小さな住居の暖房費に対する費用引き受け共通制限額は、このような場合には許容されない．当事者が住居を変更して出費を減らすことができない、またはその事を当事者に要求できない限り、一括減額は違法である．その間、ジョブセンターは住居を暖房するための実際の出費も引き受けなければならない．温水供給が貸主側から暖房装置を通して調節される場合、温水供給費は暖房費に含まれており、暖房費と共にジョブセンターが全額引き受けなくてはならない．借主が温水供給を自分で調節しなければならない場合（たとえば、ボイラーの利用）、借主には増加需要加算に対する請求権がある（表2－3－5）．

住居と暖房の費用に分類すべき払い戻しおよび余剰分により、払い戻しまたは余剰分のあった月の後に生じる出費が減る．家庭用エネルギー費に関連する払い戻しに関しては、考慮されないままである（SGB第二編第二二条第三項）．住宅手当法第一条第二項により、社会法典第二編または社会法典第一二編により生活費のための給付を受給する者は、住宅手当を受けない．

(2) 住居調達費／引越し費用（SGB第二編第二二条第六項）

住居調達費および引越し費用は、前もって確約されれば、引越しまでは現地の管轄実施者が引き受けることができる．敷金は前もって確約されれば、新しい住居の地域管轄実施者が引き受けることができる．実施者が引越しさせる場合、またはその他の理由で引越しが必要な場合、かつ確約がなければしかるべき期間中に住居が見つからない場合は、確約が与えられるべきである．そこで敷金の必要が生じる場合には、貸付として給付される．扶助を必要とする者による目的にかなった支出が確実でない場合には、住居費と暖房費は、地方自治体実施者が貸主あるいは他の受領資格者に支払う（SGB第二編第二二条第六項）．

(3) 貸主に対する住居と暖房のための給付（SGB第二編第二二条第七項）

住居と暖房のための給付は通常、受給資格者に支払うべきものである．しかし、受給資格者の申請に応じて、住居と暖房に対して支払うべき金額は、貸主あるいは他の受領資格者に直接振り込むこともできる．給付受給資格のある者が、払うべき合計額を目的に沿って使用することが確実でない場合には、そのような受給資格者の申請がなくても、住居と暖房の費用に定められた金額を、貸主に直接支払う．このことは社会法典第二編第二二条第七項により、とりわけ次のようなケースの一つに当てはまる．

- 家賃の未払い金が生じ、賃貸借関係の異例な解消が正当化される場合
- エネルギー費用未払い金が生じ、エネルギー供給の中断が正当化される場合
- 疾病または依存症が原因で、給付受給資格のある者が、資金を目的に沿って使用することができないという具体的な根拠が生じる場合

・債務者目録に登録されている給付受給資格のある者が、資金を目的に沿って使用していないということを、具体的な根拠が示している場合

このような場合、各実施者は貸主に直接支払い、受給資格者が住居を失うことのないようにする．なぜなら、もしそのようなことが起こった場合、状況によっては公共体に対し、事後負担が生じる可能性があるからである．

(4) 家賃の債務（SGB第二編第二二条第八項）

家賃の債務（暖房日の未払い分を含む）は、住居の保障またはそれに匹敵するような困難な状況を解決するため、引き受けが正当化される場合に限り、例外として引き受けることができる（裁量決定）．家賃の債務は、引き受けが正当かつ必要であり、そうしなければ住居を失う恐れが出てくる場合、引き受けられる．

社会法典第二編第一二条第二項第一番による資産がある場合には、優先して活用することになっているが、社会法典第二編第二二条第八項により、家賃の債務が引き受けられる場合には、金銭給付が支給される場合でも通常は貸付として支給される．このような場合、戻ってこない補助金（補助）が考慮されるのは、ごく例外的である．

(5) 二五歳未満の子どもに対する例外規定

満二五歳になっていない若い成人に対しては、社会法典第二編第二二条第五項が適用される．彼らには、住居に関する契約を結ぶ前に、実施者が確約した場合に限り、住居と暖房のための給付が引越し後、満二五歳になるまで支給される．次の場合、実施者は確約する義務がある．

・重大な福祉上の理由により、該当者が両親または単親の住居に行くように指示できない場合

・住居への入居が労働市場へ適応するために必要な場合
・その他の同様に重大な理由がある場合
ドイツ協会は確約を与えるべきかどうかの審査をする時に、公的青少年扶助の地域実施者と連携するよう、社会法典第二編管轄給付主体に勧めている。そうすれば、社会法典第二編第二二条第五項による確約の前提条件が、具体的な個々のケースで満たされているかどうかを決定する際に有用になるからである。

申請時点で以下の項目が一つでも該当すれば、「重大な福祉上の理由」（Schwerwiegende soziale Gründe）が存在すると考えられる（Hüttenbrink 2011：76）。
・親子関係に深刻な障害が生じた結果、肉体的および／または心理的理由から親子の同居をもはや要求できなくなった
・若い成人が引越さなくては、肉体的または知的、精神的安寧に危険が生じる
・両親の住居の住環境が手狭になった
・両親の住居に兄弟姉妹が同居していて、男女別にできない
・二五歳未満の者に自分自身の家族がいる（婚姻またはパートナーシップ法の指す人生パートナーシップ）
・いわゆる単親家庭に自分自身の一人以上の子どもと同居している。しかし、パートナーシップに類似する関係を築きたいという希望だけでは不十分である。
・二五歳未満の者を施設に収容していて、そのような施設から自分自身の住居に引越す場合、中心となるセラピーの効果が両親の住居に戻ることにより危うくなる

二五歳未満の者の両親の住居が職場まで通勤が可能でない距離にある場合には、労働市場へ適応するために、新しい住居─両親の住居外の─が必要である．社会法典第二編第二二条第五項第二文第三番による、その他の類似した重大な理由は、以下の項目のような場合である．

・初めての転出が実質的に妥当であった、または初めての転出に対しすでに確約が与えられていて、それ以来状況が変わっていない

・二五歳未満の者が妊娠しており、自分の子どもの誕生を顧慮して自分の世帯を持とうとする子どもの父で二五歳未満の者が妊婦と自分の家庭を築くために、引越して同居しようとする

重大な福祉上の理由またはその他の類似した重大な理由が存在するかどうか、という問題については、常に個々のケースによる決定なので、前述に列挙した理由の他にも、重大な理由が存在する可能性が考えられる．前もって同意するという必要条件があるにしても、重要な理由があり、前もって確約を得ることができない場合は、実施者は確約の例外として認めてもよい．必要な確約がなく、また確約がなくてもよいという例外的な状況ではない場合、二五歳未満の者は、住居と暖房の費用を得られないばかりでなく、社会法典第二編第二〇条第二項ａとも関連する三六四ユーロの基本通常基準も受けられず、満二五歳になるまでは二九一ユーロしか受給できないことになる．

社会法典第二編第二二条第五項は社会法典第二編第六八条第二項の移行規定により、二〇〇六年二月一七日の時点で、両親または単親の世帯にもはや属していない者には適用されない．

社会法典第二編第二二条ａ～第二二条ｃの新しい法律規則により、州は法律により、住居と暖房の費用に対しては

どの金額の出費が現地では適切なのか、条例により定めるよう郡および郡に属さない市に権限を与える、または義務付けることができる．州法によりこの事が実施される場合には、州最高官庁または州最高官庁が定めた部署が、そのような条例を前もって認める必要がある．この条例権限を実行するためには、さらに各州における施行法が必要であり、新規則は二〇一一年三月に発効したばかりなので、法律案提出にあたっては、この法律の新規則に対する経験値はまだ存在してない．

(3) その他の給付支給

通常給付に含まれ、かつ事情により退けられない生活費保障への需要が、社会法典第二編第一二条第二項第四番に定める資産でも、他の方法でも満たすことができない場合、雇用エージェンシーは、適当な証拠をもとに、当該需要を現物給付あるいは金銭給付として支給し、扶助を必要とする者に相応の貸付を行う．現物給付については、雇用エージェンシーに生じる購入価格と同額が貸し付けられる．貸付は、就労可能な要扶助者、またはその者と共に同一ニーズ共同体に生活する家族が受け取り、それぞれに支払われる通常給付の一〇〇分の一〇を上限として、毎月の相殺（＝決済）により返済される．社会法典第二編第二四条第一項により、とりわけ購入価格の高い品物は、とりあえず貸付の扱いで前もって借りることができる（家庭家具または高価な衣料品の購入）．それ以上の給付は認められない．

その他、社会法典第一二編第二七条a第四項による特別需要より類推して、特別に苛酷な状況において不可避の需要をさらに満たすことも可能である．いずれにせよ、社会法典第二編は、通常給付自体に含まれている不可避の需要が他の方法では満たせない場合に、貸付支給をもってこのリスクに対応する．

(1) 浪費的行動

扶助を必要とする者が、とりわけ薬物ないしはアルコール依存症であったり、または浪費的行動をとったりするため、通常給付では需要を満たすことができないということが判明した場合には、通常給付の全額または一部を金銭給付の代わりに現物給付に代えて実施してもよい．

アルコールおよび薬物の依存症は、医師に証明してもらわなくても良い．なぜならば、アルコールまたは薬物消費の濫用に陥っている者は、支払われた通常給付の経済的な活用には向いていないことが明らかであるからであり、そうした生活実態を実施者が推測できれば十分である．支給された通常給付を計画的に活用するのでなく、また給付額に比して派手な生活をしているとすれば、それはまさしく浪費に他ならない．扶助を必要とする者が、生活費のための金銭給付の増加を求めて、給付実施者に繰り返し面会するような場合は不経済的な行動の傍証になる．

(2) 一時需要

社会法典第二編第二四条第三項は一時需要を規定し、その定めるところによれば、①家庭用器具を含めた住居の初めての調度設備、ただし、管轄実施者が住居と暖房のための給付の引き受けを確約した場合、または該当する確約の要求から引き受けが察知できる場合に限る、②衣類の初めての調達ならびに妊娠・出産に備えた初めての調達、③矯正靴の調達および修理、治療器具・装具の修理ならびに治療器具のレンタル代のための給付は通常給付には含まれず、別途支給される．以前は数日にわたる学校旅行もここで取り扱っていたが、現在は社会法典第二編第二八条に含まれている．

(3)　特別な場合における貸付

社会法典第二編第二四条第四項によれば，扶助を必要とする者が，給付の支給月に収入を得ると見込まれるが，まだ収入を手にしていない場合に限り，扶助を必要とする者に生活費保障のための貸付を与えることができる．たとえば，扶助を必要とする者が新しい勤め先を得て，初めての給与が月末まで支払われないとき等である．

社会法典第二編第二四条第五項によれば，扶助を必要とする者が所有する資産があるために給付を受けられず，しかし，活用すべき資産を直ちに消費または換価するのは不可能である，あるいはそのことが扶助を必要とする者にとって特別な苛酷さを意味するであろう場合にも，貸付を行うことができる．この場合は，返済に対する請求権が物権（たとえば，不動産登記簿の抵当権／地債登記），またはその他の方法で保証されることを条件に，貸付を行うことができる（SGB第二編第二四条第五項）[41]．

事例[42]：F（三五歳）は，長い付き合いのガールフレンドのG（三四歳）と住んでいる．彼は週二回ささやかな副業に従事して，税込み（手取りも同額）で四〇〇ユーロ稼いでいる．彼はガールフレンドと一緒に，月額五〇〇ユーロかかる六五㎡の新築アパート（一九九八年完成）に住んでいる．さらに暖房費が五〇ユーロかかる．住居手当は二〇一一年六月三〇日まで二〇〇ユーロであった（失業手当Ⅱは二〇一一年七月一日に申請）．

---

(41) 扶助を必要とする者は不動産の所有者であるが，この不動産は，社会法典第二編第一二条Ⅲ第四番の指す保護資産とは見なされていない．しかし，処分には時間がかかり，通常は短期間で清算されることはない．

(42) 事例は Hüttenbrink 2011：82–83による．

表2-3-6　失業手当Ⅱの算出

Fの通常給付90%	328 €
Gの通常給付90%	328 €
住居のための給付	500 €
暖房	50 €
合計	1,206 €
差し引き収入	
ミニアルバイト	400 €
基礎控除額＊	60 €
収入合計	340 €
失業手当Ⅱ合計	
需要	1,206 €
差し引き収入	340 €
合計	866 €

＊基礎控除額（＝100€　社会法典第２編第11条ｂ第２項による）― 就業者控除額　第11条ｂ第２項による＝60€

出所）Hüttenbrink 2011：83. 一部修正.

最初に失業手当Ⅱが算出されなければならない（表2-3-6）.

家賃表を一瞥すれば，住居費は適切である．Gは Fと共に，人生パートナーシップ関係を築いているので，社会法典第二編第七条第三項ａ第一番と関連して，第七条第三項第三番ｃのさすニーズ共同体と見なされる．このため，二人共通して算定が行われる．

社会法典第二編給付の申請に伴い，住宅手当は停止される（住宅手当法第七条第一項第一番）．

(4)　医療的リハビリテーションにおける給付

個々のケースにおいて受給資格者に根拠があって，法定年金保険の医療給付における経過手当請求権，または法定傷害保険に基づく傷病給付請求権における経過手当請求権がある限り，社会法典第二編給付の実施者には，従来の給付を年金保険給付の前払いとして支払い続ける義務がある．前払いが一ヵ月を超える場合に限り社会法典第二編給付実施者は，給付義務のある年金保険または傷害保険の実施者より、その時点で過ぎた月の前払い金額の月々の分割額支払いを受ける．このようにして、手続きが進められる間も年金保険実施者／法定傷害保険実施者から受給資格者の生活費が保証されるということが、確実になる．

(5) 就業不能時の給付

失業手当Ⅱの受給者が病気で、疾病休業補償金の請求権を有している場合、失業手当Ⅱの支払いは六週間まで延長される．その後、疾病休業補償金の支払いは所得として算入される．疾病休業補償金の請求権がない就労可能者（たとえば、家族保険被保険者）には、失業手当Ⅱが引き続き支払われる．就労可能者の労働適応給付とニーズ共同体の世帯構成員としての請求権は、疾病休業補償金の受給から影響を受けない．

(6) 社会保険保険料の引き受け

① 法定健康保険／法定介護保険

失業手当Ⅱ受給者は、社会法典第五編第五条第一項第二番ａにより法定健康保険加入義務がある．一つのニーズ共同体に失業手当Ⅱ受給者が複数いる場合は、通常、それぞれの申請を提出した申請者に保険加入義務がある．ニーズ共同体のその他の世帯構成者は、家族保険加入員として共に保険に加入している．法定健康保険加入は、扶助を求める者が実際に失業手当Ⅱを受給する日から始まる．さかのぼって支払われる場合には、保険保護もさかのぼって与えられる．保険保護は、失業手当Ⅱを受ける最終日に終了する．失業手当Ⅱ受給者の健康保険保険料は、社会法典第五編第二三二条ａ第一項第一文第二番、第二四六条、第二五一条第四項、第二五二条第二文に基づき、求職者基礎保障実施者が引き受ける．その共通額は社会法典第五編第二三二条ａにより算出される．二〇〇四／二〇〇五年には保険料は一二五ユーロであった．失業手当Ⅱ受給者は法定健康保険加入員として、基本的に疾病休業補償金を含むあらゆる健康保険給付を受給する（家族保険のみに加入している世帯構成員を除く）．追加払い負担上限（総所得の二％、慢性疾患の患者には一％）の決定にあたっては、失業手当Ⅱ受給時には社会法典第二編第二〇条による通常給付だけが考慮されるという事が、ここでも適用される．社会法典第二編によるその他の給付（とくに住居と暖房ならびに増加需要）は、算出には含まれない．

法定介護保険は法定健康保険に付随するため、介護保険に関する前記の記述が相応して該当する．すなわち、法定健康保険加入義務のある失業手当Ⅱ受給者は、自動的に法定介護保険の加入員である．家族加入している世帯構成員は、介護保険にも家族加入している（ＳＧＢ第一一編第二〇条第一項第二番ａ、社会法典第一一編第二五条第一項）．法定介護保険に対する共通額は、現在一四・九〇ユーロである．

② 法定年金保険

社会法典第六編第三条第一文第三番ａの定めるところによれば、失業手当Ⅱの受給者は法定年金保険にも加入義務がある．連邦雇用エージェンシーは年金保険の保険料を引き受ける（ＳＧＢ第六編第一七六条ｃ）．保険料の算定にあたっては、所得額として四〇〇ユーロの仮定所得が適用される．現在の保険料は七八ユーロである．社会手当受給者に対しては、法定年金保険保険料は引き受けられない．

③ 保険義務免除の際の保険料への補助金、社会法典第二編第二六条

社会法典第二編第二六条は、就労可能な要扶助者のうち（例外的に）保険加入義務のない者、または民間介護保険の被保険者にとっては、この人たちが該当するリスクに私経済的に備えた場合に限り、保険料補助金に対する請求権

の根拠となる．保険加入義務を免除されていない場合には，以下のようになる．

失業手当Ⅱの受給者で引き続き法定年金保険の加入義務のある加入者には，連邦雇用エージェンシーが年金保険の保険料を引き受ける（SGB第六編第一七六条c）．この際，四〇〇ユーロ所得があると見なして保険料が定められる．

失業手当Ⅱの受給者で法定年金保険の保険加入義務を免除された者は，給付受給期間中任意に，法定年金保険あるいは職業組合の扶養施設，または民間の養老保険に支払われる保険料に対して，特別手当を受ける（SGB第二編第二六条第一項）．補助金は，法定年金保険の加入義務が免除にならない場合に払うべき保険料の金額を，上限とする．

さらに失業手当Ⅱの受給者のうち，社会法典第五編第八条第一項第一番aによる健康保険加入義務，あるいは社会法典第一一編第二二条第一項または介護保険法第四二条により介護保険加入義務を免除された者，あるいは第一一編第二三条第一項により，民間健康保険会社において介護必要性に備えた保険をかけている者は，その保険料に対して補助金を受ける．補助金は失業手当Ⅱの受給期間中，民間健康保険会社の健康保険や介護必要性に備えた保険のために支払われる．補助金は，加入義務が免除にならない場合に，法定健康保険や福祉介護保険に支払うべき保険料の金額を限度とする．

社会法典第二編第二六条第三項により，適切な健康・介護保険の出費だけのために扶助が必要となる場合，連邦雇用エージェンシーが申請に応じて必要な範囲でこの出費を引き受ける．

（4）職業教育を受ける者に対する給付

社会法典第二編第七条第五項の規定によれば，職業教育を受ける者（実習生および学生）は基本的に，失業手当Ⅱおよび社会手当に対する請求権はないのだが，第二七条はこの規定の一部を破っている．すなわち，職業教育を受ける者は第二七条第二項により、次の項目に該当する増加需要額の給付を受けることができる．
・社会法典第二編第二一条第二項による妊婦
・社会法典第二編第二一条第三項による独りで子育てをしている者
・社会法典第二編第二一条第五項に基づく医療上の理由による費用のかかる滋養、または
・社会法典第二編第二一条第六項によるセントラルヒーティングによらない温水供給

社会法典第二編第二七条第三項によれば、職業教育を受ける者で社会法典第三編による職業教育補助または教育手当、または連邦職業教育促進法による給付を受けている者、または所得および資産の考慮規定のためだけにこれらを得ていないという理由だけで、これらの補助、手当、給付を得ていない者は、社会法典第二編第一九条第三項の適切な出費における需要が満たされていない限り、場合によっては適切な住居と暖房のための出費に対し、補助金を受けることができる．しかし、これは、この者がまだ満二五歳になっておらず、管轄実施者の同意を得ずに引越しを実行してしまったので、社会法典第二編第二二条第五項により、住居と暖房のための給付の引き受けが認められない場合には、適用されない．

前述の増加需要は、考慮すべき所得または資産により満たせない場合に限って支給される．言い換えれば、所得および資産は算入されるということである．

社会法典第二編第二七条第二項による給付は、「失業手当Ⅱ」には該当しない．したがって、該当者には社会保険加入義務がない．そのため、法定健康・介護・年金保険の保険料は、支払われない．職業教育を受ける者に必要な健康保険と介護保険が、それまで他の方法で保証されていない場合に限り、そして特別な苛酷さが認められる場合、社会法典第二編第二七条第四項による貸付は必ず考慮される．社会法典第二編第二七条第四項によれば、社会法典第二

表2-3-7　失業手当Ⅱ／社会手当に対する需要

Hの通常給付　90%	328.00 €
Ｉの通常給付　90%	328.00 €
Ｊの通常給付　90%	251.00 €
住居費　75%	435.00 €
暖房費　75%	56.25 €
合計	1,398.25 €
Ｊの児童手当	184.00 €
合計	184.00 €
需要	1,398.25 €
差し引き収入	184.00 €
合計	1,214.25 €

出所）Hüttenbrink 2011：89.

編第七条第五項による一般的な給付除外が、特別な苛酷さを意味する場合に限り、例外的なケースにおいては通常需要、住居と暖房の需要、健康・介護保険の必要な保険料に対し、貸付も支給することができる．

社会法典第二編第七条第三項の指すその他の就労可能な世帯構成員は、満一五歳から失業手当Ⅱを受給する（SGB第二編第二〇条第三項）．それに対して成人した就労可能な子どものうち、満二五歳以上でありまだ両親と住んでいる子どもたちは、独立した（単身）ニーズ共同体を形成し、そのニーズ共同体は他の（両親のいない）ニーズ共同体と世帯内に暮らす．世帯に属してはいるが、社会法典第二編第七条第三項のさすニーズ共同体で生活していない、その他の就業不可能な家族は、満一五歳から満一八歳になるまで社会法典第一二編第二七条以下による社会扶助を受け、その後は社会法典第一二編第四一条以下の基礎保障給付を受給する．

たとえば、二年以上前から失業しているHとその妻Iは、一三歳の娘Jと八〇歳になるH氏の母親Kと一〇〇㎡のアパートに住んでいて、家賃五八〇ユーロに加えて暖房費が七五ユーロかかるとする．彼の妻も同じく失業中で、家事をこなすと同時にH氏の母親Kを介護している．K老婦人は毎月一、〇〇〇ユーロの年金を受給し、健康保険より介護手当（二一五ユーロ／要介護度一）を受けている．この事例（Hüttenbrink 2011：89）でH家の社会保障法による請求額を算出するには、まず一度失業手当Ⅱ／社会手当を算出するべきである（表２－３－７）．その際社会法典第二編第七条第三項のさすニーズ共同体には、H氏の母親Kは含まれない．K老婦人に自分の収入がない場合、社会法典第一二編第四一条から第四七条により「老齢・障害等基礎保障」給付を申請する資格がある．この場合、その給付は別に算出される．

表2-3-8　申請可能給付

通常基準額（世帯構成員として）80％＊	291.00 €
住居費25％	145.00 €
暖房費25％	18.75 €
合計	454.95 €

＊増加需要請求は重度障害者証明書の証明がないため考慮されない．
出所）Hüttenbrink 2011：90により作成

表2-3-9　自己扶養費

基本通常額（現在364 €）の２倍	728.00 €
住居費負担分	145.00 €
暖房費負担分	18.75 €
自己扶養費	891.75 €

出所）表2-3-8に同じ

ただし、以上の考察では、K老婦人が息子とその家族の世帯で一緒に暮らしており、したがって、社会法典第二編第九条第五項により、状況に応じてありうる援助を失業手当Ⅱに加算すべきことは考慮されていない．そこで、K老婦人が彼女の年金収入から息子に支払うことができるのか、できるとすればどの程度の金額が可能か、需要を再度修正計算しなくてはならない．

K老婦人は社会法典第一二編第四一条により、表２－３－８の給付（仮定）を申請することができる．

K老婦人には一、〇〇〇ユーロの所得（老婦人に支払われる二一五ユーロの介護手当は、社会法典第一一編第一三条第五項により所得には入らない）があるので、自身の社会扶助需要四五四・七五ユーロを超える分の所得で、息子とその家族を援助できるのかどうか、できるならばどの程度か、調べる必要があるだろう．このような場合、所得者のいわゆる自己扶養費をさらに算出すべきである．このK老婦人のケースでは、表2-3-9のようになる．

K老婦人の収入はしたがって、自己扶養費よりも一〇八・二五ユーロ多い．K老婦人にはこの超過額の半分、すなわち、五四・一二ユーロを社会法典第二編第九条による援助として、息子とその家族に提供するよう要求できる．よってH家が受け取る支払いは一二一四・二五ユーロマイナス五四・一二ユーロ＝一一六〇・一三ユーロのみである．

状況がちょうど逆であったら（K老婦人に収入がなく、H家に余剰収入がある）、H家の収入は社会法典第一二編第四三条第一項第一文、第二項により、K老婦人の負担になる方向では考慮されない．

I若夫人は病気の義母の世話をしているので、就業の義務はない（SGB第二編第一〇条第一項第四番）．H家の住居は全体としてやや広すぎる（九〇㎡ではなく一〇〇㎡）が、家賃表により市場の比較的下の方で移行するのであれば、許容されよう．しかしながら、介護を必要としている八〇歳の母親がいるという一家の特別な事情を鑑み、特別な状況のケースであるために家族の引越しを検討する必要はない．貸住居にセントラルヒーティングによる温水供給がない場合、家族の各人はセントラルヒーティングによる温水供給に対して、社会法典第二編第二一条第七項または社会法典第一二編第三〇条第七項（K老婦人の場合）により、増加需要補助をそれぞれに主張することが可能である．

(5) 教育と参加に対する需要

共同体の社会文化的な生活における教育と参加に対する、児童および青少年、若い成人の需要を、立法機関は社会法典第二編第二八条および第二九条に新たに定めた.

① 遠足／学校旅行

社会法典第二編第二八条第二項の定めるところによれば、学童に対し学校遠足および学校法の規則範囲内での数日にわたる学校旅行にかかる実際の出費は、実際の出費として認められる．保育施設に通う児童に対しては、第一項が相応して適用される．第二八条第二項には二つの観点から改善が含まれている．なぜなら学校遠足については従来成文化されておらず、保育施設に通う子どもたちも従来とは違って、今後は規定の恩恵を受けられるからである．

② 学校需要

社会法典第二編第二八条第三項の規定するところによれば、学童の学校に関わる個人的需要を調達するために、毎年八月一日に一時額七〇・〇〇ユーロが、さらに二月一日に三〇・〇〇ユーロがそれぞれ支払われる．

③ 学童の送り迎え

社会法典第二編第二八条第四項により、直近の学校に通うのに学童の送り迎えを必要とする学童には、そのために必要な実際の支出が考慮される．それは、第三者によりその支出を引き受けられず、かつ支出を通常需要で賄うよう受給資格者に要求できない場合に限る．したがって、費用は、「一番近くにある学校」への輸送であり、かつ当事者が学童の送り迎えを必要とする場合にしか引き受けられない．言い換えれば、学童が自力で（徒歩または自転車で）学校に行けると期待できる場合には、交通費は引き受けられない．（徒歩または自転車で）三〇分の通学路は、通常は要求できる範囲である．

④ 学習支援／補習

社会法典第二編第二八条第五項によれば、学童のためになるよう、学校教育プログラムを補う適切な学習支援も、その支援が適切なうえ、学校法規則に定められた重要な学習目的を達成するために必要な場合（いわゆる補習）、需要算定の枠内で考慮される．

⑤　昼の給食

社会法典第二編第二八条第六項は、学校の責任において提供される昼の共同給食に、学童が参加する増加費用を定めている．月々の需要を算定するには、通学している州の授業日数を基にすべきである．昼の共同給食の増加費用は、昼の共同給食費として学校で払うべき金額から、児童／青少年のそれぞれの年齢に応じて、家での食事提供に立法機関が見積もる平均額を差し引いて算出される．六歳から一四歳未満の児童は通常需要算出法にしたがって、暖かい昼食に対しおよそ一・三〇ユーロ、満一六歳以上の青少年はおよそ一・六五ユーロの金額を見積もられる．そうして、それぞれの額を超えた分の金額を第二八条第六項により、一授業日毎に引き受けることができる．

たとえば、学校給食は一日三・五〇ユーロ、一ヵ月の授業日二〇日とすると、月額七〇ユーロかかる．一〇歳の学童の場合、一日一・三〇ユーロの金額（通常基準額に基づく食費の部分）を考慮し、七〇ユーロから二〇×一・三〇ユーロ＝二六ユーロを差し引き、計四四ユーロが補助金として支払われることになる．

なお、保育施設に通う児童には、社会法典第二編第二八条第六項の該当する規則が適用される．

⑥　社会文化的な生活への参加

一八歳未満の給付受給資格には、社会における社会文化的な生活への参加需要が、次の項目に対し一か月当たり合計一〇・〇〇ユーロ考慮される．

・スポーツ、ゲーム、文化、および交流の分野における会費
・芸術科目のレッスン（たとえば、音楽レッスン）およびそれに匹敵するような文化教育指導者がつく活動および集会

への参加

⑦　給付支給方法

社会法典第二編第二九条は、教育と参加のための給付の支給方法を定めている．これによれば、第二八条第二項および第五～七項による需要は現物給付およびサービス給付、とくに個人に限定した商品券や給付提供者への直接支払いの形で、これらの需要を賄うために支給することができる．その際、給付をどの形で支給するかは、地方自治体実施者が決定しても良い．社会法典第二編第二八条第三項および第四項によるその他の需要は、その都度金銭給付によって賄われる．その際、地方自治体実施者は提供者と包括して算定することができる．需要が商品券で賄われる場合、それぞれの商品券が支給された時点で給付が支給されたと見なされる．商品券は特定の承認期間に対し、前もって支給することができる．商品券の有効期限は適切に定めるべきである．商品券を失くした場合には、まだ請求権が行使されていない範囲で、新しい商品券を発行すべきである（SGB第二編第二九条第二項）．個々のケースにおいて根拠がある場合には、第二九条第四項により、給付の目的に沿った使用に対する証明を請求することができる．証明されない限り、認可決定が取り消される場合もある（Hüttenbrink 2011：90–94）．

第4節 収入および資産の活用

1．概要

生活費保障のための給付は、要扶助性が認められる場合に限り支給される．要扶助者とは、「自らの生計…自らと同一のニーズ共同体に生活する者の生計費を、自らの能力および資力によっては確保できないか、または不十分にしか確保できず、かつ、必要な援助を他者、とりわけ家族または社会給付主体から得られない者」である（ＳＧＢ第二編第九条第一項）．ここでは具体的なケースにおける請求金額については、まだ何も述べていないが、それは潜在的扶助受給者の需要期間（その都度暦月を含む、失業手当・社会手当細則第二条第二項第一文）における需要と必要性との対比により算出される．それゆえ、基本的にはニーズ共同体全員の収入および資産が社会法典第二編の金銭給付の算定において考慮される．具体的ケースでは、失業手当Ⅱは原則として「需要額」マイナス「活用すべき収入および資産」となる．

収入および資産を認定するためのさまざまな規定があるので、何が収入に入り何が資産に入るのか、という問題は重要な意味を持つ．それについて社会法典第二編には何の記述もないが、社会扶助法を参照することになっているので[43]、基本的にはこれまでの判例基準を参考にすることができる．それによれば、収入／資産の分類は、資力流入に左右されるというのが基本的な考え方である（流入理論）．流入が需要期間（＝暦月）に起これば、すなわち、要扶助者がこの期間に何か価値を得たならば、それは原則的に収入である．反対に、需要期間にすでに存在しているものであれば、それは資産に分類される．たとえば、労働報酬の追給、損害賠償支払い、遺産ならびにくじの賞金あるいは税の還付も収入とみなされる[44]．

2．収入認定

（1）収入の意義

求職者基礎保障は、自己の収入が不十分な場合に限って支給される．考慮すべき収入は社会法典第二編第一一条第一項に定義されている．収入の定義は、社会法典第一二編第八二条第一項の収入の定義に等しい．収入とは原則として、金銭あるいは金銭価値のあるすべての収入である．どのような種類（たとえば、金銭給付か現物給付か）、どこから手にしたか、どのような法的性質（請求権または任意給付）なのかは、ここでは重要ではない．収入が課税の対象となっているかどうか、収入が繰り返し生じるのか、一度だけなのか、これらも関係ない．しかし、失業手当Ⅱ・社会手当条例第一条第一項には、社会法典第一二編第八二条第一項の収入の概念とは異なり、収入とは見なされないその他の例外が定められている．すなわち、それらが金銭または金銭価値の収入であるにもかかわらず、次は収入とし

（43）BT-Drucks 15/1516.
（44）一九九九年二月一八日の連邦行政裁判所、5C35/97、5C14/98、5C16/98参照；また連邦社会扶助法への理論面、実践面からのコメント、第七六条、欄外番号五以下参照．しかし、一時的な所得流入については、失業手当Ⅱ・社会手当細則第二条第三項に特別規定がある．

て認定しない（Steck/Kossens 2005：103–107）．
・年に五〇ユーロを超えない少額の収入（失業手当Ⅱ・社会手当条例第一条第一項第一番）
・住宅補助、ただし、社会法典第二編第一二条第三項第四番の指す保護資産に該当する自己使用の小さなマイホームの、資金調達に使われ、使途を証明することができる場合に限る
・要扶助世帯に属する子どものための児童手当は、両親の収入ではなく子どもの収入と見なされる（SGB第二編第一一条第一項最終文）
・両親の世帯に同居していない成人の子どもの児童手当は、子どもに送られたことが証明できる場合に限り、両親の収入ではなく、子どもの収入と見なされる（失業手当Ⅱ・社会手当条例第一条第一項第八番）
・連邦児童手当法第六条aによる児童手当加算（SGB第二編第一一条第一項）
・一五歳未満の社会手当受給者の場合、就労より得られる収入、ただし、金額が一か月あたり一〇〇ユーロを超えない場合に限る
・拘留者の収入は基本的に考慮すべきであるが、行刑法により拘留者が刑務所内で使うために支払われるこづかいの金額は、除外される．拘留者が拘留されている間に労働賃金を得たが、この現金を拘留者が結局自由に使えない場合には、この金額を考慮できる収入として見積もることはできない．釈放後、拘留者に支払われる一時金は、一時収入として算入される．
・貸主によるエネルギー費用の前払い償還は、借主が失業手当Ⅱ受給中に通常給付により自分で負担した支払いから償還が生じる場合、または生じる限り、収入として考慮されない．

・病院入院中の食費は、少額の制限額（五〇ユーロ）を超えた場合、すなわち、通常は病院入院期間が三週間よりも長くなる場合に限り、差し引かれる。
・学校に通う間、無料で用意される昼食は、少額価格を超えないので、通常、収入とは見なされない。

収入の算出にあたっては、税込収入を起点とする（失業手当Ⅱ・社会手当条例第二条第一項）。経常収入は、収入の入った月に考慮すべきである（SGB第二編第一一条第二項）。収入を得た時点で給付がすでに支給されていた場合には、例外的にお金を受け取った後の月以降に収入を考慮してもよい。短期の雇用関係に基づいて一ヵ月の間の数日間に得られた収入も、経常収入に入る。一ヵ月よりも間隔をあけて入ってくる経常収入に対しては、社会法典第二編第一一条第三項が相応に適用される。一時収入は、収入の入った月に考慮すべきである（SGB第二編第一一条第三項第一文）。例外的に一時収入が考慮されないまま、実施者側からその月に給付がすでに支給された場合、一時収入はその翌月に考慮される。ある月の一時収入を算入すると、給付に対する請求権がまったくなくなってしまうような場合は、一時収入を六か月の期間で均等に分割し、月々相応する部分額を考慮すべきである。これはとくに休暇ボーナス、クリスマスボーナス、利益配当などに該当する。自営業者および農業従事者に対しては、失業手当Ⅱ・社会手当条例第二条aにより、その他の例外規定が適用される。就労していない求職者に無料の住居が支給される場合、需要は満たされたと見なされる。連邦雇用エージェンシーの要綱によれば、無料で食事が与えられる場合、月々の通常給付は三五％カットされる（すべての食事が与えられる場合）。たとえば、就労可能で扶助を必要とする者が、両親と同一世帯に同居しており、無料の住居と（完全な）無料の賄いを得ているとすると、支給すべき通常給付（三六四ユーロ）は、賄いの分の価格（一二八ユーロ）を差し引かれる。また、住居費は生じないので、支給されない。扶助を必要とする者が労働報酬の一部として、食費を雇用者より受け取る場合は、社会保険報酬条例により、その分が現時点で月々二〇五ユーロが収入に加算される.

(2) 収入として認定しないものの取り扱い (SGB第二編第一一条a)

前述の定義により、現金収入または現金価値のある給付は、基本的に社会法典第二編の指す収入として認定すべきではあるが、一連の社会給付は算入されない収入と評価される. 認定されないのは、社会法典第一二編第八二条第一項により、次の通りである.

・社会法典第二編によるすべての給付、および－法律では明確に述べられていないが社会法典第一二編によるすべての給付(基礎保障／社会扶助実施者は、片手で基礎保障給付を分配し、もう片方の手でその給付をふたたび取り上げるようなことがあってはならない)、(SGB第二編第一一条a第一項第一番)

・連邦援護法による戦争犠牲者および戦争犠牲者遺族、兵役被害者あるいは代替服役被害者に対する基本年金(SGB第二編第一一条a第一項第二番)、ならびに連邦援護法の相応する適用を意図する法律、たとえば、法律損失補償法や感染防止法による年金、さらに捕虜犠牲者(損失補償法第三条)、国境警備被害者(連邦国境警備法第五九条以下)、暴力犯罪被害者(暴力犯罪補償法－損失補償法)、政治的抑留者(抑留者援助法第四条)、接種被害者(感染防止法第六〇条第一項)、不当な逮捕者または法治国家違反迫害犠牲者(刑法原状回復法第二一条)に対する年金

・連邦補償法によるかつてのナチ被迫害者に対する年金および手当(SGB第二編第一一条a第一項第三番)

・社会法典第二編第九条第三項にしたがって、扶助を必要とする者が妊娠している、またはその実の子どもを満六歳

になるまで養育する場合、その両親または単親の収入と資産.

・社会法典第二編第一一条a第三項に従い、公法上の規則に基づいて明確に掲げられた目的のために実施されるような給付（たとえば、負担調整法第二九二条第四項および第五項、コンテルガーン基金法第一八条第一項（いわゆるコンテルガーン障害者）、連邦教育手当法第八条による教育手当、連邦両親手当および両親休暇法第一〇条第一項に基づき三〇〇ユーロ以下の親手当、社会法典第一一編第一三条第五項による法定介護保険の給付、加えて社会法典第一二編による社会扶助給付、「母子」基金設立法による給付、HIV援助法による給付、社会法典第七編第五八条による加算額と社会法典第七編第四四条による介護手当、C型肝炎ウィルスを用いた抗D免疫予防による感染者に対する援助に関する法律による毎月の年金は半額、一括払いは全額（抗D援助法第六条第一項）など）

・社会法典第二編第一一条a第二項に従い、ドイツ民法典第二五三条第二項の指す慰謝料支払い．他人が法的義務および明白な義務がなく実施した出捐．その算入が受給者にとって特別な苛酷さを意味するであろう場合は考慮されるべきではないという、社会法典第一二編第八四条第二項に含まれている規則は、社会法典第二編には記載されていないので、逆に、そのような出捐は社会法典第二編により常に算入すべきである、という推論が導かれるはずである．

・第一一条a第三項に基づき、教育上の負担に対して支給される養育費の支払いは、第一、第二養子に対しては算入せず、第三養子に対しては七五％、第四養子および他の養子に対しては全額を算入する．社会法典第八編第二三条による給付も同様に、収入として考慮されることはない．

・社会法典第二編第一一条a第四項に基づき、民間社会福祉事業の実施者の出捐．ただし、その出捐が受給資格者に有利な影響をもたらし、それにともない社会扶助に正当な根拠がなくなる場合を除く．

・年間五〇ユーロを超えない一時収入および一か月よりも間隔の空く収入、いわゆる少額の収入（失業手当Ⅱ・社会手当条例第一条第一項第一番）
・社会法典第二編第一二条第三項第四番の指す自己使用の適切な大きさの宅地住宅、または相当する区分所有住宅のための資金調達に使われ、使途を証明することができる場合に限り、住宅補助（失業手当Ⅱ・社会手当条例第一条第一項第七番）
・児童手当が扶助を必要とする者により、扶助を必要とする者の世帯に同居していない成人の子どもに送られたことが証明できる場合に限り、扶助を必要とする者の成人の子どもに対する児童手当（失業手当Ⅱ・社会手当条例第一条第一項第八番）
・一五歳未満の社会手当受給者の場合、就労より得られる収入、ただし、金額が一か月あたり一〇〇ユーロを超えない場合に限る（失業手当Ⅱ・社会手当条例第一条第一項第九番）
・加入地域における国家社会主義の被害者に対する補償法による補償年金および補償給付は半額
・加入地域における政治的追放被害者に対する職業上の不利調整に関する法律による給付（職業上の原状回復法第九条第一項）
・加入地域における法治国家違反刑事訴追措置犠牲者の原状回復および補償に関する法律による福祉調整給付（刑法原状回復法第一六条第四項）

(3) 控除項目・控除額

(1) 控除項目

算入されない収入（SGB第二編第一一条a）が確定された後で、基本的に算入できる残った収入から、社会法典第二編第一一条bに基づくその他の控除額を差し引き、清算後の実質収入を算出し、算出が終わったら社会法典第二編による給付に算入されなくてはならない．諸控除額は社会法典第二編第一一条bに定められ、失業手当Ⅱ・社会手当条例第二条で補足されている．清算された実質収入の確定にあたっては、月々の総収入を起点にすべきである（失業手当Ⅱ・社会手当条例第二条第一項）．経常収入は、収入の入った月に考慮すべきである（失業手当Ⅱ・社会手当条例第二条第二項）．収入が変化する場合には、総収入の一二分の一、つまりいわゆる平均収入を算出すべきである（失業手当Ⅱ・社会手当条例第二条第三項）．年に一回だけ給付される雇用者の特別手当（たとえば、クリスマス手当／休暇手当）は、一年全体に割り当てて、月々その一二分の一を収入に加算する．該当者が現物供与を受ける限り、現物給与は当地の平均値により金銭で評価されるべきである．その際、現物給与条例は、無料の食事と住居を見積もる基準となる．総収入が確定されたらすぐに、次の項目が清算後の実質収入を算出するために控除される．

・収入に課せられた賃金税、収入税、そして（あるいは）教会税、営業税または資本収益税（SGB第二編第一一条b第一項第一番）

・雇用促進保険料を含む社会保険の強制加入保険料（健康保険および介護保険、年金保険）（SGB第二編第一一条b第一項第二番）．さらに控除可能なのは、保険加入義務のある自営業者が社会保険の枠内で支払う、手工業者保険および傷害保険の強制加入保険料（ただし、初めから必要経費になっている場合は除く）、ならびに社会法典第一一編第二〇条第三項による、健康保険任意加入者の介護保険強制加入保険料である．家族保険に加入していないパートナーの健康保険および介護保険の保険料も、同様に収入から控除できる．

・公的および民間保険の保険料、あるいは類似の施設の保険料．ただし、これらの保険料が法的に定められている（たとえば、自賠責保険、弁護士などのような特定職業グループの職業賠償責任保険）か、またはその理由と額が適切な場合に限る．ここには、法定健康保険加入義務のない者のための、疾病や要介護の場合に備えた保険の保険料、および法定年金保険の加入義務を免除された者の老齢準備保険料（この保険料が社会法典第二編第二六条により補助されない場合に限る）が含まれ（ＳＧＢ第二編第一一条ｂ第一項第三番）、民間保険に対しては理由と金額が適切であれば、月々三〇ユーロの包括額を控除することができる（この点については失業手当Ⅱ・社会手当条例第六条第一項第一番参照）．家屋保険については規定された保険ではないため、収入から保険料を控除することはできない．しかし、そのような保険の保険料が適切であれば場合によって需要と認められ、住居費給付の枠内で（ＳＧＢ第二編第二二条）引き受けてもらえる可能性がある．

・収入税法第八二条によって助成された老齢準備保険料（いわゆるリースター年金、社会法典第二編第一一条ｂ第一項第四番）、金額は規定された最低自己負担保険料により制限される．最低自己負担保険料は二〇〇八年以降、前歴年の収入の一〇〇分の四、しかし、二、一〇〇ユーロ以下とする．そこから支払うべき自己負担分は減少させる、支払われた補助金を控除する．基本補助金は年間一五四ユーロ、さらに子ども一人当たり一八五ユーロ、または二〇〇八年一月一日以降に生まれた子どもに対しては三〇〇ユーロの補助金になる．最低自己負担保険料を超えて支払われた保険料は、考慮できない．雇用者が手配し費用を負担する、非課税の企業老齢準備保険料は、社会法典第二編第一一条ｂ第一項第四番には該当しない．しかし、これらの保険料は、被雇用者の所有にはならず、被雇用者の自由になる資金ではないので、算入されないままである．

・収入の獲得に伴う必要な支出（いわゆる必要経費、社会法典第二編第一一条b第一項第五番、たとえば、仕事に必要な道具費、住居と職場間の交通費、職業組合および労働組合に必要な組合費、また仕事の材料や職業服、仕事道具、子どもの養育費、必要経費、専門書、進展教育、ＩＴ・電話、旅費、引越し費用、災害費および工具にかかる被雇用者の経費、二重の家計維持により必要な超過経費．扶助受給資格者が就業の枠内において、住居にいない時間が毎日一二時間を超える場合、—そして二重の家計維持がない場合—は、食費超過支出として、勤務日一日あたり六ユーロの包括額を控除すべきである．収入取得者が自分の世帯を持つ地域の外で就業しており、転居も毎日の住所への帰宅も要求できない場合、二重の家計維持にかかる費用は、収入を減額する方向に限り考慮することができる．児童保育所の費用および分担金が、社会法典第八編による児童および少年扶助により負担されない場合に限り、子どもの養育費は控除可能である．）

(2) 控除額

立法機関は社会法典第二編第一一条b第一項第三～五番の控除額、すなわち、公的および民間保険の保険料、助成された老齢準備保険料、失業手当Ⅱ・社会手当条例第六条第一項第三番に関連した必要経費を、月々一〇〇ユーロの包括額に替えた．この包括額は—いわば基礎控除額として—総収入から差し引かれる（ＳＧＢ第二編第一一条b第三項）．月々の総収入が四〇〇ユーロを超える就労可能で扶助を必要とする者については、社会法典第二編第一一条b第一項第三～五番に基づく控除可能な項目の合計額が一〇〇ユーロよりも多い場合、就労可能で扶助を必要とする者はこの合計額を一〇〇ユーロの包括控除額の代わりに申請できる．

非自営の仕事から得られる収入が四〇〇ユーロを超える場合、実際にかかった月々の必要経費の代わりに、税制上の必要経費包括額の一／六〇の包括額（現在一ヵ月一五・三三ユーロ）を証明なしで控除することができる（失業手当Ⅱ・社会手当条例第三条第三番a、aa）．仕事の遂行と関連して生じた交通費に関しては、至近距離一キロあたり〇・二〇ユーロの金額を、証明なしで各距離キロおよび各勤務日ごとに控除することができる（失業手当Ⅱ・社会手当条例第三条第三番a、bb）．〇・二〇ユーロのキロメートル包括額が、要求できる公共交通手段を利用した場合にかかる交通費と比べて、不当に高い場合、交通費は包括額としてのみ控除される（失業手当Ⅱ・社会手当条例第三条第二項）．必要経費はいかなる場合でも、就業している人々のみ控除することができる．さらに加えて、いわゆる就業者に対する控除額を、社会法典第二編第一一条b第三項により収入から控除される．

就労している就労可能で扶助を必要とする者においては、社会法典第二編第一一条b第四項により、就業による月々の総収入からさらにもう一つの金額を控除する．一〇〇ユーロの基礎控除額に加え、その金額は次の額になる．

・一〇〇ユーロを超え一、〇〇〇ユーロまでの月々の収入部分に対しては、一〇〇分の二〇
・一、〇〇〇ユーロを超え一、二〇〇ユーロまでの収入部分に対しては、一〇〇分の一〇

就労していて扶助を必要とする者が、一人以上の未成年の子どもと要扶助世帯に同居しているか、この者に一人以上の未成年の子どもがいる場合、一、二〇〇ユーロの金額の代わりに、一、五〇〇ユーロの金額になる（SGB第二編第一一条b第四項）．控除額は、第一一条b第一項のその他の諸控除額に加えて認められる．

次に挙げるのは、社会法典第二編第一一条b第一項第二文による基礎控除額と、社会法典第二編第一一条b第四項による控除額の算出例である．

表2-4-1　控除額の算出

総賃金額	第11条第２項第２文による基礎控除額	第30条による控除額	合計控除額
100 €	100 €	−	100 €
200 €	100 €	20 €	120 €
400 €	100 €	60 €	160 €
600 €	100 €	100 €	200 €
800 €	100 €	140 €	240 €
900 €	100 €	160 €	260 €
1,000 €	100 €	180 €	280 €
1,100 €	100 €	190 €	290 €
1,200 €	100 €	200 €	300 €
1,500 € *	100 € *	230 € *	330 € *

＊就労可能で扶助を必要とする者で、一人以上の未成年の子どもと要扶助世帯に同居しているか、一人以上の未成年の子どもがいる者に限る.

出所）Hüttenbrink 2011：49

事例②（控除額の算出）：就労中の扶助を求める者の労働収入総額は一、四〇〇ユーロである．社会法典第二編第一一条b第一項第三番の指す公的保険または民間保険の保険料、または社会法典第二編第一一条b第一項第四番の指す助成された老齢準備保険料を、この者は提示できないが、社会法典第二編第一一条b第一項第五番の指すその他月々の必要経費は六五ユーロになる．この場合、控除額は左のように算出される．

この者はまず第一一条b第四項により、一〇〇ユーロの基礎控除額を得る．第一一条b第一項第五番による必要経費は、社会法典第二編第一一条b第一項第三～五番の指す理論上の控除額が一〇〇ユーロを超えないので、重ねて申請することはできない．

総収入の一〇〇ユーロから一、〇〇〇ユーロまでの間の部分に対して、社会法典第二編第一一条b第四項によりさらに二〇％の控除額一八〇ユーロ、その上総収入の一、〇〇〇ユーロから一、二〇〇ユーロまでの間の部分に対して、さらに一〇％の控除額二〇ユーロが与えられるので、社会法典第二編第一一条b第四項により合計二〇〇ユーロの控除額を得る．したがって、合計控除額は三〇〇ユーロになる（表2－4－1）．一、二〇〇ユーロを超える収入部分に対しては、この者は独身で子どもがいないので、さらに控除額を得ることはできない．収入から控除すべき税（SGB第二編第一一条第二項第一番）、社会保険料（SGB第二編第一一条第二項第二番）の他に、扶助を求める者はこの場合、社会法典第二編第一一条b第四項による基礎控除額＝一〇〇ユーロおよび社会法典第二編第一一条b第四項によるその他の控除額＝二〇〇ユーロ＝合計控除額＝三〇〇ユーロを申請できる．この控除額は、収入算入を行う前に収入から差し引くべきである．その他に、

・扶助を必要とする者は、法律上の扶養義務を果たすための支出を、養育証書または養育費取り決め公正証書に定めた金額まで（SGB第二編第一一条b第一項第七番）

・就労可能で扶助を必要とする者は、連邦職業教育促進法第四部、または第三編第七一条および第一〇八条により職業教育促進給付を算出するにあたり、一人以上の子どもに対して収入が考慮されている場合、職業教育促進規定により考慮されている金額を（第一一条b第一項第八番社会法典第二編）控除することができる．

社会法典第二編第一一条b第二項に基づき、六か月間の貸付からも支払われた償却分と利子を控除すべきである．流入した考慮すべき貸付は、現在の返済義務を考慮した上で、生活費を賄うために実際に使える収入価値のみを考慮すべきである、ということが、この規則により明文化される．承認期間を前提として、支払いに続く六か月内の実際の返済額を考慮すべきである．収入税法第三条第一二または二六、二六a、二六b番により、（練習コーチ、教育者、世話人などの副業活動から得る特定の手当または収入などの）非課税の受給および収入については、月々一七五ユーロ以

下の金額は考慮されないままである.

3. 資産の活用

(1) 資産の概念

資産算入は社会法典第二編第一二条に定められている. 社会法典第二編による資産の概念は、社会法典第一二編第一九条第一項の資産概念に等しい.

収入と資産は基本的に、互いに区別すべきである. 収入は、要扶助期間内(通常は各暦月)に扶助を必要とする者に価格上流入するあらゆるものを指す一方、資産は、扶助を必要とする者が要扶助期間にすでに所有している、鑑定されたあらゆるものを指す. したがって、一時的な収入、たとえば、宝くじの賞金、税の還付、遺産の支払いなどは、それらが流入する月の収入になり、資産には属さない. しかし、これらの一時収入を流入期間内に使い切らず、貯蓄した場合には、翌月に資産となる. 扶助を必要とする者が資産を生活費に充てたり、その金銭価値を消費、担保貸付、賃貸、転用、その他の利用できる方法で生活費に充てたりした場合、その資産は換価可能である. 経済的に有意義な資産の換価に比較的長い時間がかかるため、考慮できる資産を即座に差し押さえることができない場合、社会法典第二編第二三条第五項の基準にしたがって、給付を貸付の形で支払うことも可能である.

(2) 控除額

社会扶助法とは異なり、社会法典第二編では社会法典第二編第一二条第二項に基づき、成人およびそのパートナーは、満年齢一歳につき一五〇ユーロの基礎控除額が認められている. しかし、各人三、一〇〇ユーロ以上を、基礎控除額は成人およびそのパートナーそれぞれに九、七五〇ユーロを超えてはならない（SGB第二編第一二条第二項第一番）.

社会法典第二編第六五条第五項により、一九四八年一月一日以降に生まれた比較的高齢の人々には、明らかにより高額の資産控除額が考慮される．この場合、資産基礎控除額は扶助を必要とする者の満年齢一歳につき五二〇ユーロになるが、扶助を必要とする者一人あたり三三、八〇〇ユーロを限度とする．

控除額は各パートナー別々に適用される．パートナーの一人が制限枠を使い切っておらず、別のパートナーに制限額を超える資産がある場合、控除額をパートナーの間で互いに融通することができる．基礎控除額は目的に縛られていないので、任意の資産に適用できる．この事は、他の特権付与事実構成要件に対する制限額をすでに超えてしまった場合にも通用する（SGB第二編第一二条第二項第一番）[(45)].

たとえば、扶助を必要とする者が一〇、〇〇〇ユーロの価値がある原動機付車両の所有者であるとした場合、社会法典第二編第一二条第三項第二番により、所有が適切なのは七、五〇〇ユーロの価値がある原動機付車両であるので、七、五〇〇ユーロを超える金額二、五〇〇ユーロは、その他の資産に加算される．その他の資産価値によって基礎控除額をもともと超過していない場合には、社会法典第二編第一二条第二項第一番による共通基礎控除額により、保護資産となる可能性はある．

・未成年で給付受給資格のある子どもには、子ども一人あたり三、一〇〇ユーロの基礎控除額が適用される．これは、

---

(45) したがって、個々の資産品が特別な特権付与事実構成要件に該当しないかどうかをまず調べる．各ケースにおいて、それぞれの制限額を超える場合は、それぞれの超過額は共通基礎控除額によりカバーすることができる．

両親の利益になる児童控除額ではなく、子ども自身の算入すべき資産を減額するに過ぎない．使い切っていない両親の控除額を子どもの資産に転用することはできないし、使い切っていない子どもの控除額を両親の資産に転用することもできない（SGB第二編第一二条第二項第一番a）．

・連邦法で明確に老齢準備として奨励されている資産およびその収益の老齢準備金、および奨励されている継続的な老齢準備保険金の金額の老齢準備金、ただし、所有者が老齢準備資産を事前に使わない場合に限る（いわゆるリースター年金）、社会法典第二編第一二条第二項第二番．老齢準備契約が期日よりも前に解約された場合、特権付与資産としての保護を失う．支払われた保険金が一か月以内に新たなリースター出資形式に使われなかった場合、支払い金額は資産または一時収入として換価すべきである（SGB第二編第一二条第二項第二番）．

・老齢準備に使われる金銭的請求権．もっとも、その所有者が契約により取り決めたために、その請求権を定年退職以前に使えない場合で、その金銭的請求権の金額は、就労可能で扶助を必要とする者とそのパートナーそれぞれの満年齢一歳ごとに二五〇ユーロであるが、一人当たり一六、二五〇ユーロを超えない場合に限る（SGB第二編第一二条第二項第三番）．控除額はどんな形式の老齢準備にも適用される．基準となるのは、定年退職前の換価が契約により排除されており、撤回できない点である．払込金返戻ならびに解約も、担保貸付も可能であってはならない．六〇歳以前の換価が排除されていれば、十分である．この種の老齢準備から生じる金銭的請求権の価値が制限額を超える場合は、超過分の金額を換価できる（SGB第二編第一二条第二項第三番）．

パートナーの使いきれなかった控除額分は、もう一人のパートナーに転用できる．換価できないという点において、老齢準備金の取り決めが現存の前提条件を満たしていない場合、失業手当Ⅱを申請する前に、保険証書を変更するのが望ましい．

法律上の年齢制限に達した後は、保護資産額は月々一八〇分の一ずつ減額される（一八〇か月＝一五年　その後の平均余命）．このことに関連して言えば、年齢制限は保険給付が満期になった期日である．保険給付支払い後に控除額を超過した場合、失業手当Ⅱ／社会手当に算入される．

・必要な物品購入のために、要扶助世帯に生活する扶助を必要とする者それぞれに対し、七五〇ユーロの控除額（SGB第二編第一二条第二項第四番）が認められる．この控除額は通常給付の新たな概念と一致し（以下参照）、通常給付で賄うべき需要の枠内で包括できるあらゆる給付が含まれている．受給資格者がこの通常給付から比較的大きな買い物、たとえば、家庭用器具や被服の比較的大きな買い物用に貯めておくことを前提としているので、資産を算入する際に、この貯金は当然の帰結として、考慮されないままでなければならない．社会法典第二編第一二条第二項第四番に基づく必要な物品購入のための控除額は、資産所有者に配分する必要はない．むしろ諸控除額は要扶助世帯の世帯構成員全員の分を加算し、現存する資産の価値と対比することができる．したがって、子どもの諸控除額は、たとえば、両親の資産に算入することも、その逆も可能である（Hüttenbrink 2011：50–55）．

なお、これまでに挙げた資産控除額は累積して考えるべきで、扶助を求める者はこれら四つの控除額すべてを主張できる．

（3）考慮されない資産

社会法典第二編第一二条第三項第一番から第六番の各号は、資産として考慮されない．これらは、社会法典第二編による給付確定の際に資産として考慮されない（Steck/Kossens 2005：117–118）．

(1) 家具

社会法典第二編第一二条第三項第一番には、適切な家具は資産とはみなさない．家具の適切性は、ニーズ共同体のそれまでの生活状況を基準にすべきである．目下の経済状態からニーズ共同体が、その家具と同価値の家具を入手できないだろうという理由で、その家具を不適切だとみなすことはできない．とくに家具およびその他の住居設備、たとえば、家庭用器具、テレビ、布製品類、本などは資産とみなされない．

(2) 自動車

社会法典第二編第一二条第三項第二番により、ニーズ共同体で生活する就労可能な扶助受給者各人に一台の自動車の保有が認められている．社会法典第二編第一二条第三項第二番は、自動車がすでにあること、すなわち、要扶助性の開始に基づいて新たにそれが入手されたものではないことを条件にしている．しかし、新たな購入も、たとえば、就労のために必要であるならば認められないわけではない．社会法典第二編第一二条第三項第二番には、レンタルの乗り物は含まない．ニーズ共同体に生活する就労可能な者一人に一台の自動車、または一台のオートバイは資産として保有できる．適切性の査定は、個々のケースの状況（ニーズ共同体の大きさ、世帯あたりの車台数、獲得の時期）による．

(3) 法的年金保険加入免除の時の老齢準備金

要扶助者またはそのパートナーが、法定年金保険の加入義務を免除されている時、特定の事物や権利が老齢保障に役立つものである場合、これらの資産は、社会法典第二編第一二条第三項第三番により資産として認定されない．これらの資産が控除されるためには、資産が老齢保障のためのものであると認められるときである．たとえば、資産形成型生命保険の保険証書の提示がその証明となりうる．老齢保障の証明が提出されていれば、その資産は額面に関係なく保有できる．

(4) 不動産

社会法典第二編第一二条第三項第四番によれば、自らが使用に供する宅地および家屋、それが適切な規模にとどまっている場合、資産としての認定は免れる．宅地住宅あるいは区分所有住宅が（経済的な方法で）換価できない場合、あるいは換価が所有者にとって特別な苛酷さを意味するような場合、社会法典第二編第一二条第一項あるいは第三項第六番により、資産認定の対象から除外される．

規模が適切である場合、居住用の不動産の換価はできない．その意味から、それは換価可能な継続居住権にも当てはまる．家・住居の規模が適切であるかどうかの査定は、居住面積が一三〇平方メートル以下の場合、必要ない．その他には、適切さは各々のケースの生活状況、とりわけその世帯に生活している人の数によるが、土地の広さに関しては、次のような区分がある．

・市街地では五〇〇平方メートルの土地
・地方では八〇〇平方メートルの土地は、通常適切であるとみなされる．

自らが使用に供する不動産の規模が適切でない場合、所有権を分割できる家屋または土地は換価を行うべきであり、それは売却または担保貸付により行うことができる．住宅内の独立した複数の区分所有住宅を建設し，また土地の分割もできる．居住面積が独立した住居に分かれていない場合は，たとえば，部屋の賃貸などにより収益源を得るように活用することが要扶助者に求められる．

就労可能な要扶助者が小菜園や庭小屋を所有し，または賃借した場合，資産としての認定するか否かは，個々のケースの全体状況を査定する中で考慮すべきである．(46)

(5) 障害者または要介護者の居住を目的とした不動産の入手および維持

第一二条第三項第五番により，障害者あるいは要介護者の居住を目的にした適切な規模の区分所有住宅を含む宅地住宅の資産は，その目的が証明され次第，あるいは目的が資産の活用や換価によりおびやかされる恐れがある場合，即座にこの資産は保護される．改修あるいは増築，地上権契約の締結あるいは継続居住権の獲得ならびに目的に適った設備整備も，資産入手と同様に扱われる．これには修理および維持補修が含まれ，目的に適う改善（たとえば，環境を損なわない暖房設備，断熱）がそれに該当するが，単なる美化のための措置はこれに含まない．

「まもなく」(baldig) の意味は，ほぼ確実に利益を受ける者に明らかに役立つ入手措置または維持措置が，予想できる期間内に計画されているということである．しかし，売買契約は，遅くとも一年以内に結ばれるべきであり，維持措置はこの期間内に始められるべきである (Steck/Kossens 2005：118)．

---

(46) 債務法調整法に基づき旧東ドイツで有効な特例によれば，土地の所有者と庭小屋の所有者が異なっても良いことになるが，利用契約の解約が資産増加につながるかどうかは，それぞれのケースを調べるべきである（BA）．

要扶助者は、具体的な趣旨および計画案を納得できるように表現しなくてはならない．証拠として考慮されるのは、たとえば、建築設計図、資金調達計画、資金調達承諾書、建築会社の契約書、手工業者や建築業者の依頼書などである．居住目的は、障害・介護の必要性と関連がなくてはならない．住居はこの目的だけに使用目的を限る必要はないし、障害者などが一人そこに住み、介護を受けていれば十分である．

資産が障害者あるいは要介護者のために活用される場合、その者がたとえニーズ共同体に属していなくても、少なくとも社会法典第一〇編第一六条第五項の指す家族であれば、その資産も保護される．

資産の特権・付与なく、計画が予測できない時期に延期されなければならないような場合、あるいは経常負担が要求できないほど引き上げられる場合、費用が著しく高騰する場合には、第一二条第三項第五番の指す計画目的が脅かされる恐れがあるということになる．

(6) 非経済性／特別な苛酷さ

社会法典第二編第一二条第三項第六番には、一般的な受け皿となる事実構成要素が定められている．それによれば、物件および権利はその換価が明らかに非経済的であったり、当事者に特別な苛酷さをもたらすような場合、保護資産に位置づけられる．換価が明らかに非経済的であれば、換価をしてはならない．とりわけ自分の投資が換価売上金に対して、もはや適切な関係にないために、とくに専門家でなくても一目で気が付くような場合はそうである．具体的には、売上金が自分の投資よりも一〇％を超えて下回るような場合、そういえるのである．

将来の利益・利回りの見込みは資産として認定されない．しかし、株、株ファンド、あるいは類似の投資商品は、その投資形式から一定のリスクがつきものであるし、これを資産として認定しなければ、このリスクは実際には求職者基礎保障が背負うことになる．そのため，このような投資は，以前の購入価格とは関係なく，資産として認定される．

資産の換価が要扶助者にとって，不当な苛酷さを意味するような場合には，換価を見合わせることができる．要扶助者の特別な生活環境からも，また資産の由来からも，不当さは生じる可能性がある．たとえば，特別な家宝や形見，厳かな葬儀および墓の管理のためにとっておいた資産（葬祭貯金，信託資産，または継続管理契約）などがそうである．

換価が当事者にとって特別な苛酷さを意味するような場合も，換価を要求することはできない．当事者の対象への特別な関係により，換価が当事者に非常に大きなショックを与える場合，特別な苛酷さが認められる．特別な苛酷さの調査では，各ケースをあらゆる観点から考慮すべきである．経済的な観点はここではさほど重要ではない．ここで問題にしているのは，特別な状況，たとえば，扶助の種類および期間，要扶助者の年齢，扶助受給者のその他の負担などによる例外的なケースである．これらの法概念は，司法審査の対象となる．

(7) 職業教育／生業

職業教育または生業の開始ないし継続に欠かせない資産対象も，収入として認定されない．この規定の目的は，後に労働適応給付により再び調達する必要の出てくる資産対象の換価を事前に避けることにある．そのような対象となるものは，工具，機械，輸送手段，自動車（たとえば，運送業者の唯一のトラック），半製品，小さな商店を継続するのに必要な商品在庫，筆記用具，速記用口述録音機，製図用具，遠距離通信機，ハードウェアおよびソフトウェア，ならびに理髪師のはさみ，肉屋の秤などが考えられる（Steck/Kossens 2008：128–140）．

この意味で，子どものために契約した学資保険は資産対象に入らない．社会法典第二編第一二条第二項に基づく資産控除額が，他の資産の保護に利用されていない限り，学資保険はこの控除額の枠内で保護が可能である．

(4) 流通価格

社会法典第二編第一二条第四項に基づき、資産はその流通価格で認定すべきである．流通価格は、自由取引で資産対象の換価により得られる金額と解釈される．

それにより、資産形成型の生命保険は、その時点の解約返戻金（諸料金および費用を考慮した払い戻し金額）が適用される．

不動産の価値確定においては、物的負担（土地債務、抵当権、用益権）が認定される．その他の債務は顧慮されない．不動産流通価格の証明として認められるのは、三年以内の売買契約書または流通価格鑑定書に限られる．場合によっては、現存の基準地価表を参考にする．建物付きの土地あるいは区分所有住宅の場合は、土地登記所で鑑定人委員会の購入価格集より情報を入手する．

資産査定の時期は、申請の時期による（SGB第二編第一二条第四項第二文）．資産対象の換価が後日にならなければできないときは、換価の条件がすべてそろう時点が時期となる．この場合、第九条第四項による貸付給付を認定することができる．

流通価格の大きな変動は、その変動のある時点で認定すべきである（SGB第二編第一二条第四項第三文）．流通価格の変動が支給すべき給付額に影響する場合、その変動は重要である．価値の変動が資産所有者に有利か不利かは重要ではない．価値が毎日変わるような資産（株券、公債券）は、要扶助者が望むならば、毎日または毎週査定する必要はない（Steck/Kossens 2008：141）．

第5節 制裁、返還請求・請求権の移転

支援の原則と並んで要求の原則も同様に重要である．求職者には扶助を必要とする自らの状況を打開するための具体的な行動を取る義務があり、失業状態を断ち切るために、優先し率先して努力しなくてはならないし、この目標をサポートするあらゆる対策に積極的に参加しなければならない．求職者がこれらの義務を重要な理由なしに果たさなかった場合、結果として給付の減額、さらには停止という形での制裁を受ける．

制裁規定は二〇一一年の改正法で新たな規定が完成した（Hüttenbrink 2011：94）．ここでは、義務違反・義務違反時の法律効果、返還請求ならびに請求権の移転等について述べてみたい．

1．義務違反

(1) 義務違反の内容

社会法典第二編第三一条第一項により、法律効果またはその知識についての書面による教示にもかかわらず、就労可能な受給資格者が次の行動を一つでも起こした場合は、義務に違反していることになる．

①労働適応協定または第一五条第一項第六文により、それに代わる行政行為に定められた義務を果たすこと、とりわけ自身の努力を十分な範囲で証明することを拒否すること（SGB第二編第三一条第一項第一番）

②要求可能である仕事、教育、第一六条dによる臨時労働または第一六条eによる雇用補助金により助成された仕事を始める、または続けるのを拒否する、またはこれらの開拓を自身の行動によって妨げること（SGB第二編第三一条第一項第二番）

③要求可能である労働対策を始めない、中断する、または中断するきっかけを与えたこと（SGB第二編第三一条第一項第三番）

社会給付を受ける者は協力する義務がある．たとえば、求職活動において自発的に行動する義務があり、さらに雇用者への応募書類の提示などによって、それを証明しなければならない．

求職者は雇用関係を築こうとする意欲を就職活動で見せなければならないことになる．このような義務は、たとえ雇用エージェンシーの仲介提案にただ従っただけの応募であってもよい．しかし、失業者はどんなことでも、傍目にも就労の意欲がないとわかるようなことをしてはならない．失業者の態度についての評価は、雇用者の見解にかかっているのであって、就労意欲が見られず、雇用者がすでに頭から顧慮に値しないと見なされても仕方ない応募書類であるときは、応募しなかったものとして扱われる．

労働適応協定が扶助を必要とする者の努力を証明する形式および頻度、方法を定めた場合に限り、労働適応協定に対する違反を制裁することが可能になる．協定は個人の特性とその与えられた情況に合わせて、個人的に調整すべきである．その際に就労可能者に対する要請は、理解しやすく達成できるように、一義的にはっきりと記述されたかどうか，確認すべきである．労働適応協定における一般的な勧告や不明確な文章では，制裁を作動させることはできない．限定期間内の必要な求人応募数は正確に，しかも個人の特性および個々のケースの具体的な状況に関連して定められなくてはならない．応募を証明する方法も定めるべきである（たとえば，雇用者になりうる者に宛てた当事者の送付状）．正当な理由がある場合には，雇用者の返信または受付証明（たとえば，スタンプ）を請求することができる．

その他，就労可能な要扶助者は，担当相談員と取り決めた場合に限り，時間的にも場所的にも近い領域を出て滞在することを許される．就労可能な要扶助者は基本的に，平日はいつでも管轄実施者が住所または通常の居所で，確実に連絡が取れるようにしなくてはならない．扶助を必要とする者が留守にする予定を立てる場合は，前もって申請しなくてはならない．その場合でも通常，留守は暦年内で三週間までしか認められない．

労働適応協定違反は次の場合，社会法典第二編第三一条第一項第一番による義務違反となる．すなわち，①受給資格者が要求可能である仕事，教育，第一六条dによる臨時労働，または第一六条eによる雇用補助金により助成された仕事の臨時労働を始める，または続けるのを拒否する，またはこれらの開拓を自身の行動によって妨げる，②要求可能である労働適応対策を始めない，中断する，または中断するきっかけを与えた場合である．

協定違反により扶助を必要とする者には，不利になる法律効果が直接及ぶことがあるので，扶助を必要とする者に起こりうる法律効果，とりわけ社会法典第二編第三一条aの制裁事実構成要件について教示するべきである．このような法律効果教示には，警告および教育としての機能がある．したがって，教示は扶助を必要とする者にとって具体的，一義的でわかりやすく，丁寧で，法律上適切でなければならず，義務違反が起きた場合の具体的な直接の影響を，はっきりとわからせるようでなければならない．この際，就労可能な要扶助者の理解力や，聞き手としての立場にとって，適切な形で行わなくてはならない．法律効果教示がなかった場合，制裁措置を実施することはできない．

就労可能な要扶助者が自分の行動に対し重要な理由を証明できる場合（たとえば、病気のために自身の努力が欠けた）にも、社会法典第二編第三一条第一項最終文による制裁は、通常、行われない．

社会法典第二編第三一条第二項によると、①就労可能な要扶助者で、失業手当Ⅱの承認ないし引き上げの条件をもたらすために、満一八歳に達した後において故意に所得や資産を減らす者（SGB第二編第三一条第二項第一番）、②就労可能な要扶助者で、法律効果についての教示をしたにもかかわらず、浪費的な態度をとり続ける者（SGB第二編第三一条第二項第二番）、③就労可能な要扶助者で、雇用エージェンシーが社会法典第三編の規則により権利停止期間の開始または請求権消滅を確認したため、失業手当Ⅱ請求権が停止または消滅した者（SGB第二編第三一条第二項第三番）、④失業手当Ⅱ請求権の停止または消滅理由となる、社会法典第三編に述べられた停止期間開始要件を満たした者（SGB第二編第三一条第二項第四番）等は、義務違反に該当する．

（２）義務違反時の法律効果

社会法典第二編第三一条ａによる義務違反の場合、失業手当Ⅱが減額される．すなわち、①第一段階では第二〇条により就労可能な受給資格者に対する基準となる通常需要の三〇％、②社会法典第二編第三一条による義務違反を最初に繰り返した場合、失業手当Ⅱは、第二〇条により就労可能な給付受給者に対する基準となる通常需要の六〇％分の減額、③社会法典第二編第三一条による義務違反が繰り返されれば、どのような義務違反であろうと失業手当Ⅱは全額中止されることになる．

繰り返された義務違反が存在するのは、それ以前に減額がすでに確認されていた場合に限る．また、その前の減額期間が一年以上前だった場合、繰り返された義務違反は存在しなかったものと見なす．受給資格者が後から義務を果たすことを承諾した場合、管轄実施者はその時点から給付減額分を、第二〇条により受給資格者に対する基準となる通常需要の六〇％までと限定することができる．

第一回目の三〇％の減額と第二回目の六〇％の減額においては、第二〇条により各人の基準となる通常需要のみが対象となる．第三段階において初めて、失業手当Ⅱの全額がなくなる可能性が出てくる．

満二五歳になっていない受給資格者においては、社会法典第二編第三一条による義務違反の場合、失業手当Ⅱは社会法典第二編第二二条による支給制限がある（住居と暖房の費用）．しかし、社会法典第二編第三一条による義務違反が繰り返された場合には、失業手当Ⅱはこのようなケースでも全額停止される．受給資格者が後から義務を果たすことを承諾した場合、給付主体は個々のケースにおける状況を考慮して、この時点から住居と暖房のため費用が再び支給される．

社会法典第二編第三一条a第三項により、実施者は適切な範囲内で、現物給付ないしは金銭換算価値のある給付を補足的に支給することができる．要扶助世帯受給資格者が未成年者と同一要扶助世帯に同居している時には、子どもが親の誤った行為に苦しめられることのないように、実施者は子への給付は支給しなければならない．失業手当Ⅱが六〇％以上減額されるのと同時に、住居と暖房の費用は貸主あるいは他の受領資格者に直接支払う．

社会法典第二編第三一条a第四項の定めるところによれば、就労不能な受給資格者にも、社会法典第二編第三一条第二項第一番および第二番による義務違反時には、社会法典第二編第三一条a第一項および第三項のような同様の制裁が適用される．

（3）減額の開始と期間

社会法典第二編第三一条第二項第三番のケースにおいては、社会法典第三編の規則により、雇用エージェンシーが権利停止期間を決定した、または失業手当Ⅱに対する請求権の消滅が確認されたらすぐに、減額が開始される．減額期間は社会法典第二編第三一条b第一項第二文により三か月である．この期間中は社会法典第一二編による給付の請求権は生じない．給付の減額は、特定の義務不履行がこの間に終了したかどうかとは無関係であるとみなされる．なぜなら、労働する意思が明言されたり行動で示されたりした場合に、給付の減額を予定よりも早く打ち切ることについては、法律に定められていないからである．これに対し、連邦社会扶助法による制裁は、扶助受給者がとがめられる行動をやめない期間に限られる．したがって、行動を改めて制裁を終わらせるかどうかは扶助受給者自身が決める．社会法典第二編による給付については、三ヵ月以内に義務不履行が新たに行われる場合、三ヵ月の期間がまた始まる．この期間は最初の三ヵ月に続くか、部分的に重なり合うこともある．まだ満二五歳になっていない就労可能な受給資格者においては、個々のケースにおけるあらゆる状況を考慮して、支払い請求権の減少を六週間に短縮する可能性が生じる．支払い請求権が減少する間、社会法典第一二編の規定による補足的な生活扶助に対する請求権は生じない．

（4）社会法典第二編第三二条に基づく連絡不履行

受給資格者が管轄実施者より、実施者に連絡を取るように、あるいは医師または精神科医の診察日時に来るようにと要請され、受給資格者が法律効果についての書面による教示を受けたにもかかわらず、訪れるまたは診察日時に出向くのを拒否する場合、失業手当Ⅱまたは社会手当はそれぞれ、第二〇条により受給資格者に対し基準となる通常需要の一〇％分減額される．受給資格者が自分の行動に対し、合理的に説明でき、あるいは証明できる場合は、減額されない（SGB第二編第三一条第一項）．社会法典第二編第三一条第一項による給付減額は、第三一条aによる給付減額と平行して実施できる．つまり、減額が積み重なることもありうる．

就労可能な受給資格者が、社会法典第二編第七条第四項aによる時間的にも位置的にも近い圏域を離れて滞在する場合、給付請求権はこの法律により全額消滅する．

2．償還請求、相殺・請求の免除

（1）反社会的有責行為の場合の費用償還請求権

社会法典第二編第三四条は、かっての連邦社会扶助法第九二条aの文面を拠り所としており、したがって、社会法典第一二編第一〇三条の意味する拡大費用償還には該当しない．

社会法典第二編第三四条により給付受給資格のある者が、故意または重大な過失ある反社会的な行為により、自己または要扶助世帯に同居する者に対する扶助必要性、あるいは自己または要扶助世帯に該当者と同居する者に対する保障給付の支給を、重要な理由なしに招いた場合は、社会扶助費用償還を求められる可能性がある（言い換えれば、給付は法律にしたがって給付されるが、誤った行為により（給付するよう）強制されるといえる）．償還請求権の正当化により、償還義務のある者が、この法律による生活費の保障給付または社会法典第一二編による給付に将来依存する限り、償還請求権の正当化は行われない．

事例1[47]：ある一家の主人が、納得できる理由もなく今までの職場を辞め、失業したとする．反社会的な行為（雇用関係の軽率な放棄）の結果、事情によっては、妻と子どもに社会法典第二編により給付が実施される．それゆえ、求職者基礎保障の実施者は、妻と子どもに支給される給付の返還を一家の父親に要求できる．もっとも償還義務のある者がそのために将来、社会法典第二編による生活費保障給付、または社会法典第一二編による給付に依存することが見込まれる場合は、償還請求の行使は見合わせられる．費用償還請求権は相続人に受け継がれる．費用償還請求権は相続開始時点の遺産に限定される．償還請求権は社会法典第二編第三四条第三項により、給付支給の暦年終了後に消滅する．

（2）不正受給に対する償還請求権

故意または重大な過失により、第三者が社会法典第二編による給付を受給するに至った者は、違法に受給された給付を償還しなければならない．償還請求権には、社会法典第三編第三三五条第一、二、五項に相応して支給された健康保険、年金保険、介護保険の保険料も含まれる．償還請求権は、社会法典第二編三四第三項により、給付支給の暦年終了後に消滅するする．

事例2：トロイ氏は一七歳のペトラ・トゥーフマンの法定後見人である．ペトラのため社会法典第二編による給付申請書に署名する際に、トロイ氏は遺児年金を収入として申告するのを怠った．その結果、ペトラの遺児年金は給付額を減額する方向での考慮ではなく、ペトラは社会法典第二編による給付を受給することになった．トロイ氏の行動は少なくとも重大な過失なので、当局はペトラが違法に受け取った給付の償還をトロイ氏に請求できる．さらに

（47）事例①と②は Hüttenbrink 2011：101による．

当局は、不当に支給された給付に対して社会法典第一〇編第四五、五〇条により、当然ペトラにも償還を請求できるだろうが、ペトラは善意で給付決定の存続を信じていたので、この請求権は成立しない場合もありうる．したがって、当局は後見人だけに対して措置を取るのが妥当である．

(3) 相続人の損害補償義務

相続人の損害補償義務（SGB第二編第三五条）は、生計費保障給付受給者の相続人に該当する．相続人は、相続開始に先立つ一〇年間の給付が一、七〇〇ユーロの上限額を超える場合には、その給付に対し損害補償義務を負う．返還義務は、相続開始時点での遺産の価値に限定される．返還請求権は遺産の価値が一五、五〇〇ユーロ未満である限り、相続人が故人配偶者か親族であって、一時的ではなく故人の死亡まで故人と家計共同体で暮らし、かつ故人を介護したときは行使されない．返還請求権は、相続人に対する請求が、個々の場合の特性からして特別の苛酷さを意味する限り行使されない．返還請求権は基本的に、給付受給者の死後三年で失効する．

社会扶助受給者の相続人は、社会法典第一二編第一〇二条により損害補償義務を負う．今後数年は、死亡した扶助受給者が初めに社会扶助、それから社会法典第二編による給付を受給したので、あるいは逆の順序で受給したので、相続人が両方の規定により義務を負うケースが増えてくるかもしれない．このようなケースでは、異なる控除額（一五、五〇〇ユーロ、SGB第二編第三五条第二項第一番または一五、三四〇ユーロ、SGB第一二編第一〇二条第三項第二番）を顧慮して、両方の規定間の区切りが問題になってくる．これに関連して、社会法典第一二編第三三条により、妥当な葬祭料のための保険料を社会扶助実施者に引き受けてもらうことができるのは、社会扶助受給者の相続人にとっても意義深いであろう．そのような請求権は、社会法典第二編による給付受給者にはない（Hüttenbrink 2004：190）．

(4) 貸付の際の返還要求、相殺・請求免除

求職者基礎保障の実施者が給付を貸付の形で認可する場合（たとえば、社会法典第二編第二四条第一項参照）、実施者は貸付の形で支給されたその金額の返還を他の債権者と同様、合意した期日に要求できる．このような場合、支給された給付に対する返還要求の法的根拠となるのは、求職者基礎保障の実施者と給付受給資格のある者の間で結ばれた貸付契約である．

社会法典第二編第四三条により、扶助を必要とする者が故意または重大な過失により行った、誤ったあるいは不完全な申告が原因となる損害賠償の請求権については、生活保障の金銭給付は、社会法典第二編による給付主体の請求権に基づいて、扶助を必要とする者に対する基準となる通常給付の一〇〇分の三〇の額を限度として相殺できる．相殺が可能なのは三年間に限られている．

給付主体は社会法典第二編により、その徴収が個々の状況から不当であるような場合、扶助を必要とする者に対する請求を免除してもよい（SGB第二編第四四条）．

3. 請求権の移転

社会法典第二編による給付は、要扶助性の存在を前提条件とする（SGB第二編第九条）．社会扶助法（SGB第一二編第二条）に法的に保障されている後順位性の原則の実現と同じく、求職者基礎保障にも（後順位性の原則、SGB第一二編第五条参照）、他の優先義務のある第三者に対する扶助受給者の請求権を、管轄実施者が自ら移転できるようにする規定が必要である．それに加えて、給付受給のための前提条件を故意、または重大な過失により招いた者は、自分または家族に公共資金から返済義務なしに扶助が支払われることを期待できない．さらに、扶助受給者の死後は、

相続者の免除を守るだけの理由は生じない．以上の理由で、従来の社会扶助法はすでに連邦社会扶助法第九〇条から第九二条cにおいて、他者の義務と費用返還を定めていた．社会法典第二編第三三条から第三五条は、かなりの部分でこれらの法律を拠り所としている．

失業手当Ⅱまたは社会手当の受給者が、家族の一員またはその他の第三者（SGB第一編第一二条の指す給付主体ではない）に対し請求権を持つ場合は、求職者基礎保障の実施者は他者に対する文書による通知によって、該当する扶助受給者の請求権を支給された給付額まで他者に移転させる事ができる（SGB第二編第三三条）．請求権は、請求を満たすのによい時宜に給付が支給されなかった場合にのみ移転できる．この際、請求権が譲渡、担保権設定または差押えができないものであることは、請求権移転の妨げにはならない（SGB第二編第三三条第一項）．

社会法典第二編第三三条第二項により求職者基礎保障の実施者は、民法上の扶養請求権（たとえば、離婚または別離扶養料、相続人に対する扶養請求権）も、支給した給付額まで移転させることができる．また義務を負う者に対する扶養権の情報請求権も移転する．この場合、ドイツ民法典（BGB）第一六一三条（過去に対する扶養）の要件の下では、過去に対する扶養請求権の移転も可能である．生活費保障給付が、今後もっと長期間にわたって支給されなければならない見込みである場合は、求職者基礎保障の実施者は、従来の生活費保障給付額までは、これからの給付に対しても訴えることができる．しかし、扶養を受ける権利のある者に次の事項が一つでも当てはまる場合には、扶養請求権の移転が生じることがあってはならない．

・扶養義務者と要扶助世帯に同居している．

・扶養義務者と親族関係にあり、かつ扶養請求権を主張しない．このことは、左の者の両親に対する扶養請求権については該当しない．

・未成年の扶助を必要とする者
・扶助を必要とする者で、満二五歳未満で最初の教育を修了していない者
・扶養義務者から見て子の関係にあり妊娠している、または実の子どもを満六歳になるまで養育する者
社会法典第二編第三三条による請求権の移転に関する規定は、社会扶助法の原則に基づいている（SGB第一二編第九三条以下）．第三者に対する文書による通知は、要扶助者に対して生活費保障給付が中断なしに支給される期間について請求権移転の効果を生じさせる（SGB第二編第三三条第三項）．ここでいう中断とは、二ヵ月を超える長い期間をいう．社会法典第一〇編第一一五、一一六条にいう使用者および損害賠償の義務を負う者に対する給付主体の請求権は、社会法典第二編第三三条第一項に優先する．すなわち、これらの請求権を求職者基礎保障の実施者は移転させることはできない（Hüttenbrink 2004：185）．

第6節 行政手続と法律手段

1. 行政手続

行政手続（Verwaltungsverfahren）は社会法典（第一編と第一〇編）による．求職者基礎保障給付については、社会法典第二編第六条第一項により、就労可能な要扶助者の通常の居所のある地区の雇用エージェンシーの管轄である．社会法典第二編第六条第一項により、他の実施者が例外的に管轄権を持たない限り、連邦雇用エージェンシーが常に管轄する．社会法典第二編第六条第二項により、郡に属さない市および郡（いわゆる地方自治体）が管轄するのは、①社会法典第二編第一六条第二項第一番から四番による適応のための特定の給付、すなわち、未成年者あるいは障害児、家族の在宅介護の世話、債務者相談および心理的社会的な世話、②社会法典第二編第二二条の住居費と暖房費、ならびに社会法典第二編第二三条第三項による一時的援助である．

社会法典第二編第六条aおよびbによる自由選択条項の枠内で、二〇〇五年一月一日以来六九にのぼる地方自治体実施者が、最近では一一〇にも上る地方自治体実施者が境界領域において、社会扶助実施者としての自身の任務と兼務して、連邦雇用エージェンシーの任務を引き受けている．選択モデルに沿って、地方自治体実施者が社会法典第二編および社会法典第一二編によるあらゆる給付の唯一の実施者として管轄権を持たず、連邦雇用エージェンシーと社会法典第二編第六条の指す地方自治体実施者が、並行して管轄権を持つ場合、連邦雇用エージェンシーおよび地方自治体実施者は社会法典第二編第四四条bにより、社会法典第二編による任務を統一して遂行するために、公法上または私法上の協定により協議体（現在は共同施設と呼ばれる）を設立する。そして協議体は社会法典第二編による任務全体を引き受ける。協議体が結成される場合、任務を遂行するために、協議体には行政行為および異議申し立てに対する決定を発布する権利が認められる（SGB第二編第四四条b第三項）。協議体事務所は一人の協議体理事が管理する。協議体理事は法定内外において、協議体を代表する権利がある（SGB第二編第四四条b第二項第一文および第二文）。実施者として管轄するのが「協議体（共同施設）」か、認可された地方自治体実施者かに関わらず、受給資格者が問い合わせなければならない機関の名称は「ジョブセンター」とする（SGB第二編第六条d）。

地域的に管轄権を有するのは、就労可能な要扶助者の通常の居所のある地域の各実施者である。求職者基礎保障給付は申請に対してのみ支給される（SGB第二編第三七条第一項）。扶助を必要とする者が管轄権のない実施者に問い合わせた時には、その実施者は遅滞なく管轄の実施者に通知するとともに、手許にある必要書類を送付するよう義務づけられている（SGB第一編第一六条第二項および第四三条第一項）。給付受給者は、社会法典第二編第五一条bにしたがって顧客番号が付けられる。地方自治体の実施者は、そこで得られた情報を連邦雇用エージェンシーに伝達する。求職者基礎保障給付は、申請書提出以前には支給されない。しかし、給付申請は、申請書が提出された月の一日までさかのぼって有効である（SGB第二編第三七条第二項）。

生活費保障給付に対する請求権は、各暦日に生じる。一ヵ月は三〇日で計算される。給付が月全体に対して支給されない場合は、該当分の給付が支給される。給付は六ヵ月ずつ認可され、毎月前もって支給される。社会法典第二編

第四一条第一項第五文により、認可期間内に状況が変わるとは期待できない資格者においては、認可期間を一二ヵ月まで延長できる．ユーロで端数の出る金額は、〇・四九ユーロ以下は切り捨て、〇・五〇ユーロ以上は切り上げることとする（SGB第二編第四一条第二項）．金銭給付は社会法典第二編第四二条により、申請書に記入された資格者の国内口座に支払われる．

社会法典第二編第三八条は、障害となる根拠がない限り、就労可能な要扶助者が社会法典第二編による給付を、その者と要扶助世帯に同居する者についても申請し、受領する権利を委任されていると推定される、と定めている．複数の就労可能な要扶助者が同一のニーズ共同体に生活している時は、給付の申請をした者に委任されているとみなされる（SGB第二編第三八条）．基礎保障給付の管轄実施者は他の社会給付主体と同様に、扶助を求める者にその管轄の枠内で社会法典第二編によるその者の権利と義務について教示し（SGB第一編第一三条）、情報を提供し、（希望に応じて）相談を行う（SGB第一編第一四、一五条）ことが義務付けられている．相談はいかなる場合にも要求するのが望ましい．

2．法律手段

求職者基礎保障の実施者は受給資格者の申請書に対して、文書により決定事項を通知することが義務付けられている．実施者が何もしない場合、その処理の進め方が緩慢な場合は、受給資格者は窮状に陥る恐れがある．このような場合、給付受給資格のある者は、社会裁判所に無為に対する訴訟の提起ができる．そして、訴訟手続き（Klageverfahren）は経験によれば、一年から二年という長い期間を必要とするので、さらに社会裁判所法第八六条bにより暫定的指示の方法で、生活費の一時的な保障のために緊急対策としての暫定的規定を定めるよう申請を行う．

一時的な指示手続きの枠内では、裁判所はごく簡潔な調査を行い、資格者に通常、訴訟手続きの枠内で最終的な調査の結果におそらく認められるであろう金額の八〇％を認可給付する．実施者が主張された申請を否決する場合にも、同様の手続きを行う．この場合には、受給資格者は否決決定に反し、異議を唱えることができる．異議は否決決定が公表されてから一ヵ月以内に文書により関係官庁に提出し、その理由を述べる．しかし、実施者にも、官庁において個人的に面会する給付受給資格のある者に対し、異議を文章化する（いわゆる起稿）のを手伝う義務がある．社会法典第二編第三九条、社会法典第二編の規定により公布された行政手続きに対する異議、あるいは後の取り消しの訴えは、延期する効力を持たない．すなわち、行政手続は異議申し立てにもかかわらず遂行される．

生活状況および法的状況を再び調査した後、官庁は異議決定を公布する．異議決定が全面的または部分的に否決である場合、異議決定の送達後一ヵ月以内に文書で、あるいは管轄の社会裁判所事務所の証書業務役人の起稿により抗議できる．異議が唱えられないと、否決決定は法律上効力と拘束力を持つ．異議申し立てには、否決決定がまだ法的効力を持たず、官庁が実際的法的両方の観点から、全体的な状況を引き続き調査しなければならない、という効果しかもたらさないので、異議申し立ての後に給付受給資格のある者が窮状に陥ることもありうる．このような場合にも社会裁判所に足を運び、暫定的規定発布を申請するのが望ましい．十分な知識がないために独りで裁判所を訪れるのがはばかられる受給資格者は、弁護士の助言を利用してもよい．その際、弁護士料については、裁判所外での相談である限り、相談扶助の方法で肩代わりすることが出来る．相談扶助資格証明書は管轄の簡易裁判所で発行される．裁判による場合は弁護士料が保障されるように、申請者は訴訟費用扶助に対し社会裁判所に申請できる．訴訟費用扶助はその手続きに十分に勝訴の見込みがある場合に限り、認可される．給付受給資格のある者は裁判所の法律申請所に相談する事ができる．法律申請所では、その者が口頭で述べた要望を文書にまとめ、場合によっては申請の文章化を手伝う．第一審の社会裁判所では弁護士強制はないが，弁護士の立会いを求めるのはいろいろな意味において勧めるに値する．

社会法典第二編第一六条第三項第二文の指す，いわゆる「一ユーロJob」の法律関係から起きる，就労可能な要扶助者と給付支給者である民間施設との係争でも，同様である．この場合，労働裁判所ではなく社会裁判所が管轄する．社会裁判所は，社会法典第二編および社会法典第一二編による給付に関わるあらゆる係争を管轄する（Hüttenbrink 2011：106–110）．

第三章　社会扶助制度

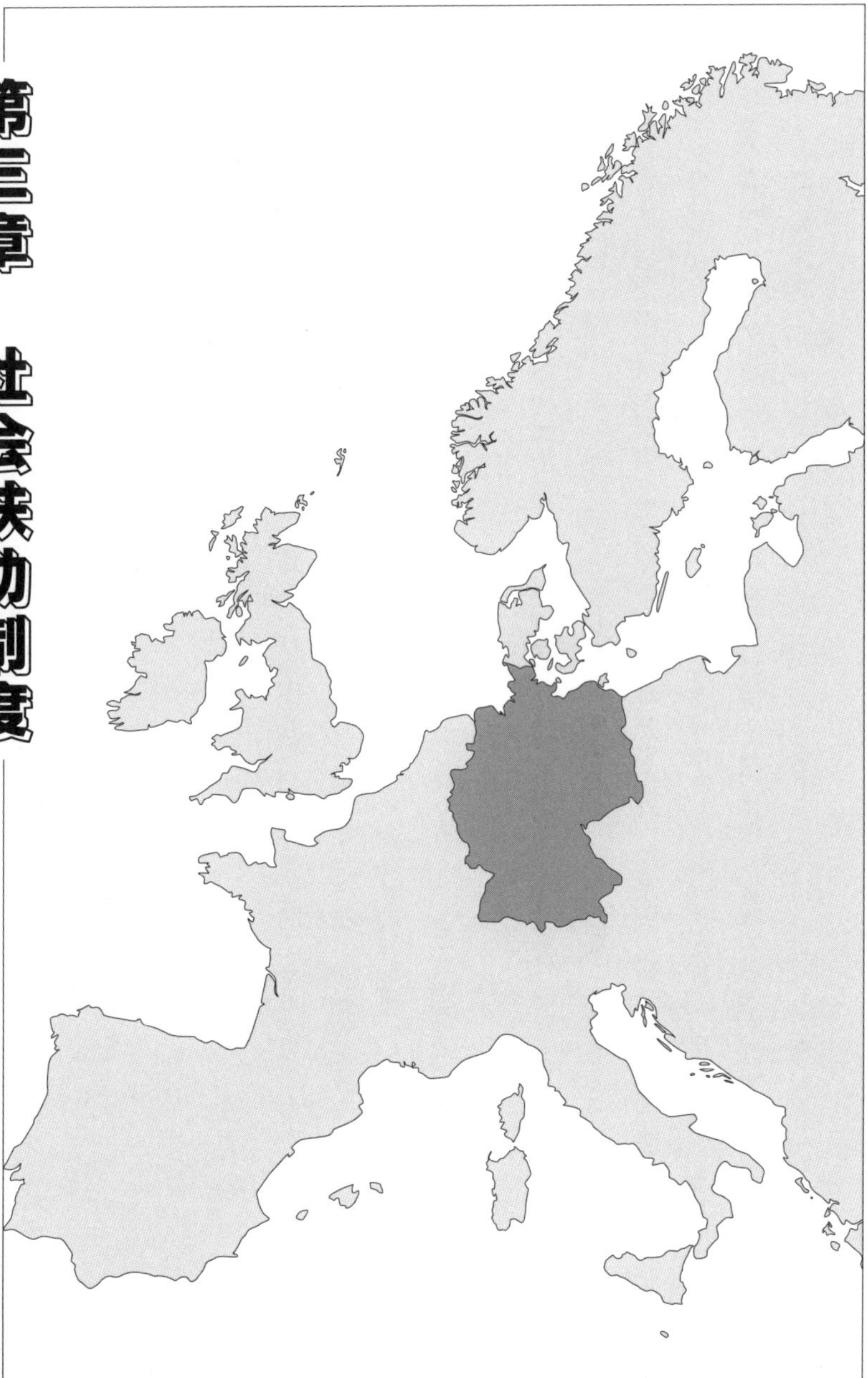

第1節

社会扶助法の原則

ドイツの社会保障制度は保険原理、援護原理および扶助原理に分けて説明できるが、その中の扶助原理に基づく代表的な制度が社会扶助である．社会扶助は自らの収入および資産によって生計を維持できない者あるいは生活困窮をもたらす特別な事情がある者に対して、民法上の扶養義務や他の社会保障給付を補足し、すべての者に対して、緊急避難的に人間の尊厳に値する最低限度の生活を保障する最後の拠り所として重要な位置づけが与えられている（Großmann/Melzer, 2009：13）．

わが国と同様、ドイツの社会扶助法（SGB第一二編）は、その運用や解釈についての指針となる基本原則が定められている．その原則は両国ともに共通性がみられるが、基本的な点での重要な相違もみられる．その最大なものは、制度の運用と責任主体である．わが国の生活保護が国の業務とされ、保護費の四分の三が国庫負担とされているのに対し、ドイツの社会扶助は市と郡という地方自治体の任務とされ、これに州が加わって実施し、連邦政府は大枠を定めるだけで、費用についても負担しない（田中 2007：202）．このほか、保護の開始がわが国では申請主義であるのに対し、ドイツでは職権開始とされていることも異なる点である．ここでは、そうしたことを念頭に、ドイツ社会扶助法の基本原則をみておきたい(48)．

1．人間の尊厳にふさわしい生活の確保

社会法典第一二編第一条第一文は、基本法の第二十条と関連して基本法の第一条に由来している．この法律（SGB第一二編）の冒頭では、社会扶助の任務は扶助受給者に「人間の尊厳にふさわしい生活」（menschenwürdigen Dasein）を営むのを可能にすることである、と重ねて明確に強調している．いうまでもなく、この法律上の規定は一般条項的な表現であり、解釈と注釈が必要である．人間の尊厳にふさわしい生活が各々のケースで何を意味するのか、法律ではさらに詳しい説明はなされていない．この概念をもっと具体的に定めるには、正当公正に考えている人々すべての文化的構造や慣習的構造、法の秩序、感情全体をなんとしても考慮に入れるべきである．人間の尊厳という概念は、他人ではなく自分自身の利益と目的のために人間に当然与えられる価値である、と言い換えることができる．その際、この概念は立法機関だけではなく、法廷によっても明確に規定される．人間の尊厳は個人、すなわち、給付受給資格のある人物の価値、およびその存在や身体的安全、個人の自由に対する権利、教育および授業、職業選択、生業可能性、居住地の自由、その他に対する権利をも意味する．人間の尊厳は、個人を国家に従属させるような措置を禁ずる．したがって、社会扶助は各々の人間の尊厳を守り、各々に社会生活への参加を可能にするべきである．扶助を求める者が、受給資格のない者と同じ環境で、社会扶助に依拠しない者の生活に比べ、遜色のない生活を営めるようにするべきである．「人間の尊厳の実現は国家機関の行動すべてにおける基準」である（Hüttenbrink 2011：118–119）．

（48）基本原則については、Hüttenbrink 2011：118–129を参照．

2. 自助のための扶助

社会法典第一二編第一条第二文には、社会扶助は可能な限り、受給権者が社会扶助に頼らずに生活できるようにするべきである、と規定されている。すなわち、社会扶助は通常、困難な状況が後々まで取り除かれ、受給権者が扶助を必要としなくなるように計画されるべきである。「自助のための扶助原則」（Hilfe zur Selbsthilfe）は、①相談、援助、促進（SGB第一一条）、②予防的保健扶助（SGB第一二編第四七条）、③障害者の社会統合扶助（SGB第一二編第五三条より第六〇条）に深く関わる。

3. 後順位性

「社会扶助の後順位性原則」（Nachrang der Sozialhilfe）とは、「助成原則」（Subsidiaritätsprinzip）とも表記され、わが国の生活保護法の補足性原理に相応する原則である。同法第二条第一項では、自助が可能な者、あるいは必要な援助を第三者、特に家族員や他の社会給付実施者から受ける者には社会扶助を支給しないと規定し、自助あるいは第三者側からの扶助が不可能な時に限って社会扶助が行われるものであることを示している。しかし、このことは現に生活に困窮している場合に、第三者からの援助が提供されていないにもかかわらず、社会扶助の不支給を容認するものではない（上田 2004：73–83）。なぜならば、社会扶助は生活困窮の原因を問わず、要扶助者の現在の状況に対応して支給されるものだからである。仮に優先されるべき給付請求権が存する場合であっても、それが実現可能でない場合は、社会扶助が即座に対応すべきことになる。この意味では、社会扶助の後順位性原則は、しばしば先順位に転じることになる。

後順位性原則は労働能力の活用、収入や資産の活用、第三者の扶助の活用などに帰結するが、以下にこれらについてみておきたい（Hüttenbrink 2011：120－122）.

（1）自己労力の活用

法制度の再編成により、就労可能な社会給付受給権者は失業手当Ⅱの対象とされたため、法律の全体構想からすると、原則として就労が不可能な者のみが社会扶助を受給することになる．しかし、就労不可能な受給権者にも、仕事（毎日三時間まで）に専念し収入を得る可能性があるので、社会法典第一二編第一一条第三項第二文および第三文では、社会扶助実施者は受給権者が就労受入可能な仕事に専念できるようになるために、その者の就労を促進し援助しなければならない、と定めている（田畑 2006a：70）．受給権者が就労受入可能な仕事に就労することにより収入が得られる場合には、受給権者はそうするよう義務付けられている．さらに受給権者は、そうした措置に参加しなくてはならない．どの仕事が就労受入可能かについては、社会法典第一二編第一一条第四項に定められている．しかし、次のような場合には、受給権者に就労を要求してはならない．

・稼得能力の減退あるいは疾病、障害のため、あるいは介護を必要とするために仕事ができない時、あるいは
・法定年金保険の規定による年齢制限（SGB第六編第三五条）に相当する年齢を満たしているか超えている場合、あるいは
・その他の重要な理由で就労できない時

重要な理由としては、とりわけ就労により子どものきちんとした教育ができなくなる場合、その受給権者に仕事への就労を要求することはできない、と定められている．子どもが満三歳以上の場合、受給権者の特別な家族状況が考慮されて、保育施設あるいは昼間在宅養育により子どもの世話が保証される限り、原則として、子どもの教育がおびやかされることはない．もちろん、社会扶助実施者は、独りで子どもを育てている者が、優先的に子どもの日中の世話が受けられるように配慮すべきである．さらに受給資格者が家政のために、あるいは家族の介護のために、所定の仕事ができないなど、個々のケースにおいては就労が不可能な場合がある．このような場合などには就労要求してはならないことになる．しかし、受給権者が義務に反して就労を拒んだ場合、社会法典第一二編第三九条により給付が制限されることもありうる．

(2) 収入および資産の活用

受給権者に収入および資産がある限り、その者は（補足的な）社会扶助を受ける前に、その収入や資産を優先的に活用しなくてはならない．

(3) 第三者扶助と資産の活用

「第三者扶助」(Hilfe von Anderen) とは、法人あるいは自然人のすべての援助だけではなく、第三者の個人的な援助をも指し、金銭給付に限らず、現物給付をも含むものである．第三者の扶助の理由が法的義務なのか、道徳的義務なのかは関係がない．したがって、社会給付受給権者はどの場合にも、特定の事柄に対して法的に第三者に請求できるかどうか、できるとすればどの程度まで可能であるかを吟味しなくてはならない．次のような請求権行使もこの点に関連する．

・扶養請求権

・その他民法上の請求権（たとえば，遺留分に対する権利，贈与者としての返還請求権，損害賠償請求権など）

・その他の公的な社会給付（たとえば，年金保険給付の申請，児童および少年援助法（SGB第八編）による給付，生活前払い法による給付，健康保険給付，住宅手当，児童手当，失業者保険給付金など）

すなわち，社会給付受給権者は，社会扶助実施者に請求する前に，生活費を自分で確保するためにありとあらゆる可能性，たとえば，世帯構成員に対する扶養訴訟のように，裁判に訴える措置の開始も含めて試みる義務がある．

4．個別性の原則

社会法典第一二編第九条の「個別性の原則」（Prinzip der individuellen Hilfe）によって，社会扶助の支給は各々のケースや個人に応じた扶助支給であることが，再び強調されている．だからこそ立法機関は，社会法典第一二編第九条第一項に，社会扶助の種類および方法・程度は，各々のケースの独自性，とりわけ受給資格者の人物およびその需要の種類，地域の事情に従う，と定めている．

給付の形態に対する受給権者の希望は，それが適切である限りかなえられなくてはならない（SGB第一二編第九条第二項）．社会扶助実施者は，その希望の実現が過度の超過出費を伴う場合には，希望をかなえる必要はない．受給権者の希望を適切に配慮するのは，基本法第二条第一項に保障された人格権および基本法第一条の人間の尊厳の現われである．しかしながら，受給資格者に選択権があるのは扶助の具体化の方法についてのみであり，社会扶助実施者より実際に許可を得た扶助方法の実現に限られる．

受給権者の望む扶助を具体化する方法は，困難な状況に直面して，当該者の個人的境遇をあらゆる面から考慮して，目標達成に必要でふさわしいものでなければならない．この際，厳密に客観的な基準によって，一方では費やされた資力および措置，他方では得られた成果のこの両者の間に，適切なバランスが備わらなくてはならない．受給権者の希望の適切さの問題では，その希望がよりコストの安い，より費用の少ない方法で顧慮されることが可能かどうか，たとえば，ホーム入所に対する居宅扶助の優先性（SGB第一二編第一三条第一項第三文）について，重点的に配慮されることになろう．このように，必要な扶助は可能な限り営造物やホームあるいは同種の施設の外で支給されるべきである．しかしながら，ふさわしい入所的扶助が要求でき，かつ外来扶助が過度に超過出費を伴う場合は，このことはあてはまらない（SGB第一二編第一三条第一項第四文）．要求しうるかどうか吟味する際には，個人および家族の事情，地域の事情が適切に考慮されるべきである（SGB第一二編第一三条第一項第六号）．他の方法が期待できない場合には，費用の比較は行うべきではない．

予防とリハビリテーションは優先される（SGB第一二編第一四条）．社会扶助は，間近に迫る困難な状況をまったく，あるいは部分的に避けることが可能になる場合には，予防的に支給される（SGB第一二編第一五条第一項）．以前の給付の効果を確かにするために必要な場合には，困難な状況を克服した後にもアフターケア的な給付が支給される（SGB第一二編第一五条第二項）．

個々の場合への適合の原則は，社会法典第一二編第一六条にも規定されている通り，「家族事情に適した扶助」(familiengerechte Hilfe）でなければならない（Hüttenbrink 2011：124）．

5. 法律上の扶助請求権

(1) しなければならない給付・するべきである給付・することができる給付

「しなければならない給付」(Muss-Leistungen) においては、社会扶助実施者にはいかなる状況であろうと(たとえ財政資金に余裕がなかろうと)、給付を支給する義務がある.

「するべきである給付」(Soll-Leistungen) は、通常の場合はしなければならない給付である. しかし、個々のケースがそれに該当しない場合は裁量によることとし、社会扶助実施者はこのことを説明し、証明しなくてはならない.

「することができる給付」(Kann-Leistungen) においては、社会法典第一編第三九条により、社会扶助実施者が決定しなくてはならない. 実施者が裁量を放棄した場合は、裁量放棄という裁量過失を犯すことになる(「裁量不足」). その他、裁量過失には法的制限を侵す裁量超過と、目的に反して裁量を行使する裁量過失行使がある. 裁量規範が個人の保護を目的とする限り、裁量行使に対し、法律上の請求権が生じる.

給付基準の要件を満たした者には、誰でも(受給権者)請求権がある. この基準となるのは、生計扶助では社会法典第一二編第一九条第一項、「老齢・障害等基礎保障」では社会法典第一二編第四一条に関連して第一九条第二項、保健扶助では社会法典第一二編第四七条に関連して第一九条第三項、社会統合扶助では社会法典第一二編第五三条に関連して第一九条第三項、介護扶助では社会法典第一二編第六一条に関連して第一九条第三項、特別な社会的困難を克服するための扶助では社会法典第一二編第六七条に関連して第一九条第三項、異なる境遇における扶助では社会法典第一二編第七〇条と関連して第一九条第三項である.

ニーズ共同体内の個人も、それぞれが給付受給資格を持つ. 子どもにも請求権は認められているが、法的行為が可能でないうちは、自らの意思で請求権を行使することはできない．「しなければならない給付」に対する法律上の請求権は、根拠に基づいた場合に限り成立する．形式と金額（「種類と量」）については、社会扶助実施者が裁量により決定する（SGB第一二編第一七条第二項第一文）．形式（種類）としてはサービス給付あるいは金銭給付、あるいは現物給付が考慮される（SGB第一二編第一〇条第一項）．この場合の金銭給付は、現物給付に優先する．商品券は現物給付に含まれる（SGB第一二編第一〇条第三項）．法律自体が裁量を排除している場合には、裁量決定ではなく、拘束力のある決定が下される（SGB第一二編第一七条第二項第一文）．たとえば、基準額（SGB第一二編第二八条）や住居および暖房のための給付（SGB第一二編第二九条）、ならびに増加需要加算（SGB第一二編第三〇条）、介護扶助（SGB第一二編第六四条）の場合がこれに当てはまる．金銭給付の代わりの現物給付の支給は、金銭給付が目的に反して消費されると想定される場合には、裁量過失にはならない．

裁量決定（すなわち、「できる－規定」あるいは「するべき規定」）に際して行政官庁は、そもそも行動する必要があるのかどうか、ある場合にはいつ、どのようになされるべきかを責任をもって決定する．立法機関が規定に従ってより有利な、あるいはより負担のかかる行政官庁行為の裁量決定発布に対する権限を容認した場合、官庁の決定の余地が法律で認められているにもかかわらず、官庁の決定は法律が規定しない範囲では行われない．官庁は法律に制限されている（基本法第二〇条第三項第三号）ので、官庁の裁量の行使も、法律と憲法によって定められた法律の一般的な制限に従う．裁量決定に際して、当局は第一に実情を完全に、しかも正しく確かめなくてはならない．勝手気ままな行動は許されない．正確に言えば、決定にあたっては、法律規定の目的を考慮する義務がある（SGB第一編第三九条を参照）．当局は基本権として守られている当該者の権利や、第三者の基本権を侵してはならない．とりわけ基本法第三条の差別禁止によって、当局の行動の自由裁量余地は制限されている．そのほかに、官庁の決定はバランスの取れたものでなければならない．市民には裁量ミスのない決定を求める請求権がある．

（2）外国に居住するドイツ人に対する社会扶助

原則として外国に居住するドイツ人は社会扶助を受給できない（SGB第一二編第二四条第一項第一文）．むしろ，ドイツへの帰国が望まれる．しかし，社会法典第一二編第二四条第一項第二文により，自国への帰還が特定の法律上の理由で不可能であり，さらに個々のケースにおいて，はなはだしい窮状のために扶助が拒否できない場合には，この原則の例外を認めることができる．さらに，この給付は，社会法典第一二編第一八条とは異なり，申請書を出生地の広域実施者に提出するだけで支給される（SGB第一二編第二四条第四項）．しかし，社会法典第一編第三七条第二文のために，社会法典第一編第一六条の規定はこれに影響されない．経過規定は，社会法典第一二編第一三二条第一項，第二項および第三項に列挙された人的グループが対象である（Kunkel 2005d：63）．

（3）外国人に対する社会扶助の特別規定

社会法典第一二編第二三条第一項第一文には，外国人も法律上の請求権を持つ扶助が挙げられている．ここに挙げられていない扶助は，裁量により支給することができる（SGB編第二三条第一項第三文）．外国人のための「老齢―障害等基礎保障」に対しては，社会法典第一二編第四一条のみが有効である（SGB編二三条第一項第二文）滞在法による定住許可または期限付きの滞在権限を持ち，継続的に連邦領域に滞在する予定の外国人は，第二三条第一項第一文の影響を受けない（SGB第一二編第二三条第一項第四文）．同様に社会法典第一二編第二三条第一項第一文の影響を受けないのは，社会法典第一二編第二三条第一項第五文に基づき，特別規定に該当する外国人である．移住の自由の成果（ＥＣ設立条約第三九条）として条例一六一二／六八番により、ヨーロッパ連合加盟国出身の被雇用者は、自国民と同じ社会福祉的優遇措置を受けることを定めている．しかし、新しく加盟した一〇ヵ国のうち、八ヵ国については、この事項は二〇〇九年五月一日まで適用されない（要綱二〇〇四／三八／施行法）．他のヨーロッパ連合市民はすべて、移住の自由に対する権利を持つ限り、被用者と同等である（ヨーロッパ連合移住自由法第二条）（Kunkel 2005d : 64）．

6．需要充足の原則

明記されてはいないが、さまざまな法律規定に現われている法律原則が「需要充足原則」（Bedarfsdeckungsprinzip）である．ドイツ特有の需要充足原則の意味するところは、当該者が現在直面している困難な状況において、具体的で個人的な需要を社会扶助がカバーしなければならない、ということである．ここから若干の結論が導き出される．

（1）請求権の譲渡不可能性

社会扶助は個人的な需要を充たさなくてはならないことから、受給権者の請求権を譲渡したり、担保に入れたり、担保として差し押さえることはできない（ＳＧＢ第一二編第一七条第一項第二文）．受給権者が死亡した場合は、まだ払われていない社会扶助給付は無効となる．とりわけ受給権者の相続人は、後払いを請求することはできない[49]．

---

(49) 例外として、施設での扶助あるいは介護手当に対する資格者の請求を、社会扶助実施者が充たしていなかった、あるいは充分には充たしていなかった限りにおいては、受給権者の死後、この請求権は扶助を提供した者あるいは介護を行った者に当然与えられるべきものである（ＳＧＢ第一二編第一九条第六項）．

（2）社会扶助の開始

受給権者に避けることのできない困難な状況が発生するのと同時に、社会扶助請求権は生じる．であればこそ社会法典第一二編第一八条第一項には、社会扶助実施者またはその委任を受けた機関が、扶助実施の要件が存在することを知ったらすぐに社会扶助が開始される、と規定されているのである．したがって、社会扶助実施者は職務上扶助を実施しなければならず、申請は法律上必要ではない．この職権保護原則がわが国の生活保護とは異なる点である．ただし、書面による申請を社会扶助実施者に提出することが常に望ましいとされるのは、申請書に記録されない口頭での面談は、経験によればたいてい消えてしまい、後に証明することは通常、もはや不可能であるからとされている．

社会扶助への申請は、形式によらず提出することができる．しかし、社会扶助実施者は普通、申請書とは別に社会扶助申請用紙の記入を求めることが多い(50)．

社会給付受給権者が、管轄権のない社会扶助実施者または管轄権のない市町村に問い合わせた時は、管轄権のない社会扶助実施者または市町村には、その知りえた事情を管轄社会扶助実施者またはその委任を受けた機関に遅滞なく通知し、必要書類があれば、それを送付する義務がある．送付された必要書類より、扶助実施の要件の存在が明らかになった場合には、社会扶助開始の時点は、当該非管轄機関の認知した時点が管轄社会扶助実施者に対しても基準となる（ＳＧＢ編第一八条第二項）．

（50）ただし、社会法典第一二編第四一条以下に基づく「老齢・障害等基礎保障」は、常に申請を前提とする（ＳＧＢ第一二編第四四条第一項第二文）．

（3）過去にさかのぼる扶助の不可能性

社会扶助は現在の困難な状況のみを克服すべきであるから、基本的に社会扶助は原則として後になってから過去に遡って実施することはできない．知識の不足や無用の恥じらいから申請しない者は、過去に対する請求権を持たない．たとえば、家具を購入したい者は、買う前に書面による申請を行わなければならない．負債も引き受けられない．したがって、社会扶助を申請せずに、とりあえずクレジットを設定して生活費を賄う者は、社会扶助実施者に負債の引受をさかのぼって請求することはできない．ごくまれな例外的な場合、福祉事務所が負債を引き受けることがある．(51)

この例外の根拠は、滞納した家賃を引き受けることによって、扶助を求める者の住居が将来にむけて保証されることにある．このような場合には、現金給付は補助（返還義務のない補助金）あるいは貸付として実施される．

（4）困難な境遇が終了した際の給付停止

需要充足の原則からさらに、次の結論が導き出される．それは、現在の困難な状況がもはや存在しない場合、給付はすぐに停止されねばならない、ということである．つまり、受給権者が突然別の方法で生活費を確保できるようになった場合、社会扶助給付はその瞬間から停止される．なぜなら、社会扶助給付は年金のような永続給付ではないからである．受給権者が社会扶助を受けずに死亡した場合、その社会扶助請求権は相続人に受け継がれずに失効する．

（51）たとえば、社会法典第一二編第三六条に基づき、福祉事務所が例外的に過去の家賃滞納分を引き受けることがある．これは、その間に貸主が猶予なしに賃貸契約を解約したことが原因で、住居保障のために正当だと判断された場合に限られる（Hüttenbrink 2011：128）．

（5）困難な境遇の原因の非重要性

困難の状況の原因は重要ではない．社会扶助の実施にとっては，具体的な困難な状況が生じていること，この需要が充足されねばならないことが問題なのであって，困難な状況の原因には規定上何の意味もない．したがって，要扶助者が自ら困難な状態（社会扶助を必要とする事情）を招いたのかどうかは，重要ではない．しかし，就労受入可能な仕事に従事するのを拒否する者は，生計扶助の削減を甘受しなければならない[52]．故意にまたは重大な過失のために起こした反社会的行動により，社会扶助実施の要件を自らあるいは近い親類の者に招来させた者は，社会扶助実施者より社会扶助の返還を要求されることがある（Hüttenbrink 2011：128）．

（52）ただし，社会扶助受給資格者のうちの一定の者，たとえば，障害者・病人，介護中の者，三歳未満の子の養育をしている単身者などには仕事に就くことを要求してはならないことになっている（田畑 2006a：70）．

第2節 社会扶助実施者

1. 概念

社会扶助の実施上の責任を担う実施者（社会扶助の主体）について、社会法典第一二編では、第九七条第一項で地域実施者と広域実施者の給付の種類に応じた「事物管轄」（sachliche Zuständigkeit）に関する実施者を規定し、さらに具体的な事例をどこの実施者が管轄するかに関する「地域管轄」（örtliche Zuständigkeit）の規定をも置いている。ここでいう地域実施者とは、郡に属さない市（kreisfreie Stadt）および郡（Landkreis）をいい、また、広域実施者は各州がそれぞれ定めることとされており、多くの州では州（またはこれと同格の特別市）自体が広域実施者となる。広域実施者の管轄とされない事項はすべて地域実施者の管轄とされるが、障害者のための社会統合扶助（SGB第一二編第五三～六〇条）、介護扶助（SGB第一二編第六一～六六条）、特別な社会的困難を克服するための扶助（SGB第一二編第六七～六九条）、視覚障害者扶助（SGB第一二編第七二条）は、広域実施者の事物管轄下に入る。

広域実施者と地域実施者との間には、「優先・従属関係」（Über oder Unterordnungs-verhältnis）は存在しない（Kunkel 2005b：39）．両者はそれぞれ異なる任務を果たさなくてはならないからである．どのような任務であるのかについては、原則として州立法機関が定める．在外ドイツ人に対する社会扶助を規定した社会法典第一二編第二四条第四項にのみ、広域実施者の事物管轄および地域管轄の規定が含まれている．

地域実施者にせよ広域実施者にせよ、具体的な事例をどの実施者が管轄するかを決定するために、地域管轄が定められ、原則として扶助を求める者が事実上滞在（tatsächlich aufhält）しているその区域の実施者がこれを所管することとされている（SGB第一二編第九八条第一項）．すなわち、純粋にそこにいることが決定的に重要であって、必要な届出をしているか否か、滞在が恒常的か一時的か、合法か違法かということは関係ない．ただし、この原則には重要な例外があり、実務上はこれが大きな意味をもっている．その一つは、扶助が入所施設において行われる場合で、この場合にはその施設がある場所を区域とする実施者の所管ではなく、扶助を求める者が施設に入所する時点または入所前二ヵ月間に最後に通常の居場所（der gewöhnliche Aufenthalt）を有していた場所を区域とする実施者の所管になる（SGB第一二編第二項）．ただし、死亡した者の葬祭費については、死亡まで社会扶助を行っていた実施者が、それ以外の場合には死亡した場所を区域とする実施者が所管する．この施設入所前の通常の居所がどこであったか、四週間以内に確定しないとき、または急を要する場合には、受給資格者が実際に滞在していた地域の実施者が暫定的に管轄する（居所原則）．

社会法典第一二編第一一条は、とくに社会扶助実施者の個人的援助と相談義務を強調し、そのための必要条件は、連絡しやすく、個々のケースを当地の状況を踏まえてすばやく調べ、評価できる「市民の身近な」（bürgernahe）官庁である必要性を規定している．そのため社会法典第一二編第九九条は、州にその地域に即した規定を定める権限を与えている．しかし、州が社会扶助実施者の任務そのものを委譲するような規定は定められない（権限の譲渡）．規定できるものは、任務遂行についてだけである．このことは、任務遂行の責任は引き続き管轄実施者にあるということを意味している．そのため、実施者は指示を与え、不服申し立てをすることができる．

ところで、ドイツの社会福祉や医療の分野においては、民間の非営利の各種団体を抜きにしては語ることができない．とくに社会扶助の運営に当たっては、民間社会福祉団体との適切な役割分担と協力が不可欠である．このため社会法典第一二編のなかに明文でこれに関する規定を設けている．すなわち、教会および公法上の宗教団体ならびに民間社会福祉団体が固有の社会的任務とその遂行のために行う活動は、この法律によって侵害されないとし、社会扶助実施者は法律の実施に当たっては、これらの団体と協力し、その際にはその独自性を尊重すること、社会扶助領域におけるその活動を適切に支援すべきことなどを定めている（SGB第一二編第五条第二項）．さらに、施設およびサービスの提供に関して、社会扶助実施者以外の者の設置による適切な施設がある限り、地方公共団体は新たに自らの施設を設置し拡張してはならないものとされ（SGB第一二編第七五条）、社会福祉サービスにおける民間社会福祉団体の優先性を規定している．これは、後順位性の原則のひとつの側面であるが、わが国の社会福祉サービス供給体制とは大きく異なるドイツの特徴である（田中 1999：160‒161）．

施設の概念は、社会法典第一二編第一三条に関連して、第七五条第一項に定義されている．それによれば、施設には入所施設または通所施設があり、前者は受給資格者が生活し、社会法典第一二編あるいは社会法典第八編による扶助を受ける施設である（SGB第一二編第一三条第二項）．ただ単に住むだけではなく、受給権者は、扶助コンセプトに従った専門家による全体的ケア、とりわけ介護や治療のケアを受けなくてはならない．家あるいは看護付き住居は、通常この限りではない．

非常時の看護付きの住居扶助を受ける場合、この扶助に対しては社会法典第一二編第九八条第五項により、入所前に管轄権を持っていた、または入所前に扶助が支給されていなかった場合には、持っていたであろう実施者が引き続き地域管轄権を持つ．

2．社会法典第一二編による任務遂行一覧

社会法典第一二編第五条第五項に基づいて社会扶助（地域または広域）実施者は、民間社会福祉団体が同意していれば、それらの団体を任務遂行全般に関与させたり、そのような任務をそれらの団体に全般的に委譲することができる（図３－２－１）．もちろん、委譲により、管轄権に影響することはなく、社会扶助実施者の任務遂行責任も変わることがない．

3．民間社会福祉団体に対する公共機関の後順位性原則

(1) 民間社会福祉団体のポジション

民間社会福祉団体とは、教会および民間社会福祉団体である（ＳＧＢ第一二編第五条第一項）．

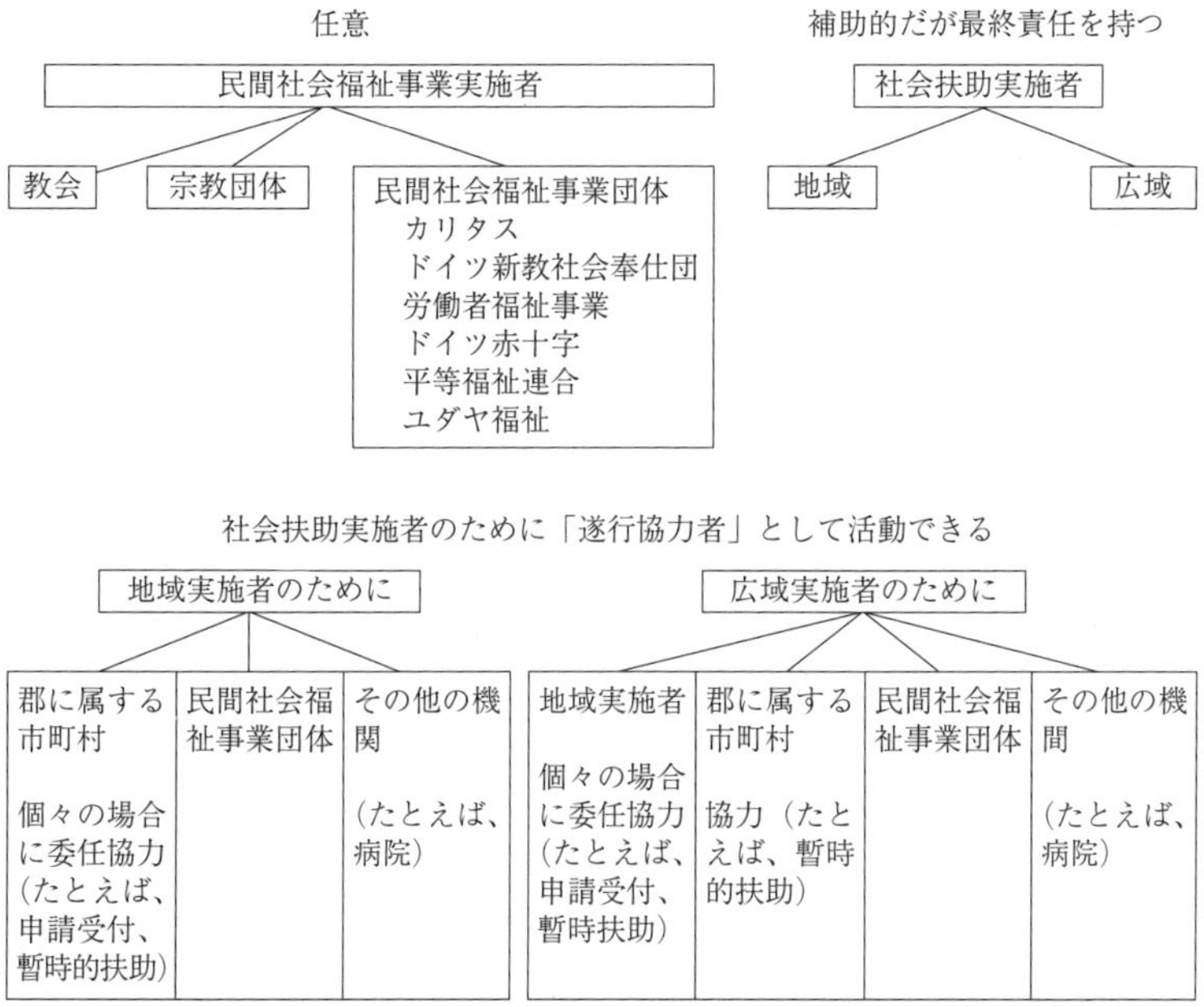

出所）Kunkel 2005b：45.

図3-2-1　社会法典第12編による任務遂行一覧

民間社会福祉団体は社会法典第一二編の基準対象者であり、社会法典第一編第一二条の指す社会給付実施者ではない．民間社会福祉団体はもともと活動的であり、立法者がこの活動を義務付けているわけではない．しかし、それとは関係なく、公的実施者より市民への給付支給の契約により義務を負うことができる（SGB第一二編第五条第五項）．しかし、受給権者に対しては、依然として社会扶助実施者が規定どおりの任務遂行の責任を持つ（SGB第一二編第五条第五項第二号）．民間社会福祉団体は、公的実施者が受給権者に対する義務を果たすのを援助するので、民間社会福祉団体は同時に「履行補助者」（Erfüllungsgehilfen）として、公的実施者のために活動する（派生的活動）．施設実施者として、民間社会福祉団体は公的実施者と社会法典第一二編第七五条から第七八条に基づき、給付協定および報酬協定を結ぶ（Kunkel 2005b：45）．

（2）公共機関の後順位性原則（助成原則）

(1) 受動的助成

民間社会福祉団体により個別に給付が行われている場合、公的実施者は自身の措置を中止するべきである（SGB第一二編第五条第四項および第七五条第二項）．

(2) 能動的助成

公的実施者は民間社会福祉団体を、その活動において適切に援助すべきである（SGB第一二編第五条第三項第二号）．しかし、特定の形式または特定の金額の援助に対する法律上の請求権はない．種類と範囲についての決定権は、むしろ公的実施者にある．民間社会福祉団体は、過失のない裁量行使に対する請求権を持つ（SGB第一編第三九条）．

(3) 連邦憲法裁判所の判決による原則

連邦憲法裁判所は、その指針となる一九六七年七月一八日の判決(BverfGE 22, 180)において、次の項目をはっきりと示した.

— 協力原則、すなわち、公的実施者と民間社会福祉団体は協力する義務がある.
— 扶助に対する全体責任(最終責任)は公的実施者にある.
— 民間社会福祉団体に対する無条件の助成義務は存在しない.
— 地方自治体の予算権は影響を受けない.
— 民間社会福祉団体の絶対的優先権は存在しない.
— 公的資金および個人的資金は、受給資格者の福祉のために、有意義に活用すべきである.

しかし、助成概念を連邦憲法裁判所は用いていない.

(4) 協力原則

(1) 機能面

① 公的実施者は、社会扶助給付実施に必要な社会福祉サービスまたは施設が、その地域において、適宜十分に利用できるようにする全体責任を持つ(SGB第一編第一七条).

② 施設およびサービスは、公的実施者が自ら供給しなくてもよく、公的実施者はその現存にさえ配慮すればよい.

③ 民間社会福祉団体が施設を設立する限り、公的実施者は(財政資金または現物給付によって)これを援助すべきで

ある．

④ 援助の適切さは、一つには公的実施者の給付資産、およびもう一つには民間社会福祉団体の自己負担によって量られる．

(2) 組織

協力は協議体により、最善の保証がなされる．いかなる場合でも、公的実施者は任務の目標設定および実施の際には、民間社会福祉団体の自主性を重んじなくてはならない（SGB第一編第一七条第三項第二号）．

(3) 個々の場合

公的実施者が自身の施設ではなく、民間社会福祉団体と同様の施設で給付を行う場合、公的実施者は民間社会福祉団体に費用承諾書を与えると、同時に、受給権者に対して費用引受を表明する．費用承諾書は公法上の契約により、社会法典第一〇編第五三条に基づいて規定される．一方、施設実施者はサービス給付および現物給付を給付受給者に支給する義務を負う（SGB第一二編第七五条第三項に基づく給付および報酬に関する協定）．協定は未来の期間に対して（予期して）締結する（SGB第一二編第七七条第一項）．このような協定の締結がない場合でも、社会扶助実施者は、施設での給付が必要なときは、施設での給付を支給することができる（SGB第一二編第七五条第四項第一文）．なお紛争は共通仲裁機関が調停する（SGB第一二編第八〇条）．

4. 社会法の三角関係

(1) 概念

受給権者、社会扶助実施者、施設実施者の間には、「社会法の三角形」(sozialrechfliches Dreicksverhältnis) が生じる。この法的関係の中で、まず受給権者は社会扶助実施者に対する社会法典第一二編による扶助の法律上の請求権が生じる。社会扶助実施者は、行政行為により、給付決定通知を出すことによって、法律上の請求に応える。この行政行為により、社会扶助実施者は施設で生じる費用の費用引受書を提出する。同様に、社会扶助実施者は受給権者に対し、自己負担の費用償還の決定義務を負う(費用決定通知)。受給権者と施設実施者との間で私法上の契約が結ばれ、施設実施者は受給権者に対し、サービス給付を支給する義務を負い、一方受給権者は、このサービス給付に対する支払い義務を負う。最後に社会扶助実施者と施設実施者との間で、公法上の契約 (SGB第一〇編第五三条) が結ばれる。これは「交換契約」(Austauschvertng) (SGB第一〇編第

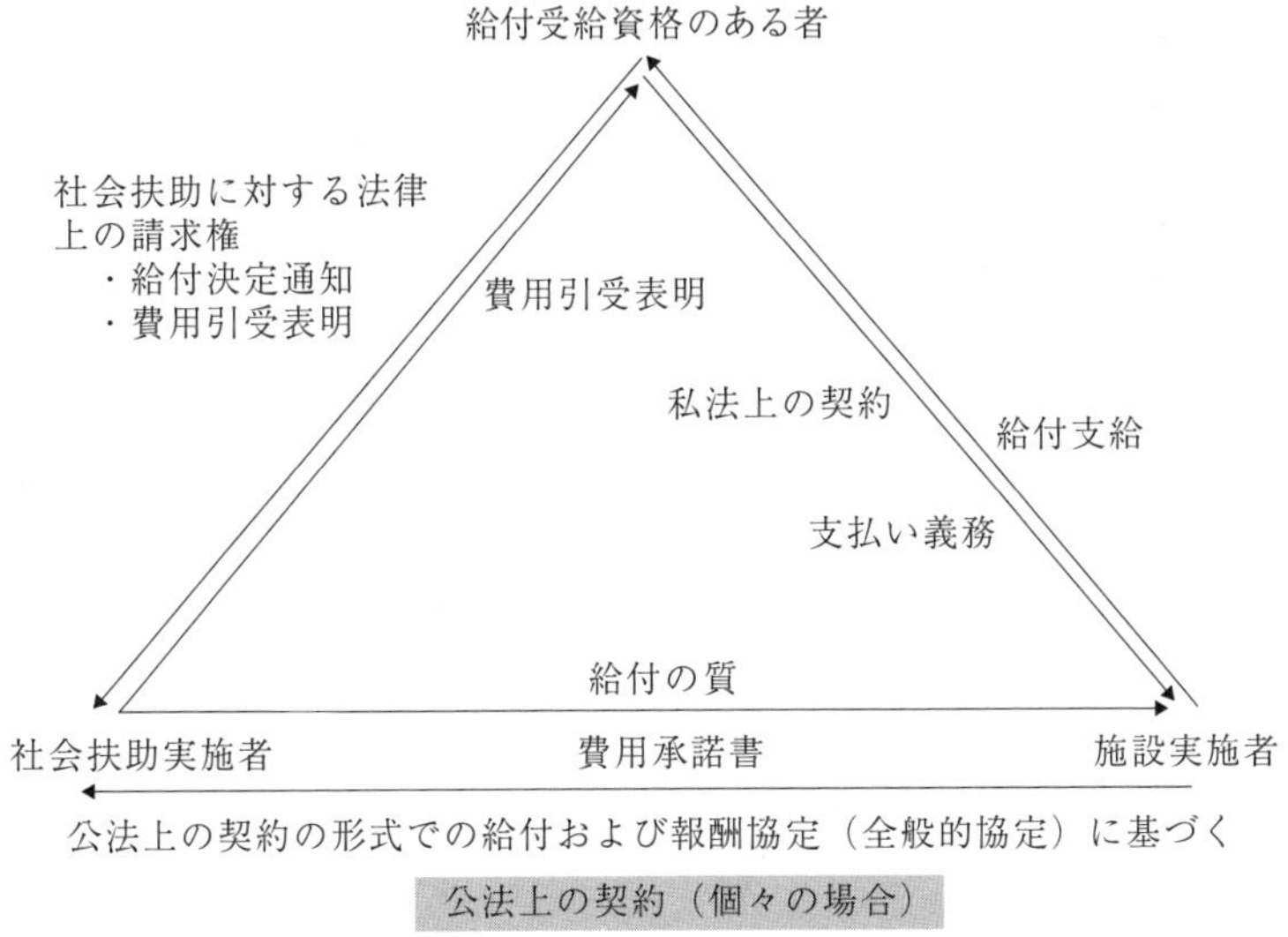

出所) Kunkel 2005b:48.

図3-2-2 社会法の三角関係図

五五条）であり、社会扶助実施者は施設実施者に費用承諾書を与え、一方、施設実施者は受給権者に対して、一定水準の質のある給付を支給する義務を負う．この公法上の契約は、具体的なケースで必要があるときに初めて結ばれる．この契約は一方では施設実施者と給付の質の基準、他方ではそれに対する報酬が定めた全般的な協定（SGB第一〇編第五三条に基づく）が同様に公法上の契約形式で行われている場合に限り、施設実施者と結ばれる（SGB第一二編第七五条第三項）．施設実施者とのこれらの協定は、各経済年度の始まる前に今後の期間（協定期間）に対し結ばれる（SGB第一二編第七七条第一項）．協定の内容について、パートナーと意見が一致せずに協定が成立しない場合には、異論のある点について仲裁機関が決定する（SGB第一二編第七七条第一項第二号）．仲裁機関は、施設実施者の代表者および社会扶助実施者の代表者で構成されている（Kunkel 2005b：47–48）（SGB第一二編第八〇条第二項）（図3–2–2）．

（2）適用ケース

たとえば、老人ホームへの入所を望んでいる女性（六五歳）がいて、彼女は福祉事務所にカリタス老人ホームを指名したとする．この場合、この女性は社会法典第一二編第四一条に関連して、「老齢・障害等基礎保障」に対する請求権、そして社会法典第一二編第七一条に基づき、老人ホーム入所の際の扶助に対する請求権を持つことになる．カリタスホームに入所したいという望みは、社会法典第一二編第九条第二項および第三項に基づき、かなえられなければならないことになる．ホームでの扶助としては、必要な生活費用の引受、すなわち、住居費・暖房費および必要な生計費、とりわけ衣料および個人的に自由に使える現金額の引受が社会法典第一二編第四二条、第三五条に基づき行われる．給付受給資格のある女性とホーム実施者としてのカリタスの間では、ホーム規定により個人的入所契約およびケアについての契約が結ばれる．カリタスと社会扶助実施者の間には、社会法典第一〇編第五三条に基づき、公法上の契約が結ばれ、公的実施者がホーム入所の費用を引き受け、一方ホーム実施者はホーム居住者に給付支給の義務を負うことになる．社会法典第一二編第七五条第三項に基づき、カリタスと給付協定および報酬協定をすでに結んでいた場合に限り、公的実施者は、社会法典第一二編第七五条第四項第一文により、カリタスの施設での費用引受に対し義務を負う．社会扶助実施者は、社会法典第三編第九条第五項により、受給権者である女性から、自己負担分の費用を償還として回収する（Kunkel 2005b：48）．

第3節 給付の種類と方法

1. 概説

ドイツの社会扶助は、わが国の生活保護法と福祉サービス法の一部を含んだ制度である．今回の「ハルツⅣ」改革により、社会扶助の対象は、就労が不可能な者と就労が不可能な家族に限定されることになった．これまでは就労が可能な者でも生活に困窮している場合は社会扶助の受給が可能であったが、二〇〇五年一月一日からは、一五歳以上六五歳未満の就労が可能な者で、自己の必要生計費（notwendiger Lebensunterhalt）を収入や資産で賄うことができない者は、社会法典第二編の「求職者基礎保障」を申請することになった．また、六五歳以上の者および一八歳以上の就労が不可能な者に対する「老齢・障害等基礎保障」は、独立した法律により定められていたが、既述した通り、社会法典第一二編第四章に編入されることとなった．

これまでの連邦社会扶助法は、給付の種類を生計扶助と特別扶助の二つに大別していたが、社会法典第一二編では①生計扶助（SGB第一二編第二七条より第四〇条）、②老齢および稼得能力減退に際しての「老齢・障害等基礎保障」（SGB第一二編第四一条から第四六条）、③特別な状況におけるその他の扶助（以下、特別扶助、SGB第一二編第四七

表3-3-1　社会扶助給付

１．生計扶助（SGB 第12編第27条より第40条）
◇経常的給付
⑴　基準額による通常需要
⑵　住居費
⑶　増加需要
⑷　特別需要
◇一時需要（SGB 第12編第31条）
⑴　家庭用器具を含め、初めての住居設備の支給
⑵　妊娠・出産時も含め、被服の支給
⑶　学校法の規定範囲内での数日にわたる学校旅行
２．「老齢・障害等基礎保障」（SGB 第12編第41条より第46条）
⑴　基準額
⑵　住居費と暖房費
⑶　増加需要
⑷　一時需要
⑸　健康保険料および介護保険料
⑹　特別な場合における生計扶助
３．その他の扶助（SGB 第12編第47条より第74条）
⑴　保健扶助
・予防的保健扶助
・疾病扶助
・家族計画扶助
・妊娠出産扶助
・不妊手術時の扶助
⑵　障害者のための社会統合扶助
⑶　介護扶助
⑷　特別な社会的困難を克服するための扶助
⑸　その他の境遇における扶助（SGB 第12編第70条より（他）第74条）
・家政継続扶助
・老齢扶助
・視覚障害者扶助
・その他の境遇における扶助
・葬祭費

条から第七四条）の三つに大別した（表3－3－1）.

2. 生計扶助

(1) 必要生計費

生計扶助（Hilfe zum Lebensunterhalt）は，社会法典第二編による給付も社会法典第一二編第四一条から四六条による「老齢・障害基礎保障」も受給していない者で，必要生計費を自己の収入や資産によっては調達できないか，または充分に賄うことのできない場合に，社会法典第一二編第二七条から第四〇条により給付される.

社会法典第一二編第二七条aによれば，必要生計費に含まれる項目は，食料，住居，被服，保健衛生，家具，暖房，日常生活上の個人的需要（ここではまわりの世界との関係および文化的生活への参加も相当の範囲で含まれる）である．児童および青少年の場合には，その発達と成長に必要な特別な需要も含まれる（SGB第一二編第二七条a第二項）.

これまでの連邦社会扶助法による生計扶助は，経常給付と一時給付で構成され，前者が月毎の基準額と加算措置により実施される一方で，後者はその都度の必要に応じて申請し認可を得るべきものとされていた．もっとも，一時給付の事務管理上の煩雑さから，特に被服費などは一括して認定し，年に何回かに分けて給付するようにはなっていたが，それは例外的な方法として行われていたにすぎなかった．二〇〇五年改革法の実施によって，一時給付を包括化して加算した額を「基準額」（Regelsätze）として設定したことは，社会扶助実施の事務管理が簡素化されるだけではなく，これにより社会扶助実施が法律的にも一般的にも安定する（Hüttenbrink 2004：81）．これを受給者の側からみれば，毎月の給付の中で買い物が必要な場合に備えて節約することが必要になり，受給者にはいっそうの自己責任が求められることになった.

（2）通常基準

経常的な生計扶助により、日常生活に必要なものは賄われる．経常的扶助は｛増加需要＋特別需要＋住居費（家賃、暖房、その他の住居雑費）＋健康保険および介護保険の保険料｝－収入－資産である．

経常的生計扶助給付を一人一人に確定するのは無理なので、立法機関は、営造物やホームその他同様の施設の外における経常的生計扶助給付を、通常基準に基づいて定めることとしている．社会扶助法の規定に基づいていた従来とは異なり、わずかの例外（SGB第一二編第二七条より第三五条）を除いて、通常基準額により全てがカバーされることになり、一時給付はその都度申請し実施する必要はなく、通常基準額にどの需要も全て一括して含まれることになる．通常基準額に含まれていないのは、①住居および暖房（SGB第一二編第三五条）、②増加需要（SGB第一二編第三〇条）、③一時需要（SGB第一二編第三一条）（住居の初めての設備調度、妊娠・出産時を含めて被服の初めての準備費等）、③健康保険および介護保険の保険料（SGB第一二編第三二条）、④老齢準備および適切な葬祭料のための保険料（SGB第一二編第三三条）、⑤特別な場合における生活扶助（SGB第一二編第三六―三八条）、⑥社会法典第一二編第二七条a第四項第一文による特別需要である．

社会法典第一二編第三一条第一項によれば、特別の境遇にある者、たとえば、火災で焼け出された者、刑の執行を終えて釈放された者、ドイツに受け入れられた強制移住者、住所を持つに至ったホームレスなどが、「ゼロから」（bei Null）生活を始めるときの一時需要に対応する給付が考慮されている（田畑 2006c：11）．これが③の一時需要加算である．これには、初めての家財道具などの住居設備費（第一号）、妊娠・出産時などを含めての被服の新調費（第二号）等がある．これら第一号および第二号の給付は、一律化した給付としても提供できると規定し、社会扶助実施者に一律化の権限を委ねている（SGB第一二編第三一条第三項）．ただし、一時需要加算の一律金額の査定にあたっては、適切な届出と跡づけのできる「納得できる経験的知見[53]」（nachvollziehbare Erfahrungswerte）を考慮すべきであると規定している（SGB第一二編第三一条第三項第二文）．

「連邦通常基準額表」（Regelsatztabelle Bund）から読み取れるように、通常基準額は世帯主とその他の世帯構成員をそれぞれ区別して定められている．社会法典第一二編による生計扶助は、基準額と各種の加算措置で構成されるが、基準額は世帯主とその世帯構成員を区別して定められ、既述の失業手当Ⅱ・社会手当と同水準である．世帯主あるいは独身者のための通常基準額（いわゆる頂点通常基準額）は、一般に家政に生じる諸費用を含む（家庭備品の小さな購入、たとえば、ジャガイモをむく新しいナイフ、分割できない家庭用エネルギー、日刊新聞の調達、床用洗浄剤の購入、食料品の損失および腐敗に伴う一般追加出費など）．

世帯構成員に対して世帯主の扱いを別にするのは、好意からであって、世帯構成員である妻あるいは夫を差別するというようなわけではない（Hüttenbrink 2011：134）．夫婦の間でどちらが世帯主になるのか、関与するパートナーが同意できない場合は、社会扶助実施者には、基本法第三条第二項の平等の原則に基づいて、世帯主に対する頂点通常基準額と世帯に属する配偶者のための通常基準額とを加え、その合計額の五〇％を配偶者それぞれに認める義務がある．

（3）増加需要

社会扶助が包括的な形式の通常基準額によって支給されるので、特定のグループにとっては、通常基準額の基本と

（53）田畑 2011b：207

なる金額が特別需要に釣り合わないことがある．そのため，これらの人々には，法律では率先して対応すべきであるとして，増加需要加算が認められている．社会法典第一二編第三〇条第一項より第四項によれば，増加需要加算が認められるのは，(a)六五歳以上の者または六五歳未満の就労不能な者（第三〇条第一項），(b)妊娠一二週目を過ぎた妊婦（第三〇条第二項），(c)子育てしている単身者（第三〇条第三項），(d)一五歳以上で社会統合扶助を受けている障害者（第三〇条第四項），(e)費用のかかる栄養補給が必要な者（第三〇条第五項）等である．

(1) 老人あるいは就労不可能な者のための増加需要（SGB第一二編第三〇条第一項）

増加需要は基準となる通常基準額の一七％が支給される．この増加需要は六五歳以上の者または社会法典第六編により生計能力の全く減じた者が，さらにきわめて歩行困難な重度障害者であり，記号「G」のついた重度障害者証明書を持つ場合に認可される．なぜなら，年老いて就労不可能な者には多くの場合，より若い社会給付受給有資格者には定める必要のない，加齢に伴う需要が増えるからである．

(2) 妊娠一二週目を過ぎた妊婦のための増加需要（SGB第一二編第三〇条第二項）

妊婦には基準となる通常基準額に加えて，一七％が加算される．妊娠と共に常にさまざまな困難と需要が加わり，普通の通常基準額ではその費用をカバーしきれない可能性があるためである．食料や衛生費の追加，クリーニング，下着，場合によっては必要な交通費の増加，友人や隣人の手伝いに対する心づけ，被服のちょっとした補正などがここに含まれる．妊婦衣料の購入にかかる妊婦の超過費用は，この増加需要加算には含まれず，社会法典第一二編第三一条第一項第二番により，一時的扶助として妊婦は別に請求することができる．子どものために妊婦が消費する費用

（いわゆる初めての乳児用調達）も、この増加需要加算には含まれず、一時的給付として別に支給される．

(3)　単独で子育てをしている者のための増加需要（SGB第一二編第三〇条第三項）

単独で子育てをしている人たちは二つのグループに分けられる．そのうち七歳未満の子ども一人、または一六歳未満の子どもを二人ないし三人持つ者は、単独で子育てをする者の基準となる通常基準額の三六%の増加需要加算を受ける．四人以上の未成年の子どもを独りで育てている者には、基準となる通常基準額の六〇%を上限として、子ども一人当たり一二%の加算が支給される．単独で子育てをしている者に増加需要が支給されるのは、単独で子育てをしている者は両親で子育てしている場合と違い、より困難な状況を甘受しなくてはならない状況に置かれているということを立法機関が前提としているからである．通常、子どもの養育は両親がいれば、交代で当たることができるが、独りで子育てをしている者は、子どもを隣人や知り合いに預けたり、買い物に一緒に連れて行ったりしなければならないことが多い．こういった事情から、公共の交通機関を利用するのに交通費が余分にかかったり、友人や隣人に心づけをあげる必要が出てきたりする．普通ならパートナーが分かち合ってくれるであろうある種の固定費も、単独で子育てをしている者のための増加需要加算に含まれているからである．

(4)　一五歳以上で社会統合扶助を受けている障害者のための増加需要（SGB第一二編第三〇条第四項）

この増加需要加算は、一五歳以上の障害者の誰もが受けられるわけではなく、生計扶助の他に、社会法典第一二編第五四条第一項第一番から第三番による社会統合扶助を請求する障害者に限られる．この社会統合扶助措置の目的は、適切な学校教育のための扶助、適切な職業学校教育のための扶助あるいはその他の適切な活動のための教育扶助であるが、この増加加算の目的は、特定の障害者グループをとりわけ社会統合措置へ参加するよう促すことにある．

(5)　**費用のかかる滋養のための増加需要（SGB第一二編第三〇条第五項）**

社会法典第一二編第三〇条第五項により病人や回復期にある病人、障害者に費用のかかる食餌（規定食）が必要な場合（たとえば、糖尿病や腎臓病、胃腸病などを患う場合）には、加算を受けることができる．加算額は各々の病種および範囲、程度により査定され、福祉事務所の要請に従って（国の医療施設に勤務する）医師の診断書により裏付けられる．

(6)　**困難な状況における特別需要（SGB第一二編第二七条a第四項）**

通常基準体系と通常基準を補う増加需要（SGB第一二編第三〇条）により、普遍的に有効で一般化した規定が達成されたとはいえ、ここでも「例外のない規則はない」（Kein Regel ohne Ausnahme）という原則が当てはまる（Hüttenbrink 2011：142）．通常需要が個々の場合の特殊性に従って提供されるため、通常需要は通常基準とは別に査定される．

(4)　住居費

(1)　一般原則

通常基準額および増加需要加算には住居費は含まれていない．社会法典第一二編第二九条第一項第一文によれば、住居費（場合によってはホーム収容費）および暖房費（集中暖房あるいはセントラルヒーティング）、その他の住居に伴う雑費は、実際の費用額が毎月、別に支給される．その際、暖房経常費用の他、さらに家賃に伴い支払うべき雑費、すなわち、①管理人のための分担金、②公共部分の照明費、③道路清掃費、④家賃に配分されている土地税、⑤家賃に配分されている家屋保険費が支給される．

これに対して家政一般に分類すべき家計費は、通常基準額によってまかなわれる．電話回線接続、ガスあるいは電気、および温水浄化にかかる月々の費用は、福祉事務所が別に引き受けるべき雑費には含まない、とする見解が一般的である．これらはエネルギー費であって、通常基準額に既に含まれているからである．同じく水道費や下水分担費、ごみ回収費も福祉事務所が支給する必要はない．これらの費用は清掃費として、すでに通常基準額に含まれているからである（Hüttenbrink 2011 : 147）．

住居費は基本的に実際かかった費用が給付されるが、その実費が無制限に認められるわけではない．住居費用が個々の場合の特殊性に相当する範囲を超える時は、その費用は認められない．家賃の適切性（Angemessenheit des Mietzinses）については、福祉事務所間で論争の的になることが多い．家賃額の適切性は、とりわけ住宅手当法第一二条に公布された「家賃および負担の最高額」を指針としている．(54)

最低基準として通常では、住居の広さは次のように認められている．

・独身者　四五㎡
・二人家族世帯　二部屋あるいは六〇㎡の居住面積
・三人家族世帯　三部屋あるいは七五㎡の居住面積

（54）福祉事務所が支払うべき家賃の適切性の比較基準として、住宅手当法第一二条に最高額が示されているため、給付有資格者とその家族に実際に支給される額が低くなる場合がある．

・四人家族世帯　四部屋あるいは九〇㎡の居住面積

これ以上家族世帯構成員がいる場合には、居住面積は一人当たり一部屋ないしは一五㎡増える．提示された部屋数は、台所（一五㎡まで）および付属室込みの数字である．二人とも四〇歳未満で、結婚後五年以内の若い夫婦には、近いうちに個人的な理由により部屋の需要が増すことを見込んで、一部屋あるいは一五㎡広めて認可される．

病人や障害者の場合、追加の部屋が必要な場合があるばかりか、特別な（障害に応じた）住居設備が必要な場合もありうる．複数の物件があるときは、支払うべき家賃が適切であると見なされる限り、家賃の高いほうの住居を選んでも良い．事情によっては社会給付受給資格者は、住居の一部をまた貸しして、住居出費を抑えるように福祉事務所より要請されることもある．高額すぎる住居費は六ヵ月を上限として、福祉事務所に認可してもらうことができる（SGB第一二編第三五条第二項第二文）．

(2)　住居を失う恐れがあるとき

家賃の未払いが原因で貸主から明け渡しの訴えが提起された時には、住居費が正当で必要であり、その住居費がなければ住居を失う恐れが生じる場合、社会扶助実施者はまず過去にもさかのぼって住居費を引き受けることになる（SGB第一二編第三六条第一項第一文）．その際、要扶助者が目的にそって使用することが確実でない時は、社会扶助実施者は貸主あるいは他の受け取る権利のある者に住居費を直接支払ってもよい．管轄している郡裁判所は、社会法典第一二編第三六条第二項により、明け渡しの訴えの受理に際して、社会扶助実施者に明け渡し手続きについて即刻報告する義務がある．それは、社会扶助実施者が未払いの家賃を引き受けることによって、引渡しの判決を回避できるようにするためである．もちろん、管轄している社会扶助実施者の当事者は、未納の家賃を引き受けるよう努める．

未納分の支払いが手続き最初の日以前に間に合えば、貸主の期限なしの解約も、明け渡し要求も、その根拠を失うからである．

社会給付受給資格者は新しく賃貸契約を結ぶ前に、新しい賃貸関係の諸条件について、管轄の社会扶助実施者に知らせる義務がある（ＳＧＢ第一二編第二九条第一項第四文）．新しい住居のための費用が異常に高い場合には、社会扶助実施者としては適切な費用を支払う義務があるだけである．社会扶助実施者が前もって、適切な範囲を超える出費に同意していた場合には、この限りではない（ＳＧＢ第一二編第二九条第一項第五文）．

(3)　住居調達費

たとえば、住居自己使用のため貸主側からの解約、世帯員増加による広い住居が必要になった時など、納得できる理由がなければ住居調達費は認められない．社会給付受給資格者が理由説明を十分にできるのであれば、住居調達費も必要生計費に含められる（ＳＧＢ第一二編第二九条第一項第七文）．住居調達費に含められるのは、仲介料のほか敷金および家賃前払いの引受（ＳＧＢ第一二編第二九条第一項第七文）、事情によっては引越し費用もそうである．特別なケースでは、以上に加えて、二重の家賃負担（社会給付諸資格を持つ者が一ヵ月の間に前の住居と新しい住居の家賃を同時に払う）も、社会給付受給有資格者の需要として認めることができる．ここでも前提となるのは、前の住居と新しい住居の同時期の賃借が、納得できる理由による説明が必要である．たとえば、賃貸契約にある修復義務により、前の住居を去るに当たって修復しなければならない場合等である．

新しい賃貸住宅を探す際に、住居調達費用、たとえば、仲介料あるいは要求される可能性がある敷金についても、社会扶助実施者がこれらの費用の引受に同意していたならば、福祉事務所はこれらの費用を引き受けることができる

（SGB第一二編第二九条第一項第七文）．社会扶助実施者が自ら転居を指示した場合、あるいは転居がその他の理由で必要であり、住居調達費用・敷金の引受なしには住居がしかるべき時に見つかりそうもない場合には、社会扶助実施者は前もって同意を与えておくべきである．

(4) 暖房費

暖房費は社会法典第一二編第三五条第四項により、価格が適切である限り実際かかった金額が支給される．給付は包括することができる．

暖房費が月々の経常生計扶助として支払われる、個別暖房の燃料調達費は一時的扶助として、社会扶助実施者より支払われる（いわゆる暖房扶助）．社会扶助実施者は、暖房期間（一〇月より四月）を通じての平均費用を定める．暖房期間中に、給付受給資格者の実情や経済状況に変化がないであろうと見なされれば、暖房扶助は通常ある決まった額で支払われる．ヴェストファーレン・リッペ州地方管理局の要綱によれば、たとえば、居住面積一㎡あたりの平均的な年間燃料需要の算定には、次のような値が基準となっている（Hüttenbrink 2011：157–158）．

・褐炭ブリケット　六一・五kg
・石炭石（亜無煙炭、無煙炭）　三八・四kg
・コークス（粉砕コークス）　四二・八kg
・暖房用石油　三一・九ℓ
・電気　二三〇kWh
・天然ガス　三〇㎥

・コークスガス　四〇㎥

この際、それぞれのエネルギーの種類の値段は、地域の実情に従う．社会扶助実施者は、暖房すべき部屋を考慮に入れ、一人世帯では暖房すべき居住面積は、たいてい三〇㎡という値が基準となる．基本的には給付受給有資格者は、家族構成に合った住居に住んでいると考えられるので、家賃が適切である限り、全居住面積を基準としてよい．

暖房費が前払いという形で月々貸主より徴収されている場合、年間を通じて賃借人からかなりの額の追加支払いを要請されたならば、この追加支払いも同様に一時的扶助として、社会扶助実施者より給付される．

(5) 健康保険料・介護保険料

社会法典第一二編第三二条第一項によれば、社会法典第五編第九条第一項にいう「継続被保険者」、すなわち、加入者としての健康保険加入義務を免除され、免除の五ヵ月前までに二四ヵ月以上、あるいは免除の直前まで中断なしに一二ヵ月加入している者ならびに社会法典第五編第一八九条による健康保険加入者と見なされる年金申請者には、これらの者が第一九条第一項の要件を満たしている限り、社会扶助実施者は健康保険の保険料を引き受ける義務がある．

その他の場合、保険料が適切である限り、任意加入の保険料を引き受けることができる．任意加入の健康保険の保険料を引き受けるか引き受けないかは、社会扶助実施者の裁量にかかっている（SGB第一二編第三二条第二項）．社会扶助実施者が保険料を引き受けないと決定した場合、社会扶助実施者は社会法典第一二編第四七条および第四八条から第五二条により、疾病扶助を実施する義務がある．経常的生計扶助が短期間にしか行われないときは、社会扶助実施者はどんな場合でも、任意加入の健康保険の健康保険料を引き受ける義務を負う．

社会法典第一二編第三二条第一項および第二項に従って福祉事務所が健康保険の保険料を引き受ける場合は、健康保険に結びついている介護保険の保険料をも合わせて引き受けなくてはならない（SGB第一二編第三二条第三項）.

(6) 老齢保障費

社会法典第一二編第三三条によれば、適切な老齢保障または葬祭料に対する請求権の要件を満たすための必要な費用も、生計扶助として引き受けることができる．ただし、これは「ねばならない規則」（Muss–Vorschrift）ではなく、社会扶助実施者の裁量にかかっている「できる給付」（Kann-Leistung）に過ぎない．この規則の意義と目的は、給付受給資格者が老齢あるいは死亡時に備え、すでに加入している保障制度を、自分の資力では継続できない場合の苛酷さを回避するためである．社会扶助実施者の裁量決定に当たっては、老齢保障に必要な出費と後に期待できる社会扶助実施者の負担軽減とのバランスが重要であり、給付受給資格者に、既存の老齢保障措置の継続の断念を要求できるかどうかにもかかっている．その際、法定年金保険における養老年金のための待機期間を給付受給資格者が満たしていない場合は、年金保険の保険料を引き受ける措置が考慮される．社会給付受給資格者が彼の老齢あるいは病気、生計能力の減退が原因で、足りない保険料を加入義務のある保険料としてではなく、任意保険の方法で支払う以外に可能性がないかどうか、あるいは引き受けるべき保険料の金額が、後々の社会扶助実施者の負担軽減と釣り合いが取れているかどうかが社会扶助実施者の引受決定の決め手となる．これに関連して、後々の年金支払いに際して、社会扶助の側からは健康保険の保険料を引き受ける必要がなくなることも、社会扶助実施者にとっては重要である．事情によっては生命保険料も同じような理由で引き受けることができる．たとえば、生命保険を維持するための保険料が必要で、しかも満期時に被保険者が生存している場合には老齢保証年金として活用でき、このような方法で後々の社会扶助実施者の負担が軽減される場合である．このようなケースでは，年金の資本化や保険金の前払いの可能性が不可能な場合に限られる．

葬祭保険の保険料も，すでに長期間加入していて，その保険なしでは簡単な葬儀の費用も十分にカバーできそうにない場合には引き受けることができる．葬儀の費用が通常よりもはるかに超えるような高い時は，葬祭保険の費用を引き受けることができない．

3．「老齢・障害等基礎保障」

(1) 概説

立法機関は二〇〇一年の年金改革の過程で，「老齢および生計能力減少に際しての基礎保障法（GSiG）」（「基礎生活保障法」）を独立法として制定・実施したが，本法では，老人たちがその子どもに扶養義務が強要されるのを恐れ，また，羞恥心からわずかな収入であるにもかかわらず，福祉事務所に問い合わせるのをためらう，という事実があることがくり返し指摘されていた．そのため，立法機関はこうした問題の解決・緩和を狙いとして，独立法を修正し，その給付を年金保険給付でも代替年金あるいは最低額保証年金でもない「老齢・障害等基礎保障」とし，二〇〇五年一月実施の社会法典第一二編の新社会扶助制度の中に組み込み支給する制度に改めた．

「基礎生活保障法」（GSiG）では，社会法典第一二編第三条第一項一号により，連邦社会扶助法の世帯主に対する基準額に一五％を一律的に上乗せした基準額として示していたが，社会扶助法が社会法典第一二編に編入され，基準設定が変更されたため，既述したように，この一五％加算制は廃止され，一律化された社会法典第一二編による基準額に合わせられることとなった．

(2)「老齢・障害等基礎保障」の給付受給資格と給付範囲

社会法典第一二編第四一条第一項によれば、「老齢・障害等基礎保障」の受給資格者は、自己の収入および資産で自らの生活費を調達できない六五歳以上の者(一号)、あるいは一八歳以上の者で、そのときの労働市場の状況に関わらず、「完全な」稼得能力の減退に該当し、当該状態が除去される見込みがない者(二号)である.ここでいう「完全な」稼得能力の減退に該当している者とは、社会法典第六編第四三条第二項一号によれば、病気または障害が原因で、一日に少なくとも三時間の就労が可能でないため、職業紹介の対象にならない者のことである.

二〇〇三年一月一日実施の「老齢・障害等基礎保障」は現在、社会扶助とそのカバーする対象が全く同じである.「生計能力の恒常的完全減退」の確定に関する手続きは、社会法典第一二編第四五条により、社会扶助実施者の申請を受け管轄の法定年金保険実施者が行い、その決定は社会扶助実施者に対し拘束力を持つ.

「老齢・障害等基礎保障」は、基準額のほか、増加需要、住居費および暖房費、一時需要、健康保険料および介護保険料、特別な場合における生計扶助で構成される(SGB第一二編第四二条).「老齢・障害等基礎保障」は、生計扶助と同様、ミーンズテストを伴うが、生計扶助に優先し、申請書の提出がなければそれを受給できない(SGB第一二編第四三条第二項).この点、既述したように、社会扶助が申請書の提出の有無に関わらず、実施者が社会扶助実施の要件の存在を知ったとき、職権で直ちに保護が開始されるのとは異なる.また、「老齢・障害等基礎保障」は、その申請資格のある者が「老齢・障害等基礎保障」の請求をした場合、扶養義務者のある家族(子または親)の年間総収入が一〇万ユーロを超えない限り、扶養義務は考慮されない(SGB第一二編第四三条第二項一号).この点も生計扶助と異なる(田畑 2006c:12).

(3)「老齢・障害等基礎保障」の要件と給付額

「老齢・障害等基礎保障」は社会法典第一二編第一八条第一項とは違い、該当者の申請を常に前提とする(SGB第一二編第四四条第一項第二文)。「老齢・障害等基礎保障」は収入および資産に左右される。具体的には生計扶助と同様の原則があてはまる。すなわち、申請者各々の自己の収入および資産は請求を少なくするような方法で考慮され、収入および資産は社会扶助法の総則によって、「老齢・障害等基礎保障」から差し引かれる。

しかし、申請資格のある者が「老齢・障害等基礎保障」を請求した場合、年間総収入が一〇万ユーロ以下のその子どもおよび両親に対する扶養請求権が考慮されないままである(SGB第一二編第四三条第二項)、という点では、生計扶助との違いが生じる。ここでいう「年間総収入」とは、扶助義務のある者一人一人の収入を指しており、たとえば、複数の子どもの総収入の和ではない、と解釈すべきである。この推測への反駁に、管轄の実施者は申請資格のある者より、扶養義務のある者の収入状況の逆推測が可能であるような申告を要請してもよい。個々の場合において扶養義務のある者に一〇万ユーロの収入限度額超過の十分な根拠が存在する限り、この法律の施行によって必要とされる場合、申請資格のある者の子どもあるいは両親は「老齢・障害等基礎保障」の実施者に対し、自らの収入状況について通知する義務がある。

難民資格取得者給付法第一条により給付受給資格者、あるいは申請書提出前の一〇年以内に故意または重大な過失によって、需要を自ら招いた者には「老齢・障害等基礎保障」の請求権は認められない(SGB第一二編第四三条第三項)。

(4)「老齢・障害等基礎保障」の給付額(事例)[55]

独り暮らしの未亡人フリーダ・グルントマン(六八歳)は、一部屋半五〇㎡のアパートに住み、三五〇ユーロの部

表3-3-2 「老齢・障害等基礎保障」の算定

需　要	給付額
世帯主の通常基準額	364 €
住居費	350 €
暖房費	40 €
合計	754 €
年金収入	300 €
給付額（需要－収入）	454 €

出所）Hüttenbrink 2011：194により作成.

屋代に加え、暖房費四〇ユーロを月々払っている．彼女は月に住宅手当を一五〇ユーロ、少額の年金を三〇〇ユーロ受給している．その一人娘のカーティヤ・ゾンマーは結婚して、一六歳、一四歳、一〇歳、八歳と四人の未成年の子どもを世話している．娘婿は医者で自分の診療所があり、その正確な年間収入はグルントマン夫人にはわからない．

グルントマン夫人の「老齢・基礎等基礎保障」の算定は、表3－3－2のようになる．

この事例では、健康保険および介護保険の保険料については考慮する必要はない．保険料は年金支給の枠内で年金保険実施者によりすでに天引きされており、グルントマン夫人には保険料の分減額された年金が支給されるからである．したがって、夫人の収入は保険料の分だけ減少しており、この保険料の分が（間接的に）夫人の利益になっている．グルントマン夫人が法定年金保険に加入していない場合には、社会法典第一二編第四二条による「老齢・障害等基礎保障」の枠内で健康保険および介護保険の保険料引受が夫人の場合に可能かどうか、検討すべきである．

（55）Hüttenbrink, 2011：194

この事例では、グルントマン夫人の娘まで引き合いに出す必要はない．娘は主婦であり、自分自身の収入はないであろうと判断できるからである．グルントマン夫人が「老齢・障害等基礎保障」給付主体に実情を述べる限り、理論上扶養義務のある娘までさらに引き合いに出して調査するには及ばない．娘の夫に医師として、税込みで一〇万ユーロ以上の年間収入があるかもしれない、という状況はたいして重要ではない．なぜなら娘の夫は義理の息子であり、グルントマン夫人の直系親族ではなく、したがって、扶養義務がないからである．

なお、「老齢・障害等基礎保障」給付の認可は通常、暦年の七月一日より翌年の六月三〇日までの期間に対して行われる（SGB第一二編第四四条第一項）．社会法典第一二編第四一条以下による給付は、社会法典第一二編第二七条以下による社会扶助給付よりも優先される．「老齢・障害等基礎保障」給付を管轄するのは、申請資格者が通常の居所をもっている地域の郡あるいは郡に属さない市（社会扶助実施者）である．

4．特別扶助

社会法典第一二編における特別扶助は、連邦社会扶助法によるこれまでの特別扶助と殆ど同じで、本質的な改定はみられないが、これまでの一一種類の特別扶助が五種類に整理統合されている．保健扶助、障害者のための社会統合扶助、介護扶助、特別な社会的困難を克服するための扶助、その他の境遇における扶助、がそれである．

(1) 保健扶助

⑴ 予防的保健扶助

社会法典第一二編第四七条により、予防的保健扶助（Vorbeugende Gesundheitshilfe）は疾病の発症または健康障害が生じる恐れがあると医師が判断したときに行われるもので、法定疾病保険の給付に相応する．その他の給付は、その給付なしには発病その他の健康障害にかかるおそれがある、と医師が判断した場合にのみ実施される．

⑵ 疾病扶助

社会法典第一二編第四八条および第五二条により、疾病を発見し、治療し、悪化を予防し、あるいは疾病に伴う苦痛を緩和するために、疾病扶助（Hilfe bei Krankheit）に対する法律上の請求権がある．疾病処置のための給付は、社会法典第五編第三章第五部第一項に相応して実施される（ＳＧＢ第一二編第五二条第一項）．しかしながら、助成思想に基づき（ＳＧＢ第一二編第二条）、該当者が疾病扶助実施を社会扶助実施者に請願できるのは、法定健康保険に加入していない場合に限る．

疾病扶助の給付に期限はなく、法定健康保険の給付に相応し（ＳＧＢ第一二編第五二条第一項第一文）、扶助は社会法典第五編第六五条ａの利用により得られる最小範囲が実施される．すなわち、該当者は、家庭医による処置以外の嘱託医の給付は、家庭医の委託がある時に限って請求すべきであることを、約束しなくてはならない．

社会扶助実施者の給付には、医師および歯科医による処置、医薬品、包帯材料および義歯の供与、入院、ならびに疾病の療養あるいは回復、それに伴う苦痛の緩和に必要なその他の給付が含まれる．健康保険がその定款において給付の範囲および内容を定めることができる限り、社会扶助実施者はこの点について、義務にかなった自由裁量によって決定する（ＳＧＢ第一二編第五二条第一項）．しかしながら、扶助は社会法典第五編第六五条ａ（健康的な行動に対する割引実施）の利用によって得られる最小範囲でしか実施されない．

しかし、月に二〇ユーロまでのわずかな金額は、いずれの場合でも、給付受給資格者が自分で負担するべきである

（SGB第一二編第八八条第一項第二番）．患者輸送給付を含めた必要な交通費も、社会法典第五編第六〇条第一項から第三項を適用して、社会扶助実施者が引き受けなくてはならない．要扶助者は法定健康保険の規定に相応して、医師および歯科医ならびに病院を自由に選択できる．

社会扶助実施者による給付の支給に当たっては、法定健康保険に有効な規定を適用し、あたかも社会給付受給資格者が医師あるいは精神療法医、歯科医が開業している地域の地区健康保険に加入しているかのように、医師および精神療法医、歯科医は自分の仕事に対し、健康保険加入者の場合と同額の診療報酬請求権を持てるようにすべきである．

要扶助者にはその他、社会法典第五編第三九条a第一文の要件を満たしている場合、ホスピスでの入所的または半入所的世話（teilstationärer Versorging）のための扶助も実施される．社会給付受給資格者が、疾病扶助給付の枠内で医師または歯科医としての処置に対し、承諾の意思表示をしている医師および歯科医を自由に選択できるとはいえ、それでも要扶助者は後のトラブルを避けるために、できるだけ医師のところに行く前に、管轄の福祉事務所に資格証明書を発行してもらい、後の清算を保証できるようにするのが望ましい．緊急の場合に限って医師は治療に際し、給付受給資格者が資格証明書を提出しなくても、その費用を社会法典第一二編第二五条に基づき福祉事務所と清算できる．

(3) 家族計画扶助

家族計画は既婚者に限らず、未婚者や独身者にも必要になる可能性がある．家族計画という概念には、家族を持ちたくないという意味での「否定的計画」も含まれる．家族計画は医師の助言および必要な診察、妊娠をコントロールする医薬品（妊娠誘発剤や妊娠促進剤だけでなく避妊薬も）の処方を含む（SGB第一二編第四九条）．

しかし、これらの医薬品は医師によって詳細に処方されねばならないことを、はっきりと指摘しておかねばならない．したがって，避妊具にかかる費用の引受は考慮されない．妊娠コントロール医薬品の費用が月々わずかである限り（世帯主の通常基準額の五％＝およそ一五ユーロ），給付受給資格者はこれらの医薬品を自分で調達しなくてはならない（SGB第一二編第八八条第一項第二番）．

(4) 妊娠出産扶助

妊産婦の人的範囲に対しても，法律は特別な扶助給付を設けている（SGB第一二編第五〇条）．妊婦は健康保険加入者である限り，第一に健康保険を利用しなくてはならない，また，民法第一六一五条kおよび一六一五条lにより，妊婦（とりわけ独り身の母親に当てはまる）が分娩関連費用を子どもの父親に支払うよう請求できないかどうか，検討すべきである．

健康保険にも子どもの父親にも請求できない場合，給付が実施される．要扶助者と同居している両親またはそのどちらかの収入と資産は，要扶助者が妊娠している，またはその実の子どもを満六歳になるまで養育する場合，その両親または片親の収入と資産は考慮されない（SGB第一二編第一九条第四項）．扶助には，①医師による治療・管理および援助ならびに助産婦による援助，②医薬品，包帯材料および治療材料の供与，③分娩に関連してかかる費用に対する包括額，④営造物またはホームでの介護，⑤社会法典第一二編第六五条第一項の規定による家庭での介護等の費用，が含まれる．

(5) 不妊手術時の扶助

社会法典第一二編第五一条の不妊手術時の扶助（Hilfe bei Sterilisation）は，疾病扶助を補足する規定である．不妊手術は、該当者の同意に基づいて行われ、道徳に反しない限り、通常は合法である．道徳に反しないということは、同意者が自分の同意の意味を自覚していることを前提とする．同意者に自分の行いの意味がわからない場合（たとえば、未成年者あるいは保護下にある者などが考えられる）には、不妊手術は民法第一九〇五条の要件を満たし、後見人あるいは保護者および後見裁判所の同意がなければ不可能である．社会法典第一二編第五一条による扶助には医師による助言、診察および診断、医師による治療、医薬品と包帯材料と治療材料の供与、必要な場合には病院介護費が含まれる．健康保険と同様の範囲で、要扶助者は医師を自由に選択することができる（ＳＧＢ第一二編第五一条）．

(6)　妊娠中絶時の扶助

妊娠中絶時の社会扶助実施者による扶助給付（Hilfe bei Schwangerscaftsabbrüchen）は、社会法典第一二編には定められていない．現在は「特別な場合における妊娠中絶時の女性に対する扶助法」（ＧＨＦＳ）により、妊婦のための請求権を認めている．これによれば、女性に妊娠中絶のための資力の調達が期待できない時は、給付に対する請求権を与えている．すなわち、自由に使えるその女性個人の収入が現金あるいは現金換算値で一七〇〇ユーロを超えず、すぐに自由に処分できる資産がなかったり、資産の処分がその女性にとって不当な苛酷さを意味するような場合である．その女性に扶養義務のある未成年の子どもがあり、同じ世帯に属しているか、主にその女性により扶養されている場合、収入限度額は各々の子どもについて一人当たり四〇〇ユーロ引き上げられる．その女性、場合によってはその子どもの住居費が五〇〇ユーロを超えている場合、前述の収入限度額は超過額の分引き上げられるが、五〇〇ユーロを限度とする（ＧＨＦＳ第一条第二項）．経常的生計扶助、失業保険金、雇用促進法または連邦職業教育促進法による職業促進給付を受給している女性、または社会扶助実施者あるいは青少年扶助の運営する営造物やホーム、同種の施設に収容されている女性は、GHFS第一条第二項の要件を法律上満たしているとみなされる．給付が違法ではないとき、あるいは刑法典第二一八条a第一項の条件に基づいて行われる妊娠中絶のみに対しては、現物給付として実施される．それらは法定健康保険の管轄である．

妊婦の生命の危険、または妊婦の身体的精神的健康状態に深刻な影響を与える危険を回避するために、妊婦の現在および将来の生活環境を考慮し、医師の識見により妊娠中絶が適切な場合、そしてその危険が妊婦に期待できる他の方法では回避できない時に、妊婦が同意し、医師により行われる妊娠中絶は違法ではない（刑法典第二一八条a第二項）．さらに、妊娠が性的犯行に起因しているという推測を裏付ける明白な根拠があり、受胎より一二週間経過していない場合には、妊婦の同意を得て医師が行うならば、妊娠中絶は違法ではない（刑法典第二一八条a第三項）．しかし、これ以外にも、法律には違法であるにもかかわらず、求刑の恐れがない妊娠中絶のケースがある（刑法典第二一八条a第一項）．すなわち、妊婦が妊娠中絶を望み、手術の少なくとも三日前に妊娠相談をし、妊娠中絶が医師により行われ、受胎後一二週間経過していないような場合である（刑法典第二一八条a第一項）．このような場合には、扶助を必要とする妊婦は、中絶が招いた給付の全ての費用を受給する．妊娠期間中に必要な医師のその他の治療費、妊娠維持および中絶についての医師の助言、違法ではない妊娠中絶の要件確定のための医師の診察と診断に対する請求は、健康保険によりまかなわれる．妊婦が健康保険に加入していない場合には、社会法典第一二編第五〇条により、社会扶助実施者に対し妊婦は請求権を持つ．

(2) 障害者社会統合扶助

障害者社会統合扶助（Eingliederungshilfe für behinderte Menschen）は、障害者または障害のおそれのある者に対し、社会生活において自決と参加同権を促進し、不利な扱いを回避しあるいは不利な扱いに立ち向かうために行われる（SGB第一二編第五三条から第六〇条）．この障害者統合扶助は、障害者が社会においてふさわしい位置を占め、または再び占められるよう、精神的肉体的な準備のための必要な措置をすべて含む．障害者の社会統合を容易にするためのリハビリテーションにおいては、身体的機能の回復は重要であるが、回復期から維持期に移行する際には、その目的を転換する必要がある（髙山 2007：62）．この点、ドイツでは社会法典第一二編第五三条第四項により、社会法典第九編の「障害者のリハビリテーションと社会参加」を参照するよう促し、社会扶助法の規定と違わない限り、社会法典第九編の規定は社会法典第一二編にも適用できると明記している．

社会法典第一二編第二条第一項によれば、要扶助者が、社会法典第九編第六条第一番から第六番による他のリハビリテーション実施者に対し、同種の給付に対する請求権を主張できる場合には、社会扶助法に基づく障害者統合扶助に対する請求権は生じない、ということになる．したがって、社会扶助法に基づく統合措置を申請する前に、その他の給付主体を利用できる可能性がないかどうかを検討する必要がある．

社会法典第一二編第五三条第一項において、法は社会法典第九編第二条第一番第一文にある障害者についての一般概念の定義を参照するよう指示している．障害者統合扶助は、差し迫った障害を予防し、または現に存する障害またはその後遺症を除去または緩和し、かつ障害者を社会へと統合するという目的を追求する（SGB第一二編第五三条第三項第一文）．これには、障害者に社会生活への参加を可能もしくはそれを容易にすること、障害者に適切な職業その他適切な仕事につくことを可能にすること、また障害者を可能な限り介護に頼らないようにすることが含まれる（SGB第一二編第五三条第三項第二文）．

（3）介護扶助

介護扶助（Hilfe zur Pflege）には、居宅介護、補助具、通所介護、短期入所介護および入所介護が含まれ、介護保険を補完し、介護需要を充足する役割を担っている（ＳＧＢ第一二編第六一―六六条）．介護保険と介護扶助の関係については、介護保険の給付条件よりも介護扶助の給付条件の方が緩和されている（第六一条第二項）．そのため、介護等級ゼロの者や介護保険未加入者などの介護保険の対象にならない者も、介護保険給付と同様の在宅介護や介護施設入所などの現物給付、また在宅の場合に、介護者が確保できる限りにおいて現金給付としての介護手当の支給を受けることができる（第六一条第二項、第六四条第一項）．介護保険給付を受給している者についても、保険給付の対象とならない者についても、介護扶助のニーズとして、日常生活に必要な行動の支援、部分的または全面的な代替、これらの行動の自立性確保に必要な見守りや指導が条文上明記されており（第六一条第四項）、保険給付ではカバーされない上乗せ横だし給付も、必要な限りにおいて介護扶助によりカバーされることになる（本沢 1996：45）．ただし、要介護者が介護保険による介護手当のみを受けていて、現物給付を受けてない場合は、受給資格者の需要は介護保険の介護手当により満たされているので、社会扶助法による介護手当がさらに支給されることはない（Hüttenbrink 2004：171）．

立法機関は、社会扶助を受給している要介護者が第一に在宅介護を要求することを前提にしている（居宅扶助の優先性）、そして在宅介護においてはさらに無給の援助者（自分で確保した友人および近隣の者、親戚）による介護が優先する（社会法典第一二編第六三条および第六四条第五項）．この無給の援助人がいつでも介護できるよう保持するために、介護手当が支給される．介護手当は包括された形で支給され、社会扶助実施者と清算しなくてもよい．介護手当の金額は次の通りである．

・介護度Ⅰ　月に二〇五・〇〇ユーロ（SGB第一二編第六四条第一項）
・介護度Ⅱ　月に四一〇・〇〇ユーロ（SGB第一二編第六四条第二項）
・介護度Ⅲ　月に六六五・〇〇ユーロ（SGB第一二編第六四条第三項）

（4）特別な社会的困難を克服するための扶助

特別な生活状況が社会的困難と結びついている場合、社会的困難を克服するための補足的な給付としての扶助が提供される（SGB第一二編第六七条以下）．措置の内容としては、困難を回避し、除去し、緩和し、またはその悪化を防止するために必要な一切の措置、とりわけ扶助を求める者とその家族に対する助言と人的支援、職業教育や職場の獲得・維持のための援助ならびに住居の維持や調達にあたっての諸措置が含まれる．この規定がホームレス、ジプシー、住所不定者、禁固刑から釈放された者、異常行動する青少年、中毒患者等の対策などに有効に機能している（Hüttenbrink 2009：230）．

（5）その他の境遇における扶助

⑴　家政継続扶助

独立した世帯を持つ者が、世帯構成員の誰もが家政を見ることができず、しかも家政の継続が必要とされている場合は、家政継続扶助（Hilfe zur Weiterführung des Haushalts）が実施される．この扶助の要件は、世帯構成員による家政の継続が不可能である、または期待できず、かつ世帯崩壊の恐れがあることである．この扶助は通常、一時的に実施される（最長期限はまず半年といってよい）が、この扶助により営造物、ホームまたは同種の施設への入所が避けられる、または延期できる場合はこの限りではない（SGB第一二編第七〇条）．扶助の措置は、世帯構成員の個人的な世話、子どもの賄いおよび見守り、ならびに家政に含まれるその他の措置（たとえば、洗濯や掃除、買物など）である．

(2) 老齢扶助

社会法典第一二編第七一条により、老齢者に老齢扶助（Altenhilfe）が実施される．ここで扱われるのは連邦社会扶助法の法規定と同様、個人的な扶助措置である．老齢扶助は、加齢によって生ずる困難を防ぎ、克服し、緩和し、かつ老齢者が社会生活に参加する可能性を保持するのに役立つことを目的とする．社会法典第一二編第七一条第二項では特に次のような扶助措置が列挙されている．

- ・老齢者が希望する場合には、活動および社会参加のための給付
- ・老齢者の必要に応じた住居の調達と確保の際の給付
- ・老齢者の保護に貢献する施設への受け入れ、とりわけ適切なホーム確保のあらゆる問題に対する助言と援助
- ・老齢者に適したサービス利用に当たってのあらゆる問題に関する助言と援助
- ・社交、娯楽、教育など老齢者の文化的欲求を満たす行事や施設訪問のための給付
- ・老齢者に親しい人々との交流ができるようにするための給付

ここで、老齢扶助は補足的措置に過ぎず、その他の法律規定を優先するよう留意すべきであることを、はっきり指摘する必要がある．老齢扶助は個々の場合に助言と援助が必要な限り、今ある収入や資産を考慮せずに行われる．社会法典第一二編第七一条による給付は、加齢に対する準備に役立つ場合も支給される．

(3) 視覚障害者扶助

社会法典第一二編第七二条により、視覚障害者が他の法令により同種の給付を受けない限り、視覚障害者であることによる多額の出費を埋め合わせるために、視覚障害者扶助(Blindenhilfe)が実施される．視覚障害者扶助は、個々の場合に証明すべき需要を考慮することなく支給される．立法機関は視覚障害者扶助により、実際にまたは経験上必要な需要をコントロールするというよりも、むしろ視覚障害者の経常的需要(非物資的需要も含めて)を満たすための資力をまず第一に提供することを意図していた．しかし、視覚障害者扶助は、視覚障害者に付随する特定費用の埋め合わせだけを目的にしているわけではなく、むしろ各々に視覚障害者のために起こる状況とは関係なく、視覚障害者に生じる経済的負担全般を受け止めることを意図している．だからこそ視覚障害者扶助には、基本介護および家政の費用が部分的に含まれているのである．さらに視覚障害者扶助は、外部との社会的接触を可能とし維持すること、技術的補助器具の入手、交通機関利用および文化的生活への参加のための出資も行う．

受給資格のある人的範囲は、請求権のあるのは全盲の視覚障害者、あるいは視力が良い方の眼で一／五〇を超えない者、またはその視力の低下度が同様に評価される、一時的ではない視力障害を持つ者である．

(4) その他の境遇における扶助

社会扶助は(諸事情の受け皿として)法律では定められていないその他の境遇でも、公的費用の投入が正当であるような境遇であれば、実施することができる(SGB第一二編第七三条)．適用事例としては、以前の連邦社会扶助法第三〇条が参考になる．この規定によれば、十分な経済的な生活基盤が欠けているか、または脅かされている者に対して、これらの者自身の活動を通して、生活基盤を作り確保できるようにするために、扶助を実施することができる．

このことに関して指摘しておかねばならないのは、この扶助は、特別な境遇における他の扶助、たとえば、障害者のための障害者統合扶助（SGB第一二編第五三条以下）などと重なり合う面が多いが、ここでも状況に応じて、他の社会給付主体（たとえば、労働官署、同業者保険組合）を優先して、請求すべきであるということである．社会法典第一二編第七三条は「できる」規則であり、要扶助者には扶助に対し、強制的な請求権はない．

(5) 葬祭費

社会法典第一二編第七四条により、葬祭義務者に葬祭費（Bestattungskosten）の負担が期待できない限り、葬祭のために必要な費用は引き受けられる．葬祭のために必要な費用とは、簡素ではあるが厳かな土葬あるいは火葬または海葬のための費用である．葬祭形式は家族が決定する．葬祭費用に含まれるのは遺体輸送、簡素な造りの棺、遺体入棺の他に、霊安室および墓地（通常は屋外墓地）の使用料、ならびに簡素な十字架を含む墓の設置と簡単な整備の費用などである．経常的な墓地管理および死亡広告、礼状や葬祭後の会食にかかる費用は、社会扶助実施者は引き受けない．

5．給付方法

社会扶助の形式、言い換えれば社会扶助支給の方法を、立法機関は社会法典第一二編第一〇条に、サービス給付（人的扶助）、金銭給付、現物給付と定めてある．

（1）サービス給付

サービス給付（Dienstleistungen）あるいは人的扶助には、まず社会扶助実施者の説明、相談、情報提供義務が挙げられる．社会扶助実施者は、助言を求める者には誰にでも、社会法典第一二編に基づく権利と義務について説明し（SGB第一編第一三条）、相談に乗り（SGB第一編第一四条）、必要な情報をすべて与える義務がある（SGB第一編第一五条）．さらに人的扶助には、給付受給者に対する包括的で目標の定まった個人的な保護も含まれる．すなわち、人的扶助は給付受給者が社会扶助実施者に請求できるサービス給付である(56)．社会法典第一二編第一一条に基づいて、社会扶助に対する請求を避けたり、克服して必要なくするために、相談および援助がさらに与えられる．すなわち、社会生活へ積極的に参加するため、また困難を克服するため、可能な自助の強化を目標とする（たとえば、債務者相談や、予算相談）．金額を包括化し予算案を組ませる立法機関の傾向がますます強まっており、予算相談（SGB第一二編第一一条第二項第三文）の役割はこれから重要になっていくであろう．要扶助者が他の方法では状況を克服できない場合は、妥当な相談費用は社会扶助実施者が引き受ける．この際社会扶助実施者は、債務者相談所や他の専門相談所の仕事に対する一括支払いの形で、費用を引き受けることもできる．しかし、債務者相談所の包括的助成に際して社会扶助実施者は、相談が無料であるよう配慮しなくてはならなくなる．この場合には、給付請求の資格を持つ各々の者の個別相談費用の引受は認められないからである．

（56）たとえば、食事宅配サービス請求の手配や、社会扶助実施者による老人ホーム探しなど、高齢者が独りではこれらの手配ができないというときに実施する．

（2）金銭給付

金銭給付（Geldleistungen）は社会扶助実施者により、経常的あるいは一時的給付として支給される．金銭給付は通常返還されない補助金として給付されるので、受給権者の経済状況が持ち直した場合でも、社会扶助費用が受給権者によって償還されることはない．しかし、金銭給付支給を貸付として行うことはありうる．金銭給付は現物給付に優先する（Hüttenbrink 2009：109）．

（3）現物給付

この他、社会扶助実施者には、受給権者の必需品を現物給付（Sachleistungen）によって直接賄うこともある．現物給付は、とりわけ一時的扶助支給に際して実施される（家具や被服などの支給）．商品券や他の決済形式は、社会法典第一二編第一〇条第三項第二号により現物給付に属する．

第4節　収入および資産の活用

1．生計扶助における収入・資産の活用

(1) 収入

(1) 収入の定義

社会法典第一二編第八二条第一項によれば，現金または現金に換算できる給付は，その出所を問わず，また課税の対象になるかどうかを問わず，すべて認定可能な収入である．たとえ，いかがわしい仕事（売春）あるいは違法行為（たとえば，賄賂，詐欺）から得られた収入であったとしても，社会法典第一二編でいう収入に該当する．

ところで，個々の場合，収入と資産の間に境界線を引くのは難しい．社会扶助法の観点からすれば，収入とは社会給付受給資格者が社会扶助を受ける期間に平行して獲得し得る価値のある物すべてである．これに対して，資産とは社会扶助受給有資格者がすでに所有している物をいう(57)．その際，法律の特例により，他の供給が基準として定められ

(57) 社会扶助の収入と資産については，Marburger 2005：34－39を参照．

ない限りは、実際に行われた供給を基準とする．このことから、たとえば、前年の賃金税の払い戻しあるいは損害賠償給付の支払い、遺産の遺留分請求の支払いなどの特定の支払いは、その支払いが実際に行われるときに初めて収入と見なされる．

なお、従前の連邦社会扶助法の法的状況とは異なり、未成年者のための児童手当は、必要生計費をカバーするため、各々の児童の収入として認定される（SGB第一二編第八二条第一項）．

(2) 収入として認定しないものの取扱い

現金または現金に換算できる給付はすべて、社会法典第一二編でいう収入と見なすべきであるが、次のような一連の給付は収入として認定しない．

・社会法典第一二編による給付は全て算入されない．社会扶助実施者は、片手で社会扶助給付を給付し、もう片方の手で再びその給付を取り上げるような事をしてはならない．

・連邦援護法による戦争犠牲者および戦争犠牲者遺族、兵役被害者あるいは代替服役被害者に対する基本年金、ならびに損失補償法や感染防止法のような、連邦援護法の適用を意図する法律による年金

・連邦補償法による、かつてのナチ被迫害者に対する年金および手当

・扶助を必要とする者が妊娠している、またはその実の子どもを満六歳になるまで養育する場合、その両親または片親の収入と資産（SGB第一二編第一九条第四項）

・公法上の規則に基づいて明確に掲げられた目的のために実施される給付（SGB第一二編第八三条第一項）[58]

・民法典第二五三条第二項の指す慰謝料支払（SGB第一二編第八三条第二項）[59]．民間社会福祉事業の実施者の出捐（S

GB第一二編第八四条第一項)[60]

・第三者が法的または道義的義務がなく実施した出捐(SGB第一二編第八四条第二項)[61]．

・社会給付受給資格者が自分で居住している持ち家の賃貸価格および利用価値(SGB第一二編第九〇条に関する条例第四条第一項)

(3) 収入認定

社会扶助は清算された実質収入のみが認定される．清算された実質収入の確定においては，月毎の総収入を起点とする．収入が一定でない場合は，年間収入の一二分の一，いわゆる平均収入より算出する．年に一度，雇用者より支給される特別手当(たとえば，クリスマス手当)は，一年分として計算し，その一二分の一を月々の収入に加算する．該当者が現物供与を受ける限り，現物給与は当該地の平均値により金銭で評価されなくてはならない[62]．

---

(58) たとえば，負担調整法第二九二条第四項および第五項，一九七一年一二月一七日付「障害児救援団体」基金設立についての法律第二一条第二項(いわゆるコンテルガーン障害者)，連邦教育手当法第八条による教育手当，あるいは社会法典第一一編第一三条第五項第一文による介護保険の給付などである．

(59) たとえば，負担調整法第二九二条第四項および第五項，一九七一年一二月一七日付「障害児救援団体」基金設立についての法律第二一条第二項(いわゆるコンテルガーン障害者)，連邦教育手当法第八条による教育手当，あるいは社会法典第一一編第一三条第五項第一文による介護保険の給付などである．

(60) ただし，その出捐が給付受給資格を持つ者に有利な影響をもたらし，それにともない社会扶助に正当な根拠がない場合を除く．

(61) 算入が受給者にとって特別な苛酷さを意味することを予想される場合に限る．例外的な場合－苛酷な場合－とは，たとえば，社会給付受給資格を持つ者の友人や親類からの誕生日のプレゼントやクリスマスプレゼントなどをさす．

(62) 無料の食事と住居を見積もる際には現物給与条例が基準となる．

月毎の総収入が確定されたらすぐに、清算された実質収入が算出されなくてはならない．ただし、社会法典第一二編第八二条第二項により、次の各号は収入から控除される．

①社会給付受給資格者が支払うべき賃金税、収入税、あるいは教会税

②社会給付受給資格者が支払うべき失業保険を含む社会保険の義務保険料

③社会給付受給資格者が月々支払うべき、公的および民間保険のその他の保険料、これらの保険料が法的に定められているか、またはその理由と額が適切な場合に限る(63)

④必要経費．必要経費とは、自営でない労働から得られる収入の獲得に伴う必要な支出と解釈される．次の項目が、ここに含まれる．

・仕事道具にかかる必要な出費（たとえば、作業着、従業員が入手すべき仕事の道具）
・住居と職場間の往復に必要な運賃
・職業組合に必要な組合費（たとえば、労働組合費）
・二重の家計維持により必要な超過経費
・社会法典第九巻第四三条第四文の指す雇用促進手当および労働報酬の引き上げ金

必要経費に関しては、次のことを考慮に入れておく必要がある．社会法典第一二編第九〇条に関する条例第三条第五項に基づき、社会給付受給資格者は「仕事道具」（Arbeitmittel）にかかる出費として、該当する証明資料の提示な

(63) たとえば、葬祭保険、民間の責任保険は認められ、反対に自動車責任保険については認めてない．

しに月々最低五・二〇ユーロを収入より差し引いてもよい．仕事道具の出費がそれ以上かかり、社会給付受給資格者が自分のためにその額を収入より差し引きたい場合には、彼はその出費を証明しなければならない．

住居と職場の間の交通費を控除する可能性については、社会法典第一二編第八二条に関する条例第三条第六項に基づき、次の事項が当てはまる．

・乗用車を所有しておらず、公共交通機関の利用が必要な場合は、もっとも運賃効率のよい定期乗車券と同じ金額が控除される、ただし、二、三キロメートルの徒歩通勤は、健康な従業員には可能で、場合によっては自転車が利用できないか調査する．

・公共交通機関がない時、または個々の場合にその利用が期待できない時（たとえば、不都合な乗車時刻）に限って、乗用車の利用も例外的に必要だと認められる．その場合社会給付受給資格者は、住居と職場間の距離一キロメートルにつき月々五・二〇ユーロを収入より控除してもよい(64)．

扶養家族のある地域から離れて就業している社会給付受給資格者は、毎日帰宅することが期待できない場合に限り、二重の家計維持にかかる金額を差し引いて、収入を減額することができる．ただし、そのためにかかる超過経費は月々一三〇ユーロまでしか認められない．

(64) 住居と職場は二〇キロメートル離れており、公共交通機関はない．従業者は自分の乗用車を使用している．この場合従業者（社会給付受給有資格者）は月々二〇×五・二〇ユーロ＝一〇四ユーロを収入より差し引いて、収入額を減らすことができる（Hüttenbrink 2011：167）．

（4）控除額の算出（SGB第一二編第八二条第三項）

社会法典第一二編の法律改正により、社会扶助法による就業者のための控除額も改正された．かつては社会扶助実施者によって異なる処理が可能だったが、現在では社会法による控除額算出法は全国一律となっている．生計扶助については今後、給付受給資格者の（非）自営業から得られる収入の一〇〇分の三の額が控除される．給付受給資格のある障害者作業所作業員については、従来の収容された作業員のための規則が適用された．ここでも入所者と外来者の平等性が配慮されている．この場合作業所で働いている者には、頂点通常基準額の八分の一に、この額を超えた分の一〇〇分の二五を加えて、実質収入より控除額として差し引かれる．

事例①[65]：Aには自営業より、社会法典第一二編第八二条第二項に挙げられた控除項目を差し引いた後四〇〇ユーロになる実質収入がある．社会扶助法による追加控除額は次の通りである．

四〇〇ユーロの三〇％＝一二〇ユーロ

Aの収入は、実質収入＝四〇〇－一二〇ユーロ

控除額＝二八〇ユーロ

したがって、二八〇ユーロが社会扶助給付に加算される．

事例②：ノルトライン・ヴェストファーレンの障害者作業所で働いているBは、社会法典第一二編第八二条第二項で

（65）事例①から③はHüttenbrink 2011：168–169．

いう控除項目を差し引いた後、一ヵ月あたり二〇〇ユーロの実質収入を得ている.

基本額＝頂点通常基準額（三六四ユーロ）の八分ノ一＝四六ユーロ

実質収入額から基本額を引いた額の二五％加算

二〇〇ユーロ－四六ユーロ＝一五四ユーロ・一五四×二五％＝三九ユーロ

控除額合計＝八五ユーロ

したがって、Bの場合には、残った二〇〇ユーロの実質収入から八五ユーロが控除されるので、一一五ユーロに減額されてから、加算される.

この点については、社会法典第一二編第八二条第三項第三文は社会扶助実施者に、納得できる理由がある場合には控除額規則の扱いに幅を持たせるのを認めている．具体的に言えば、納得できる理由がある場合には第一文で定められた額とは異なる額を、収入より控除額として差し引くのを第三文では認めている．たとえば、給付受給資格者に対して特別な励み（Anreizes）が必要な場合や学生の休暇中のアルバイトなどで、このような事例がありうる.

事例③：収入加算の全体像．A氏は週に四回二時間ずつ守衛として働いている．彼は一〇〇％就労不能である．A氏は税込みで四〇〇ユーロ得ている．住居から職場への道のりは六キロメートルあり、A氏はそのためにバス乗車券（五〇ユーロの一ヵ月定期）を購入した.

社会扶助法による実質収入算定

税込収入＝四〇〇ユーロ
一五％の賃金税差し引き，六〇ユーロ
賃金税六〇ユーロの九％の教会税差し引き，五・四〇ユーロ
必要経費差し引き（SGB第一二編第九〇条に関する条例第三条第五項に関連して第八二条第二項第四番により五・二〇ユーロ）五・二〇ユーロ
小計＝三二九ユーロ
社会法典第一二編第八二条第三項により，社会扶助法による控除差し引き額は三二九ユーロの三〇％＝九九ユーロ
清算された実質収入の合計＝三二九－九九＝二三〇ユーロ
したがって，税込収入のうち社会扶助給付に加算されるのは，二三〇ユーロ以下に過ぎない．

（2）資産

社会法典第一二編第一九条第一項第一文による生計扶助は，要扶助者が自己の生計費を自己の収入と資産によって賄うことができない場合に実施される．その前提としては，福祉事務所が要扶助者の資産を認定し，社会扶助実施の理念に矛盾していないかどうかを調査確認する必要がある．「資産」という言葉は法律では，社会給付受給資格者が所有する価値のあるもの全てを指す．たとえば，次に挙げるようなものである．

・土地

・土地同様の権利（たとえば、抵当権、地債、用益権、居住権など）
・第三者に対する債権（たとえば、貸付返還請求権）および銀行口座、貯金通帳
・株券、担保証券、その他有価証券
・家具
・乗用車
・装飾品および芸術作品
・その他の権利（たとえば、ライセンス、著作権および考案特許、会社出資持分など）
・その他の動産（たとえば、動物など）

社会法典第一二編第九〇条第一項には、社会給付受給資格者は、換価可能なすべての資産は社会扶助実施に優先して活用しなくてはならない、と定められている．しかしながら、社会法典第一二編第九〇条第二項および第三項、社会法典第一二編第九一条に多数の例外を設け、次に掲げる資産については、その活用または換価を要求してはならない保護資産になる．

①生活基盤の建設または確保のため、あるいは世帯を持つために公費で交付された資産は、社会給付受給資格者は活用しなくてもよい．ここに含まれるのは負担調整法による給付、帰還者基金による貸付および一時的援助（SGB第一二編第九〇条第二項第一番）．

②収入税法第一〇条aあるいは第九章の意義に沿って、追加の老齢準備年金としてその貯蓄が国から奨励された資本資産およびその収益、いわゆる「リースター年金」（Riester-Rente）（SGB第一二編第九〇条第二項第二番）．

③社会給付受給資格者が、まもなく予定されている宅地住宅の購入または維持のために貯蓄した資産．ただし、この宅地住宅が障害者（SGB第一二編第五三条第一項第一文）および視覚障害者（SGB第一二編第七二条）、要介護者（SGB第一二編第六一条）の居住という目的を果たしている、あるいは果たす予定で、この目的が資産の投入や活用によりおびやかされる恐れがある場合に限る．この規則の意義と目的は、小さな宅地住宅を自己使用の目的で入手したいと思い、その取得の見込みがある者が、すでにそのような宅地住宅を所有している者よりも待遇が悪くならないようにすることである（SGB第一二編第九〇条第二項第三番）．

④社会給付受給資格者の適切な家具．適切な家具として認められるのはどんな家具か、という決定については、とくに要扶助者の今までの生活状況が考慮されるべきである．この規則は実践に当たっては、次のように解釈できる．給付受給有資格者の家具は、普通の家庭には通常見られない高額のぜいたく品（たとえば、値打ちのある絨毯、値打ちのある絵画、アンティックな家具など、社会法典第一二編第九〇条第二項第四番）が含まれているのでない限り、原則的には手をつけてはならない．

⑤給付受給資格者が職業訓練や生業を始めたり、継続したりするのにどうしても必要な物品．自営業で社屋の改修、拡張に必要な資産価値は、ここには含まれない．法律規則に従ってどうしても必要な物とは、その物がなければ職業訓練・生業が開始も継続もできない物（たとえば、仕事道具、専門書、事務室用家具、作業着）に限る．さらに、その生業が要扶助者をすっかり、あるいは少なくともある程度は社会扶助より独立するのに役立つことが、前提となる．要扶助者が生業を営むのに必要とは認められない高価な仕事道具は売却されねばならない．要扶助者が仕事に使う目的で至急必要な乗用車の換価については、社会法典第一二編第九〇条第二項第五番により、要扶助者の公共交通機関の利用が不可能、あるいは期待できない場合に限り、換価を求めてはならない．

⑥先祖伝来の道具や家宝は原則として売却されねばならないが、その処分が要扶助者やその家族に特別な苛酷さを意味するであろう場合は、この限りではない．「特別な苛酷さ」という概念は、あいまいな法律概念であり、裁判所にある程度の判断の余地をもたらす．先祖伝来の道具や家宝の処分に伴う特別な苛酷さが認められるには、給付受給資格者にその家宝を手放すよう求めるのが、例外的に不当に思われるほどの、とくに深刻な個人的事情がなければならない（SGB第一二編第九〇条第二項第六番）[66]．

⑦精神的、とりわけ学問的あるいは芸術的要求の充足に役立ち、その所有がとくに贅沢でない物品（SGB第一二編第九〇条第二項第七番）．すなわち、家に楽器を所有する者は、その楽器に特に高い希少価値（ストラデリヴァリのような）がない限り、生計費に充てるためにこの楽器を処分する義務はない．

⑧社会給付受給資格者が適切な宅地住宅を所有しており、自分独りまたは家族と一緒にその住居全て、あるいはその一部に居住している場合の宅地住宅．社会法典第一二編第九〇条第二項第八番がいう宅地住宅とは、①建物の建った土地、②永代借地に建った家、③区分所有住宅および住居所有権、継続居住権、④共有持分、建築物の部分所有をいい、適切な宅地住宅かどうかは居住者数および居住者の住居需要（たとえば障害者あるいは視覚障害者、要介護者には事情によってはより面積が必要）、宅地の大きさ、家屋の大きさ、住宅の形態と設備、ならびに住宅を含む土地の価格により決定される．

(66) たとえば、一九四四年末生まれの女性が、一九四五年の戦争混乱のさなか両親と共に、東プロイセンより西ドイツへと逃亡する．両親は逃亡中に命を落とし、その女性は後に他の逃亡者により藪の中に発見される．女性の身許は不詳のままであり、そのおむつの中には両親が入れたおよそ二五〇〇ユーロの高価な指輪が発見される．この場合、この装飾品を処分するのはひどく不当であろう．なぜなら、この高価な指輪は、一九四五年に亡くなった家族の思い出のよすがとなる、この女性の最後で唯一の思い出の品だからである（Hüttenbrink 2011：173）．

⑨その他の比較的少額の現金（SGB第一二編第九〇条第二項第九文の実施のための条例第一条）.

（3）事例④(67)＝収入および資産の認定

ベルトルド・アイゼンマン（六五歳）とその妻リタ（五八歳）は経常的生計扶助を申請している．二人はライプチヒで生活しており、郊外住宅地に築六〇年の古い家（居住面積一二五㎡）の建つ四〇〇㎡の宅地を所有している．自分たちが所有者なので、家賃を払う必要はない．しかし、月々暖房費（四〇ユーロ）および電気代（三五ユーロ）がかかる．アイゼンマン夫人は糖尿病である．病気が重度なので、夫人は就労不能である．ベルトルド・アイゼンマンは車椅子常用者であり、記号「G」のついた重度障害者証明書を持っている．アイゼンマン氏は三二〇ユーロの年金を受給している．夫人には収入がない．その他二人合わせて住宅手当を月に七〇ユーロもらっている．

少し前にアイゼンマン夫妻は家の修繕のため、二〇、〇〇〇ユーロの貸付を受けねばならなかった．このため年に八％の利子＋二％の返済が支払われなければならない（年間利子一、六〇〇ユーロ＋返済四〇〇ユーロ）．貯金通帳に「非常用の蓄え」として、夫妻共通の五、〇〇〇ユーロの貯金がある．

アイゼンマン氏は歩行障害のために（記号「G」のついた重度障害者証明書）、社会法典第一二編第三〇条第一項第一番に基づき増加需要を請求することができる．なぜならアイゼンマン氏は、高齢でもあるので、十分に歩行ができないからである．

アイゼンマン夫人は糖尿病を理由に五一ユーロの増加需要を請求できる（この金額は見積もりであり、場合によって

（67）事例④は Hüttenbrink 2011：178による．

表3-4-1　社会扶助法による需要の算定

需　要	給付額
世帯主通常基準	328 €
妻の通常基準額	328 €
歩行障害加算（通常基準額17%）	56 €
費用のかかる滋養のための増加需要（妻の糖尿病）	51 €
住居費（月々の利子負担引受）	133 €
暖房費	40 €
合計	936 €
年金収入	320 €
経常的生計扶助	616 €

＊資産を考慮しない
出所）Hüttenbrink 2011：179より作成.

は医師の診断書により立証されねばならない）．糖尿病には費用のかかる滋養が必要であり、こうしてアイゼンマン夫人の需要額が高まる（表3－4－1）．

前記の事例によると、アイゼンマン夫妻は持ち家を所有し、家賃は支払っていないため、福祉事務所は家賃の代わりに、アイゼンマン夫妻が実際に消費した住居費を引き受ける義務がある．前記の事例では、アイゼンマン夫妻が修繕のために受けなければならなかった貸付の利子負担が、これに当たる．利子負担は年に一、六〇〇ユーロかかるので、暦月に分けて月に一三三ユーロの利子負担となる．

この額が家賃の限度額を超えず、この居住用家屋が社会法典第一二編第九〇条第二項第八番のいう小さな一世帯用住宅に該当するので、この利子負担は架空の賃貸料として福祉事務所が負担する．反対に年に四〇〇ユーロ（四〇〇ユーロ÷一二＝月三三ユーロ）の返済負担は、福祉事務所が引き受けることはない．返済費用（＝貸付額面額の返済）を引き受ければ、結果的に社会給付受給資格者が公共の負担で資産を築くことが可能になってしまう．暖房費は福祉事務所が引き受けなくてはならない．しかし、福祉事務所は電気代には出資しない．この費用はすでに通常基準額に含まれているからである．

年金および住宅手当は，収入として算入される．福祉事務所が経常的生計扶助について最終的な決定する前に，資産を算入すべきかどうか，算入するとしたらどの程度かについて検討するなのは言うまでもない．アイゼンマン夫妻が住んでいる小さな一世帯用住宅は，社会法典第一二編第九〇条第二項第八番により，保護資産に含まれるので，福祉事務所より干渉されることはない．比較的居住面積の狭い小さな土地に要扶助者二人が住んでいるため，社会扶助実施に当たっては，アイゼンマン夫妻の負担を求めてはならない．

これに対し，算入されるべきなのは五，〇〇〇ユーロの貯金残高である．社会法典第一二編第九〇条第二項第九番に関する条例により，アイゼンマン夫妻が比較的少額の現金として保持できるのは，万一の場合に備えた非常用貯金として，おそらく夫に二，六〇〇ユーロ（アイゼンマン氏はすでに六五歳なので，保護資産額は二，六〇〇ユーロに引き上げられている），妻に六一四ユーロまでは保有できる．三，二一四ユーロを超えた分の一，七八六ユーロ（五，〇〇〇－三，二一四）を，アイゼンマン夫妻は社会扶助を申請する前に，優先して活用しなくてはならない．しかし，アイゼンマン夫妻が福祉事務所に対し，貯金残高を他のまともな目的に使わなくてはならず，自由に使える一，七八六ユーロの金額は，必要な新しい家具の入手，新しい被服の入手，療養への出資，必要な家の修繕などに消費してしまったと証明する可能性がないわけではない．

福祉事務所に対し，アイゼンマン夫妻が他のまともな目的のため，貯金残高を三ヵ月もたたないうちに使い果たしてしまわなくてはならなかった，と証明できる場合，そして証明できる限り，社会扶助給付が支払われる（Hüttenbrink 2011：178–181）．

2. 障害者の場合の収入認定

障害者の社会統合扶助における収入と資産の活用については、社会法典第一二編第九二条に由来する特殊な点が多少ある．障害が入所施設または障害者通所施設のための給付、医師もしくは医師の処方による措置のための給付を必要とする時は、たとえ社会法典第一二編第一九条第三項に掲げる者に資力の調達が部分的にのみ期待できる場合であっても、このための扶助は全面的に行われるべきである．どのような場合に配偶者・人生パートナーまたは未成年で未婚の子どもの両親に、生計費のみが期待されるのか、詳しくは社会法典第一二編第九二条第二項に定められている．それは、次のような場合である．

①未就学児童のための療育的措置
②準備を含め適切な学校教育のための援助
③障害のある未就学者に対する、社会生活への可能な範囲内での参加を可能にする援助
④適切な職業のための学校における職業教育その他の適切な仕事のための訓練に対する援助で、そのために必要な給付が障害者向け特殊施設で提供される場合
⑤医学的リハビリテーションのための給付（第九編第二六条）
⑥労働生活参加のための給付（第九編第三三条）
⑦第九編第四一条に定める認可障害者作業所および同様のその他の作業所における給付（第五六条）
⑧障害者に労働生活を可能な範囲内で可能にさせるのに必要でかつ適切な実践的知識および能力の習得のための援助で、これらの援助が障害者向け特殊通所施設で提供される限りにおいて第一文に掲げる給付は、手持ち資産

を考慮せず支給しなければならない．

施設で提供される生計費は，第一号ないし第六号の場合にあっては，在宅生活で節約された支出分のみを算定する．これは，第一文第七号および第八号による費用の調達は，障害者の収入が合計して標準扶助額の二倍を上回らない場合，その収入に対して期待することができない．州管轄行政庁は，在宅生活で節約される支出および昼食費負担に関する詳細を定めることができる．第五号および第六号の場合にあって，故意または重過失により保険加入しなかった者または十分に保険加入しなかった者は，第一〇三条および第一〇四条に定める費用返還の義務を負う．

民法による扶養義務者は，別の者が，その他の規定により同じ目的の給付を調達しなければならない場合でも，社会法典第一二編第九二条第二項による義務はその影響を受けない．

該当者の両親・配偶者に生計費のための資力の調達が期待できる場合，社会法典第一二編第九二条第二項第二文により，両親・配偶者より費用が償還されるべきである．

3．特別扶助における収入と資産の活用

特別扶助においても，生計扶助と同様，受給権者の収入と資産は認定する必要がある．ここでも生計扶助や「老齢・障害等基礎保障」における収入および資産の概念が，同じく該当する．特別扶助は基礎部分の供与（経常的扶養）が目的ではなく，個人がそれぞれ置かれている特殊で，非典型的な状況が対象となるので，特別扶助では，収入認定に関しては，資産の認定と同様，立法機関は寛容である．しかし，社会法典第一二編第八二条第三項による社会扶助法上の控除額は，特別扶助の収入認定においては差し引かれない．

（1） 一般的収入限度

立法機関は、生計扶助においては受給権者の全ての収入をその者に給付する社会扶助から差し引くような措置を取っているが、特別扶助においては、社会法典第一二編第八五条に従い、まず要扶助者とその家族に対して一般的収入限度額が算定されるよう措置をとっている．この限度額を収入が下回る場合には、社会扶助受給権者は社会法典第一二編第四七条から第七四条により受給できる扶助を減額なしで受け取る．収入が収入限度を超えたとしたら、収入の超えた分を認可されるべき扶助に算入する．

(1) 一般的収入限度額の算定

社会法典第一二編第八五条第一項により、要扶助者と同居の配偶者には、需要が存続する間、月当たりの世帯収入が次により算定される収入限度を超えない限り、資力の活用を求めるべきではない．

① 頂点基準額の二倍の基礎額（現在七二八ユーロ）
② 住居費
③ 配偶者または生活パートナーその他に扶養されている他の世帯構成員一人につき、頂点基準額の七〇％から切り上げた額の家族加算

事例⑤[68]：ケムニッツ出身のトウースケ氏は歩行障害があり、家政の他に着脱衣に援助が必要である（毎日およそ二時間）．介護保険給付は受給していない．そのため福祉事務所は月に二二五ユーロの介護手当を支給する意向である．トウースケ氏とその妻は、息子より月に五〇〇ユーロの仕送りを受けている．その他に、住宅手当が七五ユーロ入る．

賃貸している住居は暖房費も含めて、月に三五〇ユーロかかる．
トゥースケ夫妻の収入限度額は次のようになる．
社会法典第一二編第八五条第一項第一番による基礎額（七二八ユーロ）
住居費（三五〇ユーロ）
妻の家族加算（世帯主基準額の七〇％）
ここでは、ザクセンの世帯主基準額
三六四ユーロ、その七〇％＝二五五ユーロ
合計＝一、三三三ユーロ
トゥースケ夫妻の収入限度額は一、三三三ユーロになる．しかし、夫妻の収入は五〇〇ユーロしかないため、収入は限度額を下回り、予定されている介護手当は全額支給されることになる．

(2) 収入限度額を超える収入の場合

事例⑥—事例⑤の変形
T氏は不動産売却から月に一、五〇〇ユーロの終身年金を得ているが、扶養費は受けていない．
この事例では、夫婦合わせて収入が一、五〇〇ユーロになる．したがって、一般収入限度額を一六七ユーロ（一、

(68) 事例⑤から事例⑩は Hüttenbrink 2011：249–253による．

五〇〇－一、二三三）超えることになる．そのために福祉事務所は、予定していた介護手当の金額をこの超過分だけ一六七ユーロ減額し、したがって介護手当としてT氏に五八ユーロ（二二五－一六七）のみを支給することになる．

事例⑦—事例⑤の変形その二

T夫妻の収入合計は一、六〇〇ユーロである．この場合、超過額は二六七（一、六〇〇－一、三三三）ユーロであり、福祉事務所は収入超過分と予定していた介護手当を清算し、介護手当の支給を取りやめることになる．

しかし、認定されるべき収入が限度額を超える限り、相当な範囲のみにおいて資力の活用が期待されるべきである（SGB第一二編第八七条第一項）．どのような範囲が相当であるかを調べるにあたっては、とりわけ需要の種類、障害または介護需要の種類と程度、費用を必要とする期間とその金額、ならびに要扶助者とその被扶養権利のある家族の特別な負担が考慮される．したがって、前述の二つの変形事例では、トウースケ夫人がいつでも介護できるような状態にするために、原型事例の前記変形その一では収入を全く算入しないように、変形その二では状況により、部分的な収入認定を行うように、主張することができる．

(3)　社会法典第一二編第六四条第三項、第七二条による給付における、視覚障害者および重度障害者のための特例

社会法典第一二編第六四条第三項のさす重度要介護者および社会法典第一二編第七二条による視覚障害者には、収入限度額を超えた分の収入活用において、少なくともその一〇〇分の六〇は期待すべきではない（SGB第一二編第八七条第一項第三文）．

事例⑧―事例⑤の変形その三

トゥースケ氏は介護度Ⅲであり、六八五ユーロの介護手当を受給している．収入合計は一、五〇〇ユーロである．この場合法律の定めるところによれば、収入限度を超えた超過額一六七ユーロのうち、少なくとも六〇％（＝一〇〇・二〇ユーロ）は算入されないため、介護度Ⅲの介護手当から差し引かれるのは最高で六六・八〇ユーロである．この場合には、わずかであるが介護手当が支給される．

(4) 社会法典第一二編第四七条から第七四条による一時給付についての特例

社会法典第一二編第四七条から第七四条による給付のための、生計扶助以外の、必需品入手のための一時給付においては、社会法典第一二編第八七条第三項により、その資力の調達を給付が認可された月が過ぎてから三ヵ月以内の期間に稼得する収入から請求してもよい．

事例⑨―事例⑤の変形その四

在宅看護のためにトゥースケ氏には特別な介護ベッドが必要である．ベッドは一、三〇〇ユーロかかり、社会扶助実施者からは認可されている（社会法典第一一編第四〇条に関連して社会法典第一二編第六一条第二項第一文）．

トゥースケ氏の収入（前記参照）が一般収入限度を一六七ユーロ超えているので、社会扶助実施者は一六七ユーロの四倍（六六八ユーロ）を介護扶助の一時給付に算入することもできる．なぜなら、給付について決定された申請月、およびその後三ヵ月までの期間中の収入が考慮されうるからである．社会法典第一二編第八七条第三項のさす収入認定は自由裁量規則なので、この例では収入認定を見合わせる権利が社会扶助実施者にはある．このようにしてトゥースケ氏の在宅看護が後々まで保障されるのであれば、社会扶助実施者はまず算入を見合わせるだろう．

社会法典第一二編第八九条第一項の定めるところによれば、受給権者が複数のさまざまな必需品を主張でき、そのうち特定の需要の一つを満たすのに、その者の収入の一部の活用が期待できる場合には、他の同時に生じる需要に収入の一部は考慮されない．

（2）収入限度に満たない収入の活用

個々の場合において受給権者は収入限度に満たなくとも、特別扶助においてその収入を活用するよう義務づけられている場合がある．第八八条第一項によれば、該当するのは次のような場合である．

・社会扶助が給付すべきであるような特定の目的のために、他の給付が行われる場合

・需要を満たすためにほんのわずかの資力しか必要とされない場合．

ここで需要給付がほんのわずかと見なされるのは、その価格が二〇ユーロ（世帯主基準額のおよそ五％）にみたない時である．

・半入所的もしくは入所的給付においては、そのために自宅での家計費より出費が節約された分だけ、また施設での比較的長期の介護が必要な者については、その者が主として他の者を扶養していない場合

社会法典第一二編第八八条第二項により、受給権者が入所施設での入所的給付において、たとえば、保護を受けている作業所での有償の仕事より得た収入の一部は算入されない．また、世帯主基準額の八分の一の額（現在四六ユーロ、さらに収入のうちこの額を超えた分の二五％を加算）は算入されない．

事例⑩：A氏は保護を受けている作業所で働いており、月に三〇〇ユーロを稼得している．同時に相応の施設に入所している．A氏のひと月当たりの収入三〇〇ユーロは社会法典第一二編第八八条第二項の規定により、その一部分は算入されない．その額は次のようになる．

計算式

基本額＝世帯主通常基準の一／八　四六ユーロ

加算（三〇〇－四六）　二五四ユーロ

二五四ユーロ×二五％　六四ユーロ

この事例では、A氏の収入のうち、一一〇ユーロ（四六＋六四）が手付かずで残る．

（3）その他の場合の収入限度

その他の場合に連邦および社会扶助実施者は、社会法典第一二編第八六条に基づき、社会法典第一二編第四七条から第七四条による特定の扶助に対して、基礎額をより高額に決定することができる．この事項を障害者社会統合扶助（SGB第一二編第五三条以下）および介護扶助（SGB第一二編第六四条第一項による介護度IとII）の各事例に、以前の連邦社会扶助法第八一条でのように、適用することが望まれる（Hüttenbrink 2011：248–253．田畑 2011：214–221）．

第５節　給付の排除・制限と請求権

1．給付制限と返還請求

(1) 給付の排除（SGB第一二編第三九条）

連邦社会扶助法第二五条第一項では、期待可能な労働に就くことを拒否する者に対する給付制限の定めがあったが、現在有効な社会法典第一二編にそれは除かれている．なぜならば、社会法典第一二編により、生計扶助を受けることができるのは、ごくわずかな範囲でしか働けない、または全く働けない者だけだからである．

ところで、立法機関は社会法典第一二編第三九条において新しい規定を定め、給付の制限について定め、極端な場合には給付の排除にもなりうることを示している．すなわち、給付受給資格者がその義務に反して、仕事に就くこと（SGB第一二編第一一条第三項）または必要な準備に参加するのを拒否した場合、基準となる通常基準額が第一段階では一〇〇分の二五を限度として減額される、度重なる拒否に対してはさらに段階的に一〇〇分の二五を限度として減額されるが、こうした措置が合わせて四回繰り返されれば、状況によるが、給付がゼロになることもありうる．もちろん、給付受給資格者に対しては、あらかじめ適切な教示が行われるが、給付制限の際は、被扶養権利者である家族や同一世帯に生活するその他の給付受給資格者が巻き添えをくうことのないよう、社会扶助実施者はできる限りの注意が必要である.

(2) 給付の制限（SGB第一二編第二六条第一項）

社会法典第一二編第二六条第一項によれば、社会扶助実施者は、次のような場合には給付の減額を行うことができる.

・成年の要扶助者が、社会扶助の実施ないし引き上げの条件を招くために、収入や資産を故意に減少させた場合（たとえば、手元にある資産をゼロにするために、故意に浪費的に行われた贈与）

・給付受給資格者が、注意を受けたにもかかわらず、浪費的な態度をとり続ける場合（たとえば、家計費の間違った配分、過度のアルコール類消費など）

その際の給付減額措置は、基準となる通常基準額の最高三〇%までである.住居費はこれには含まれない.減額措置についても、社会扶助実施者は、被扶養権利者である家族や該当する給付受給有資格者と同一世帯に生活するその他の者が、扶助の拒否または制限の巻き添えをくうことのないよう、できる限り注意すべきである.

(3) 相殺（SGB第一二編第二六条第二項）

社会扶助実施者の側が社会扶助受給資格者に対して返還請求権がある限り、社会扶助実施者はその反対請求をもって社会扶助に対して相殺できる（＝請求を清算できる）.その際、社会扶助実施者は少なくとも生活に不可欠な費用は給付しなくてはならない．すなわち，扶助を必要とする当該者の通常基準額は，相殺の過程で最高三〇％までを減額してもよいということである（SGB第一二編第二六条第二項）．しかし，社会扶助実施者側の具体的な請求権を理由とする相殺の可能性は三年間に限られている．その後は，社会扶助実施者の新たに請求権がある場合に限って，生活に不可欠な費用を除いて，さらに相殺を行うことができる．

相殺の可能性は法改正により広がった．新たな点は，給付受給資格者に限らず，その代理者が故意または重大な過失により誤った，または不完全な申告をして，または義務に反して履行を怠り，給付を実施させることになった場合も，あるいは社会法典第一二編第一〇三条および第一〇四条による費用償還請求に関る場合も，相殺が宣告できるようになった点である．

2．社会扶助の返還請求

既述したように，社会扶助は，要扶助者の現在生じている窮地をカバーするのが目的である（需要充足の原則）．社会扶助第一二編第一条第二項により，社会扶助は給付受給資格者をできるだけ社会扶助なしで生きていけるようにするためであるので，社会扶助を将来の抵当にするべきではない，ということがいえる．したがって，社会扶助法に明記されていないが，原則として，社会扶助給付からの返済は通常排除されている．この明記されていない原則にもしかし，一連の例外がある．次に，その詳細について述べる．

（1）相続人による費用償還（SGB第一二編第一〇二条）

立法機関は社会法典第一二編第九〇条第二項の規定により，給付受給資格者にその資産の一部を保護資産としてゆだねたので、立法機関は社会法典第一二編第一〇二条に規定を設け、給付受給資格者の相続人、あるいは給付受給有資格者の配偶者または人生パートナーシップ法の指す人生パートナーの相続人に対して、給付受給資格者に支給した社会扶助の償還義務を負わせられるようにした．しかし、相続人による費用償還には、一連の要件と制限が伴う．

①償還義務は、相続開始前一〇年以内に給付受給資格者のために費やされた社会扶助費用のみに生じる．その際、支給された社会扶助給付は、社会法典第一二編第八五条第一項による通常基準額の三倍を超えていなければならない．

②給付受給資格者の配偶者（または人生パートナーシップ法のさす人生パートナー）の相続人の償還義務は、配偶者または人生パートナーが別居中に実施された社会扶助の費用に対しては生じない．給付受給資格者自身が配偶者の相続人である場合は、その者には費用償還の義務はない．

③相続人の償還義務は、遺産債務に属するものにかぎられる．相続人が責任を負うのは遺産についてであり、相続人のその他の個人的な資産ではない．したがって、相続人が福祉事務所に支払わなくてはならないのは、相続人自身が遺産として見出せる部分である．

④費用償還請求権は次の場合、これを主張することはできない．
・遺産の価値が社会法典第一二編第八五条第一項による基本額の三倍（現在は二、〇七〇ユーロ）にみたない場合
・相続人が給付受給資格者の配偶者か人生パートナーまたは親族であって、一時的のみならず、給付受給資格者とその死亡まで同じ世帯で生活を共にし、かつ給付受給有資格者を介護してきた時は、遺産の価値が一五、三四〇ユーロ未満の場合

・相続人への要求が個々の場合の特性からして特別な過酷さを意味する場合

相続した資産が相続人にとって社会法典第一二編第九〇条第二項第八番のさす保護資産である時は、いかなる場合にも相続人に対する特別な苛酷さが存在する．

事例①[69]：夫婦二人は自分たちの住む小さな一世帯用住居（SGB第一二編第九〇条第二項第八番により保護資産）を所有している．妻は多発性硬化症を患っており、死亡前の一〇年間に二五、〇〇〇ユーロの介護扶助を受給している．妻が死んで、夫には共有財産である宅地住宅の一／二にあたる、五〇、〇〇〇ユーロの価値がある妻の所有分が遺されている．夫への要求は特別に苛酷であろう．なぜなら、妻の生存中にその介護扶助を受けるために、宅地住宅を換価することは、夫にも生存中の妻にも義務付けられなかったからである．共有資産は夫自身にとっても保護資産であるため、社会法典第一二編第一九条により、夫が共有資産を活用する必要はない．

事例②：相続人は自分の家族だけが一緒に住んでいる小さな一世帯用住宅を相続する．相続人とその家族自体も社会給付受給資格者であれば、社会扶助実施者は相続人のためのという理由で、その家の換価を請求することはできない（SGB第一二編第九〇条第二項第八番）．もし社会扶助実施者が社会法典第一二編第一〇二条による遺産を理由に換価を求めたならば、それは特別な苛酷さを意味することになる．

（69）事例①－⑥については、Hüttenbrink 2011：266－278による．

(2) 有責的行為の場合の費用償還（SGB第一二編第一〇三条）

個々の場合においては、社会給付受給資格者が反社会的な行為のため、故意または重大な過失により法律で定められた社会扶助実施の要件を、自分自身またはその被扶養権利者である家族に招くことがある．

一家の父親の反社会的行為（犯罪行為の実行）の結果、法律に従って社会扶助が妻と子どもに実施される．したがって、福祉事務所は妻と子どもに支給された給付の返還を父親に請求することができる．しかし、ここで注意を促しておかなければいけないのは、父親の刑期が終了した後、再びきちんとした仕事に就き、家族の生計を保障した上で、福祉事務所にさらに費用を返済できるほどその収入が高い場合に、初めて福祉事務所の該当する決定を実行に移すことができる、という点である．福祉事務所は社会法典第一二編第一〇三条第一項第三文により、個々の場合において苛酷な状況での請求を見合わせることができる．さらに償還請求することにより、償還義務者が将来、社会扶助を受けないで社会生活を営む能力が侵される恐れがある場合は、その請求を見合わせるべきである．

不当受給の原因を作った者（たとえば、社会給付受給資格者の後見人や扶養権所有者、保護人、代理人も含む）の故意または重大な過失ある行為により、給付が行われた場合は費用償還の対象となる．費用返還は連帯して債務を負い、複数の義務者が連帯債務者として責任を負う（SGB第一二編第一〇三条第四項）．

(3) 不当支給に対する償還あるいは費用返還（SGB第一〇編第四五条および第五〇条、社会法典第一二編第一〇四条）

(1) 社会法典第一〇編第四五条および第五〇条による償還

不当に支給された給付の給付受給資格者による償還については、社会法典第一〇編第四五条および第五〇条に優先して定めてある．

反社会的な行為により、福祉事務所が社会扶助を実施し、社会扶助実施要件が存在しなかったにもかかわらず、福祉事務所が誤って社会扶助を全部または一部を実施する場合もある．そのような場合に福祉事務所は社会法典第一〇編第四五条により、給付受給資格者に有利に下された社会扶助決定を取り消し、社会法典第一〇編第五〇条に関連して、不当に支給された給付の返済を要請することができる．しかし、社会法典第一〇編第四五条第二項の定めるところによれば、給付受給資格者に有利に下された社会扶助決定は、受給者が行政行為の存続を信頼し、撤回した場合の公正な利害関係を検討した結果、その信頼を尊重する価値がある時は、これを取り消してはならない．給付受給資格者が支給された給付を消費したり、資産を任意に処理して、もとに戻すことができない時には、法律では通常、給付受給資格者の信頼を尊重する価値があると見なす．社会給付受給資格者においては普通、福祉事務所から支給された給付は消費されたということを前提にしてもよいということになる．社会給付受給有資格者の社会扶助決定の合法性に対する信頼は、通常は尊重する価値がある．しかし、次に挙げるような場合には、特別な信頼状況の援用は不可能であることを、強調しておかねばならない．

①社会給付受給資格者が社会扶助決定を詐欺や脅迫（恐喝）、買収により実施させた場合．

②社会給付受給資格者が故意にまたは重大な過失により、重要な点で不正確または不完全に作成した申請に基づき給付決定がなされた場合．

③社会給付受給資格者が決定の違法性を知っていた、または重大な過失により知らなかった場合．とくに、社会給付受給有資格者が必要な注意をはなはだしく怠った場合．

社会扶助法による算定方法は、普通の社会給付受給資格者にはわかりづらいことが多いので、詐欺や脅迫、買収の場合を除いては、違法性認識が理由の取り消しは、通常は除外してよい．しかし、社会給付受給資格者にとって、決定が間違いであることがあまりにも明白な時は、重大な過失である．扶助決定の取り消しは、管轄の社会扶助実施者によって、取り消し事由の通知から二年以内に行われなければならない．

(2) 社会法典第一二編第一〇四条による費用返還

社会法典第一二編第一〇四条では返還請求の可能性は広がっている．社会法典第一〇編第四五条および第五〇条では、要件を満たす限り、給付受給資格者に対する返還請求ができることが規定されており、社会法典第一二編第一〇四条では、故意または重大な過失により給付を招来せしめた者は、不正に支給された給付の返還義務を負うことになっている．

3．二重給付における費用返還と費用分担（SGB第一二編第一〇五条）

社会法典第一二編第一〇五条の新しい規定によって、社会給付の二重受給防止のための規定のすき間がふさがれた．この規定によれば、優先する給付義務者が社会扶助実施者の給付を知らずに、給付受給資格者にさらに給付した場合、給付受給資格者は入手したものを社会扶助実施者に返却する義務がある（SGB第一二編第一〇五条第一項）．住居費に関しては、暖房費および給湯費は別にして、住居費の一〇〇分の五六は返還請求を免れる．この特別規定は、給付受給資格者が社会法典第一〇編第四五条第二項第三文に該当して、生計扶助の他に住宅手当法による住宅手当を同時に受給している時には有効ではない．

(1) 貸付における返還請求

社会扶助実施者は社会扶助給付を個々の場合において、返還されない補助金としてばかりでなく、貸付としても実施できるので、社会扶助実施者は貸付としての給付においてはいうまでもなく、後の時点で（窮状が去った後）その他の債権者と同じように、貸付額の返還を要求することができる．この場合、支給された給付の返還請求の法律的基盤は、社会扶助実施者と扶助を求めるものの間に交わされた貸付契約、または実施者の認可決定である．

要扶助者は社会扶助実施者側より貸付契約を提案されたら、それに同意するか、または制約のない扶助（返還されない補助金としての扶助）拒絶を理由に裁判に仲介を頼んだほうがよくはないか、慎重に考慮するのが望ましい．

(2) 費用の償還と費用分担

個々の場合において、特定の社会扶助給付の際に、給付受給資格者に有利な金銭価値のある利益が生じることがあれば、費用分担により社会給付受給資格者より差し引かれる場合もある．

事例③：ブルガー一家（父、母、八歳の娘）は、ハレにある福祉管轄事務所より経常的生計扶助を受けている．娘が盲腸炎のために病院に運び込まれ、手術後一〇日間入院治療を受けることになった．福祉事務所は社会法典第一二編第四八条により生計扶助に追加して、疾病扶助を特別扶助として実施する．

この事例では、両親はこの月の通常基準額を娘のためにいったん受給している．他方で娘は、福祉事務所が実施した疾病扶助により、病院で一〇日間看護された．このような場合には、社会扶助実施者が両親に対して費用分担を要請し、それによって娘の看護期間節約された出費を徴収するのが妥当である．

4．第三者に対する請求権の移転と行政手続

（1）概説

社会扶助実施者は社会法典第一二編第九三条および第九四条により、第三者にあてた書面による通知により、社会給付受給資格者が第三者に対して有する請求権は実施者自身に移転する．その結果、請求権は社会扶助実施者に受け継がれる．このような請求権は、次に列挙するような請求権である．

・その他の社会給付主体、たとえば、年金保険、健康保険、失業者保険などに対する請求権
・給付受給資格者の雇用者に対する労働報酬請求権
・給付受給資格者の第三者に対する損害賠償請求権（たとえば、事故損害主張の場合）
・給付受給資格者の第三者に対するその他の請求権．たとえば、ドイツ民法典第五二八条による、貧困化を理由とした贈与の返還請求権．この規定によれば、贈与者が贈与を行った後、自分の適切な生活費をまかなうことができなかったり、親族や（以前の）配偶者に対し生じる法律上の扶養義務を果たせない場合には、贈与者は贈与を受けたものに対し、不当利得の返却に関する規定（ドイツ民法典第八一二条以下）により、贈与の返却を請求できる．贈与から貧困状態が始まるまでに既に一〇年以上経過している場合、贈与者の返却請求権は考慮されない．さらに贈与を受けた者が、贈与によりもはや豊かにはなっていないことが主張できる場合には、返還請求は行われない．

事例④：F夫人は重い病気にかかっており、多発性硬化症を患っている．贈与契約において夫人は娘に、流通価格一

〇〇、〇〇〇〇ユーロの小さな宅地住宅を委譲する．同時に夫人は、宅地住宅の用益権を自分のために留保する．その用益権の価格は、統計によりF夫人の期待余命をかんがみて、月々の賃貸料を基本に後に鑑定人により四二、〇〇〇ユーロと算出された．土地には土地債務がかかっており、贈与が行われた時点で六八、五〇〇ユーロと査定され、娘に引き継がれている．この事例では贈与の価値は無きに等しい．土地債務と用益権の価格を合わせて、家の流通価格を超えてしまうからである．したがって、贈与の返還請求は除外される．

(2) 扶養請求権の移転

社会法典第一二編第九四条により、給付受給資格者が配偶者や両親、場合によっては子どもに対してもつ扶養請求権は、法律に従い自動的に社会扶助実施者に、給付された費用の額を限度として移転する．その他の扶養義務者に対する扶養請求権（孫に対して祖父母、祖父母に対して孫）は、請求権の移転からは排除されている．

社会法典第一二編第九四条第一項により、扶養義務者自身に生計扶助給付を要求する資格がある場合、または請求権の移転が該当者にとって不当な苛酷さを意味する場合には、扶養請求権の移転は行われない．扶養請求権が経常的支給により満たされている限り、請求権の移転は排除される．また、扶養義務者が社会法典第一二編第一九条の人的範囲に含まれる、あるいは扶養義務者が給付受給資格者と二親等以上の親族である場合も、請求権の移転は排除される．社会法典第一二編第四章の「老齢・障害等基礎保障」による給付受給有資格者の両親および子どもに対する請求権の移転は排除される(70)（SGB第一二編第九四条第一項第三文）．妊娠している者、またはその実の子どもを満六歳になるまで養育する者の一親等の親族に対する扶養請求権にも、同じことが当てはまる．

ドイツ民法典第一六一一条により、すでに扶養義務が消滅している時は、扶養請求権の移転は概念的に除外される．

ドイツ民法典第一六一一条によれば、扶養を受ける権利のある者が道徳上の過失により貧窮している場合（たとえば、飲酒常習）や、扶養を受ける権利のある者自身が扶養義務のある対象者に対し扶養義務を怠っていた（たとえば、妻と子どもを故意に置き去りにし、何年もの間扶養義務を怠った、など）という理由、あるいは扶養を受ける権利のある者がその者の扶養義務対象者、あるいは近親家族に対して以前に故意に重大な過失を犯した場合（たとえば、性的暴行、身体的虐待）には、その者の扶養請求権は消滅する．

事例⑤：M夫人の母親は老人ホームで暮らしている．M夫人には基本的に扶養義務がある．福祉事務所は、M夫人の夫の収入と資産状況について情報を要請した．M夫人が家政を引き受けており自分自身の営業収入はない．M氏は月に手取りで三、六〇〇ユーロの収入を得ている．M夫妻は自分たちの所有する住居に住んでおり、そのローンがまだ一〇〇、〇〇〇ユーロ残っており、利息と返済分を合わせて月に六〇〇ユーロ支払わなくてはならない．

この事例では、実際に使える金額は（三、六〇〇－六〇〇）の三、〇〇〇ユーロになる．いわゆる二分割原則（Halbteilungsgrundsatz）により、M夫人の所得は三、〇〇〇ユーロの五〇％の一、五〇〇ユーロになる．M夫人の最低自己扶養費を一、二五〇ユーロとすると、M夫人の所得は最低自己扶養費を二五〇ユーロ超えている．しかし、M夫人の最低自己扶養費を超えた二五〇ユーロの五〇％の一二五ユーロは収入認定されない．したがって、M夫人は老人ホ

(70) しかし、この規定は社会法典第一二編第四三条第二項と矛盾している．社会法典第一二編第四三条第二項によれば、社会法典第一二編第四一条以下による社会扶助給付の「老齢・障害等基礎保障」においては、該当者の子どもの年収が一〇〇、〇〇〇ユーロを超す場合に限って、子どもを引き合いに出すことが許されることになっている．

ームに入所している母親の扶養費支払い額として、最高限度一二五ユーロを請求される可能性がある．

扶養義務者の配偶者は、ドイツ民法典第一六〇一条により扶養義務者の血族ではない．したがって、配偶者には扶養義務はない．よって、扶養義務者が社会扶助実施者に配偶者の収入と資産の状況についての情報を与える義務は、基本的にはない．扶養義務者が福祉事務所に対して、配偶者がこのような場合、生活費を現物で（住居や被服、食事などの提供）支給して、（配偶者の扶養義務者に対する）扶養義務を果たしている、と通知すれば十分である．もっとも配偶者が毎月の出捐を現金で行う限りは、万一の場合、扶養義務者自身が自分の両親にどれくらいの額を支給できるのか算出できるように、扶養義務者は出捐の金額を申請しなくてはならない．

しかし、ごく最近は、連邦裁判所（ＢＧＨ）の最高裁判所の判決において、いわゆる「義理の子の義務」（Schwiegerkindhaftung）への変化の兆しが現われている．ここで問題が多いのは、自分の両親に対し扶養義務のある配偶者に自分自身の収入がない事例である．連邦最高裁判所によれば、夫婦の収入合計二分割の原則は、扶養義務者の両親の扶養請求権に対し、扶養義務のある方の配偶者自身に収入がない場合でも、査定根拠として有効である．連邦最高裁判所の判決の起点はいかなる時でも、扶養義務のある子どもの支給能力が、その者の収入が適切な家計費を満たすのにどの程度必要か、という点にどれだけ左右されるか、という問題である．収入が比較的高い場合には、収入がすべて生活維持のために消費されると単純に想定することはできないであろう．とりわけ連邦最高裁判所は近頃の判決では、収入のうち資産形成にのみあてられる部分については、基本的に扶養目的のために提供されるべきである、という見解である．つまり、自分自身には扶養義務のない配偶者の収入は、適切な所有住宅や適切かつ補足的な老齢年金のための出資以外に、資産形成にのみ使われ、それゆえ家計の利益にならない限り、収入の残った部分は両親の扶養に充てられるべきである．連邦最高裁判所のこの比較的新しい見解について，詳細はまだ固められていない．しかし，やがてはこの見解がさらに詳しく具体化されるものと見るべきであろう．だからこそ，自分の収入は自己扶養費に満たず，かつ両親の扶養を請求された扶養義務者の配偶者の収入が，優先される家計費をカバーするのに，必要なのかどうか，必要だとすればどの程度か，個々の場合にはいつでも調べなければならない．扶養義務者は両親の扶養に際して，その者自身の収入に相応する生活レベルに対し，大幅な制約を甘受する必要はない．この「自身の収入に相応する生活レベル」（eigenen einkommenstypischen Unterhaltsniveaus）という概念を，それぞれの場合にどのように理解し解釈するかは，その都度吟味しはっきりさせなければならない．この点について判決からは，扶養義務のある配偶者に残しておかねばならない最低自己扶養費は，今のところ成年の子どもに対する最低自己扶養費に相応して，一，二五〇ユーロなければならない，とする傾向が確認できる．このことと関連して，最低自己扶養費（Mindestselbstbehalt）にさらに上乗せすることについて論議されている．なぜなら，扶養義務者が状況にそぐわない浪費や「ぜいたくな生活」をしない限り，両親に負わされている扶養のために，自分の「職業および収入に付随する生活レベル」を長期間にわたって著しく下げる必要はない，というのも，連邦最高裁判所の核となる意見表明だからである（Hüttenbrink 2011：262–277）．そのような事情から連邦最高裁判所は，とりわけ予測可能性と実用性の理由から，最低自己扶養費を超える収入のおよそ半分が，さらに算入から免除されることを承認した．

第6節 情報の保護と手続の原則

1. 事情調査および協力

社会扶助実施者は職務上、法規範の要件が存在するかどうか調べる．この事情調査においては、社会扶助実施者が義務的裁量により事情の解明に必要だと思われる証拠物件を用いる（SGB第一〇編第二一条）．その際、実施者は、とくに使用者や医師からの情報を入手し、家庭訪問による検証を行うことができる（Kunkel 2005c：49）．

この調査義務に相応するのが第三者の情報提供義務であり、それには①扶養義務のある者、費用返還義務のある者および雇用者の情報提供義務（SGB第一二編第一一七条）、②医師の情報提供義務（SGB第一〇編第一〇〇条）、③税務署の情報提供義務（SGB第一〇編第二一条第四項）、④他の社会給付実施者の職務共助義務（SGB第一〇編第三条）、⑤目撃者の証言義務および専門家による鑑定義務（SGB第一〇編第二一条第三項）があり、さらに事情調査に際しての扶助を求める者の「協力義務」（Mitwirkungspflicht）がある（SGB第一〇編第二一条第二項）．

協力義務の内容は、社会法典第一編第六〇条から第六四条に基づくが、これ以外の協力義務はなく、たとえば、家庭訪問を許容したりするような義務はない．社会法典第一編第六〇条によると、要扶助者には、①所得、資産、家族構成、扶養義務者、年齢など、給付にとって重要な事実をすべて申告する義務、②第三者が必要な情報を与えることに同意する義務、③収入、資産、家族構成など、状況の変化を報告する義務、④賃金証明書、年金決定通知、賃貸契約書などの証拠物件を挙げ、提示する義務がある．その他、社会法典第一編第六二条の診察および治療を受ける義務、また社会法典第二編による社会法典第一編第六四条の就労を促進する措置に参加する義務がある．

ところで、協力義務の範囲は協力行為が適切で、必要かつバランスがとれていなければならない．事実の申告は、法規範の要件特徴を満たすという目的を達成するのに有益な場合に限り、適切である．関連しない事実は申告する必要がない（協力義務の適切性）．必要なのは、扶助の具体的なケースに必要とされる事実だけである．したがって、各種の銀行情報または医師の情報に対する記入漏れのある承諾書は必要ない．社会扶助実施者が受給権者よりも少ない労力で、たとえば、職務共助により他の官庁から情報を手に入れることができる場合も、同様に協力行為はあまり必要ない（協力義務の必要性、SGB第一編第六五条第一項第三番）．協力行為が請求された給付とバランスが取れた関係にあるとき、その協力行為は適切である（SGB第一編第六五条第一項第一番）．バランスがとれていないのは、わずかな給付のための、遂行が難しい協力行為である．また協力行為は、重大な理由のために要求できないようなことがあってはならない．このことは個々のケースにおいて、子どもの父親の名前をあげるのを拒否する母親などの場合に推量される（協力行為の適切性）．

協力義務を怠った場合の制裁もある．要扶助者の協力がなかったために事情が解明できない場合、請求の根拠となる事実の解明不可能性は、請求権の存在を主張する者の負担になる．たとえば、家庭訪問が適切かつ必要で釣り合いがとれているにもかかわらず、許容されない場合が、これに当てはまる．その上、社会法典第一編第六六条第一項第一文に基づく給付が、拒否されたり取り上げられたりする可能性もある．しかし、制裁を課す場合は、社会法典第一編第六六条第三項により、①その結果生じる事柄についての書面による指摘、②協力義務を果たすための適切な期限設定、③成果のないままの期限切れなどの要件が満たされていることが必要である（Kunkel 2005c：50）．

2．社会福祉データの保護

(1) 原則

要扶助者について、社会法典第一編第六〇条による協力義務の枠内で、広範囲にわたって開示する義務と、社会扶助実施者がこれらのデータを開示しない義務がある（図3-6-1）．この守秘義務は、基本法第二条第一項に関連して第一条第一項により、情報の自己決定に対する基本的権利の領域特有の成文化として、社会法典第一編第三五条に定められている．社会法典第一編および第一〇編による領域特有の社会福祉データの保護規定は、連邦データ保護法および州データ保護法のデータ保護規則全般に対し優先権を持つ．州データ保護法により、州データ保護委託者によるデータ保護監視のみが行われる（SGB第一〇編第八一条第二項第二文および第三文）．

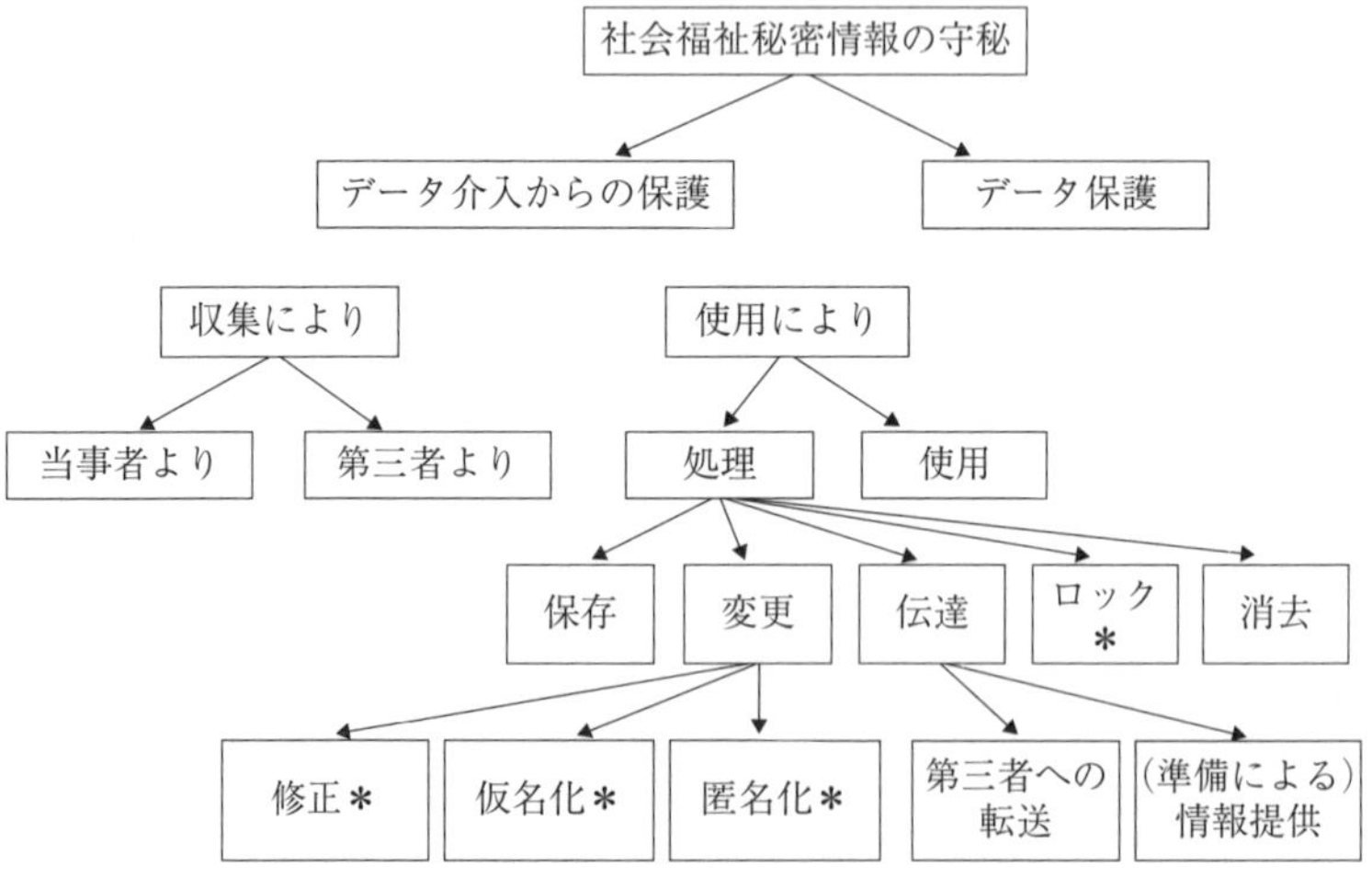

＊処理手順ではあるが、介入ではなく、保護手段である．

出所）Kunkel 2005c：51.

図3-6-1　社会法典第1編第35条による社会福祉秘密情報への介入一覧

社会福祉秘密情報がデータ処理施設あるいは書類、または担当者の頭にしかなかろうと一切関係なく、すべての社会福祉秘密情報にこのデータ保護は該当する．

社会法典第一編第三五条の保護領域への「介入」（Eingriff）があるとしたら、それは法上の規定が認めたときにしか許されない（Kunkel 2005c：52）．データ収集による介入に対する法上の規定は社会法典第一〇編第六七条ａ、データ伝達による介入に対しては社会法典第一〇編第六七条ｄに規定されているが、伝達権限がそこから生じない限り、他の官庁に対する伝達義務、裁判手続き（掲示訴訟も）における証言義務、書類提示義務も生じない（ＳＧＢ第一編第三五条第三項）．伝達要件のうちもっとも重要なのは、社会法典第一〇編第六八、六九、七一条である．

注意しなくてはならないのが、社会法典第一〇編第七六条の伝達要件のすべてに関する制限である．すなわち、福祉事務所が刑法典第二〇三条第一項に列挙された職業グループ、（たとえば、ソーシャルワーカー・社会教育者、心理学者、医師、コンサルタント）の一つの所属者から得たようなデータには、法上の伝達権限は及んでいない．付け加えられなければならないのは、これらの職業グループ所属者にとってデータの転送が可能になるような刑法上の前提条件である．刑法上の公開権限のうちもっとも重要なのが承諾である．

社会扶助実施者はすべて社会福祉データ保護を義務付けられているが、民間社会福祉団体はデータを公的実施者より伝達してもらった場合を除いては、この義務がない（ＳＧＢ第一〇編第七八条第一項第二文）．

（２）社会福祉秘密データの保護範囲

個人に関するデータとは、一人の自然人たとえ故人であろうとの人的および物的状況についての申告情報のすべてであり、このデータがまだ隠されているかどうか、つまり知られていないかどうかは、全く関係がない（ＳＧＢ第一〇編第六七条第一項）．その他として第六七条第一項第二文に基づき、企業秘密および業務秘密、たとえば、民間社会福祉団体の従事者数あるいは財政上の数字情報なども保護される．社会扶助の受給あるいは社会扶助実施者との関係は、すでに保護されるべきデータであり、振込み実施者によって、それが「社会給付」であることを銀行に知られてはならないのである．(71)

社会福祉データは許可されていない「伝達」（übermittlung）に対しても保護されている（Kunkel 2005：52）．伝達は情報を第三者にさらに伝えることである（SGB第一〇編第六七条第六項第二文第三番）．第三者とはまず、社会扶助実施者の地域団体外の他の官庁、たとえば、他の福祉事務所あるいは税務署機関および人物のすべてである．また、たとえば、外国人局や自動車運行許可所、地方自治体の病院など、社会扶助実施者の地域団体内の機関も第三者である．これ以外にも社会法典第一〇編第六七条第一〇項に基づき、福祉事務所の内部機関で、内部の業務分担により、ある特定のケース処理の管轄でない機関も第三者である（たとえば、生計扶助の専門分野から介護扶助の専門分野への転送）．反対に、生計扶助の行政専門家が個人的な扶助を与えることができるように、受給資格者の個人データを一般社会奉仕団の職員に転送する場合、これは第三者への転送ではない．なぜなら、両者は生計扶助のケースを違う観点で処理しているだけといえるからである．一般のボランティアから行政専門家への逆方向の伝達も、確かに社会法典第一編第三五条の指す伝達ではないが、もし受給資格者がソーシャルワーカーをその職業的立場から信用して、ソーシャルワーカーにデータを打ち明けたのであれば、刑法典第二〇三条第一項の指す開示になる．そうであれば、刑法上の開示権限として、承諾（沈黙の承諾も含めて）のみが考慮される．

（71）BverwGv.23.6.1994.

社会福祉秘密情報の「守秘」(SGB第一編第三五条第一項第二文)の意味するところは、社会福祉データは開示されてはならない、つまり、積極的予防措置により守るべきだということである．ケースの処理を委託されていない第三者は、社会福祉データへの接続をしてはならない．したがって、部屋を出るときは柵に鍵をかけ、電話のやりとりおよび公衆の行き来においては、秘密保持は守られなくてはならない．

(3) 介入権限としての承諾

「承諾」(Einwilligung) は介入の前に与えられるところの個人に関する情報の所有者(当事者)の介入同意表明である．承諾は基本的に文書で与えられ、その都度一つひとつの場合に制限されていなければならない(SGB第一〇編第六七条b)．たとえば、銀行、医師などの第三者による情報提供に対する全般的な承諾表明、あるいは他の官庁での書類要求はしたがって無効である．社会法典第一〇編第六七条bに基づく、承諾の特別な形式条件には、承諾があらゆる種類の介入に対し「開け、ごま」(Sesam-öffne-dich) になるのを防ぐ意図がある (Kunkel 2005c : 53)．

(4) データ収集

データ収集とは、ある者についてのデータ入手のことである (SGB第一〇編第六七条第五項)．社会法典第一二編による具体的な任務を遂行できるようにするため、そのデータが必要な場合に限り、データ収集は許可される．したがって、データ収集の範囲は、福祉事務所が記入するべき権限付与の根拠または請求権の根拠の要件特徴により定められる．福祉事務所は、まずはじめに当事者よりデータを自ら収集するよう努めなくてはならない (SGB第一〇編第六七条a第二項第一文、「当事者収集 Betroffenerhebung」)．口頭質問やアンケート用紙の送付、当事者の許可を得て第三者より情報を入手することにより、情報収集が行われる．社会法典第一〇編第六七条a第二項第二文の数えられるほどのごく限られた例外においてのみ、データ収集を当事者の協力なしに行うことができる（「他者収集 Fremderhebung」）．

（5）データ保存およびデータ消去

データ保存はデータ処理の一つの形式であり、データが記憶媒体に記録されることを意味する（SGB第一〇編第六七条第六項第二文第一番）．データ保存は、社会法典第一〇編第六七条cに定められている条件下に限り、認められる．個人に関するデータをデータ記憶媒体に取り込むことが、個々のケースの具体的任務を果たせるようにするのに必要な場合、かつ必要な限りは該当する．データ保存はデータ収集と同じ目的に使われなくてはならない（目的一致 Zweckkongruenz）．

データ消去も同様に、データ処理の一つの形式であり、保存されたデータを識別できなくすることである（SGB第一〇編第六七条第六項第二文第五番）．社会法典第一〇編第八四条第二項に基づき、データが任務遂行に必要なくなったら、そのデータは消去される（Kunkel 2005c：54）．書類分類での保存期限は適切に定められるべきである．消去により当事者の保護に値する利益が侵害されるような場合は、消去の代わりにデータのロックが行われる（SGB第一〇編第八四条第三項）．

（6）データ伝達

データ伝達は社会法典第一〇編第六七条d第一項に基づき、法律による伝達要件が存在する場合には認められる．

そのうち重要なものを次に挙げてみる．

① 社会給付実施者間の伝達

社会給付実施者間の伝達については，社会法典第一〇編第六九条第一項第一番が有効である．それによると，社会法典による法定任務を果たすために必要な場合は通常，伝達は認められている．伝達する機関が伝達により自身の社会法典任務を果たす場合も，伝達が社会福祉データの受信者による社会法典任務の遂行に用いられる場合も同様に該当する．

② その他の官庁への伝達

社会給付実施者（SGB第一編第一八条から第二九条）ではない，その他の官庁への社会福祉データの伝達は，まず第一に社会法典第一〇編第六八条により可能である．当事者の保護に値する利益が妨げられない場合，第六八条に挙げられた標準データに限り第六八条に挙げられた官庁に伝達してもよい．たとえば，当事者の現在の居所は，警察が要請すれば，警察に伝達することができる．

標準データ以外のデータは，法定情報提供義務を果たすために，社会法典第一〇編第七一条に限り，その他の官庁に伝達できる．ところで，福祉事務所にとってもっとも重要なのは社会法典第一〇編第七一条第二項になるが，この規定は，外国人の社会扶助受給の外国人局への伝達を滞在法第八七条による法定伝達義務の遂行において認めている．

③ 裁判所への伝達

標準データは社会法典第一〇編第六八条により，請求に応じて裁判所に伝達できる．そのうえ社会法典の任務の遂行に関連する場合は，福祉事務所は社会福祉データを伝達できる．したがって，給付詐欺を警察，検察庁および裁判所に伝達できる．社会法典第一〇編第六九条の場合には，一方で社会扶助任務の遂行と他方で裁判手続きとの間の関連が必要である．そのような関連があるかどうかは，社会扶助実施者が判断しなくてはならない．なぜなら，社会扶助実施者にデータ伝達の主導権があるからである．これとは逆に，社会法典第一〇編第七三条の場合は，裁判官に主導権があり，裁判官だけがデータの伝達を命じることができる（SGB第一〇編第七三条第三項）．

④　データ照合のための伝達

社会法典第一〇編以外の伝達権限は，社会扶助に関しては社会法典第一二編第一一八条に，社会法典第二編による生活費保障については社会法典第二編第五二条に含まれている．給付請求の悪用を避けたり発見したりするために，「老齢・障害等基礎保障」を除く社会扶助実施者は自動データ照合のため，特定のデータを他の機関から呼び出すことができる．たとえば，社会扶助実施者は社会法典第一二編第一一八条第四項により，自動車運行許可所に要扶助者が自動車保有者であるかどうかを問い合わせることができる．自動車運行許可所は社会法典第一二編第一一八条第四項第五文に基づき，このデータを伝達しなければならない．

(7)　当事者の情報閲覧要求権

社会法典第一〇編第八三条に基づき，市民は誰でも福祉事務所に，自分自身に関するデータを要求することができる．社会法典第一〇編第二五条による一般的な書類閲覧権とは異なり，この情報閲覧要求権は現在行われている行政手続の他，たとえば，相談書類のデータにも有効である（SGB第一〇編第八条）．しかし，この情報の閲覧要求権は，第三者の重要で正当な利益のために秘密を守らねばならないデータには適用されない（SGB第一〇編第八三条第四項第三番），という制約を受ける．たとえば，婚姻擬似共同体の存在について福祉事務所に信用に足る報告をする情報提供者のデータなどである．

3. 行政手続上の諸権利とその保護

(1) 法的行為能力

ドイツ民法典(BGB)第一一条第一項第一番によれば、法律行為可能である限り、自然人は誰でも法的行為可能である。社会法典第一〇編第一一条第一項第二番では法的行為可能性が拡大され、ドイツ民法典第一〇四条以下によりまだ法律行為可能ではない一八歳未満の者であっても、一五歳以上は法的行為可能である。満一五歳以上の者は、自分の意思で社会給付申請書を提出してその後の処理もできるし、扶助を受給することもできる(Kunkel 2005c : 56)。しかし、一五歳未満の者は社会扶助の給付受給資格は確かにあるが、その請求権は法定代理人が主張しなければならない。

(2) 意見聴取

当事者の権利(SGB第一〇編第一二条)を侵害する行政行為が公布される前に、決定的に重要な事実について意見を述べる機会が、当事者に与えられる(SGB第一〇編第二四条)。申請が却下される場合には、受給資格者の請求権が侵害される可能性もあるので、当事者の「意見聴取」(Anhörung)が行われなければならない。意見聴取は行政行為の前に行われなければならず、口頭でも書面によってもよい。意見聴取が行われないと、行政行為の否認可能性につながる。しかし、必要な事情聴取が後に行われる場合には、遅くとも裁判手続き中に行われなければならない(SGB第一〇編第四一条第二項)。それが実行できなかった場合には、行政行為に誤りがあるため、意見聴取は中止されなければならない(SGB第一〇編第四二条第二項)。

意見聴取は法的手続き行為なので、法的行為能力が条件となる．一八歳未満の者であっても一五歳以上の者は、社会法典第一編第三六条により法的行為可能であるので、これらの者が福祉事務所に申請書を提出した場合には、意見聴取が行われなければならない．

(3) 書類の閲覧権

当事者（SGB第一〇編第一二条）には行政手続（SGB第一〇編第八条）において、法律上の利益が得られる限りにおいて、自分自身に関連する書類の「閲覧」（Einsicht）が認められている（SGB第一〇編第二五条）．書類閲覧の制限の一つが社会福祉秘密情報である（SGB第一〇編第二五条第三項）．

市町村に関する法規および地域団体条約に基づく市町村参事会の書類閲覧権、および官庁の裁量により与えられる社会福祉経験者の書類閲覧権（SGB第一二編第一一六条）は市民の書類閲覧権と区別すべきである．

(4) 理由づけの義務

書面による行政行為は、同じく書面によりその理由が付されなければならない（SGB第一〇編第三五条第一項）．行政行為により、負担を増すか優遇をもたらすかは、理由付けにとっては関係がない．理由付けには、重要で具体的かつ法律に沿った理由と、裁量決定においては裁量に至った考え方を含むものでなければならない（Kunkel 2005c：57）．

（5）決定の判決主文作成

行政行為の判決主文（決定文書）は、明確さの原則（SGB第一〇編第三三条第一項）を充たさなければならない．これは物質的必要条件である．官庁が何を市民に望み、あるいは給付するのかが市民にわかれば、明確さは守られている．したがって、たとえば、社会法典第一二編第一一七条第一項による扶養義務のある者の情報提供義務は、扶養義務のある者が自分の経済状況について情報を提供しなければいけないとわかるように、はっきりと文章化されていなくてはならない．形式的な行政行為によって、この者にその義務が課される場合に限り、社会法典第一〇編第三一条のいう「規定」（Regelung）が存在する．行政行為の形式が欠ければ、社会法典第一二編第二七条による法的状況への単なる指摘である．

社会法典第一二編第九三条による移行通告は、債権者の交替が行われることがはっきりわかるようでなければならない．さらに給付義務についてははっきりと述べられていなくてはならない．支給された給付額は、少なくとも移行通告からは明らかでなくてはならない．

4．行政手続と法律上の手段

（1）行政手続

行政手続は社会法典（第一編および第一〇編）に基づいている．個々の場合において郡が社会扶助の任務を市町村に代わって担われていない限りは、事物管轄にあたるのは地域社会扶助実施者、すなわち郡に属さない市および郡である．

地域的に管轄権を有するのは、既述したように、実際に滞在している地域の社会扶助実施者である（SGB第一二編第九八条第一項第一文)．社会扶助受給資格のある者が管轄権のない社会扶助実施者に問い合わせた時は、実施者は遅滞なく管轄の実施者に通知するとともに、もっている必要書類を送付するよう義務づけられている(SGB第一二編第一八条第二項)．

社会給付実施者と同様、社会扶助実施者にも要扶助者にその管轄の枠内で社会扶助法による権利と義務について余すところなく教示し(社会法典第一編第一三条)、情報を与え、希望に応じて相談を行う義務がある(SGB第一二編第一一条第二項第一文、社会法典第一編第一四条および第一五条)．

法律の文面(SGB第一二編第八条)によれば、「老齢・障害等基礎保障」は別として、社会給付受給資格のある者による形式的な申請書の提出は必ずしも必要ではない．社会扶助実施者またはその実施者より委託を受けた機関に、社会扶助実施の要件が満たされたことが通知されれば十分である．わが国と異なり、職権保護であるため、社会扶助実施者はその職務上、扶助を実施しなくてはならないことになる．

しかし、社会扶助実施者がその窮状を認知していたということが後に証明できるように、その都度書面による社会扶助申請書を管轄当局に提出するのが望ましい．以前にさかのぼって社会扶助を実施することは通常認められていないので、申請書が提出されない場合、申請書が欠けることにより個々の場合において、社会給付受給資格のある者にとって深刻な法律上の損失を招きかねない．申請書が管轄権のない役所に提出された時は、この役所には申請書を管轄権のある給付実施者に送付する義務がある(社会法典第一編第一六条第二項および第四三条第一項)．申請書は、管轄権のない役所に届いた時点に申請されたものと見なされる．

(2) 法律上の手段

社会扶助実施者は給付受給資格のある者の申請書に対して、文書により決定事項を通知する事が義務付けられている．社会扶助実施者が何もしないままだったり、その処理の進め方が緩慢な場合は、社会給付受給資格のある者は事情によっては、ひどい窮状に陥る恐れがある．このような場合、社会給付受給資格のある者は、社会裁判所において、①無為に対する訴訟（Untätigkeitsklage）、②社会裁判所法第八六条bにより暫定的指示（einstweilige Regelung）の方法で、生活費の一時的な保障のために緊急対策としての暫定的規定を定めるよう申請を行う．訴訟の種類としては、取り消し訴訟および義務付け訴訟が可能である．取り消し訴訟は行政行為の破棄、義務付け訴訟は行政行為の発布を目的とする．仮指示の申請により、市民は暫定的に法律上の保護を得る．手続きは無料である（社会裁判所法第一八三条）．一時的な指示手続きの枠内では、裁判所が簡潔な調査を行い、社会給付受給資格のある者に通常、訴訟手続きの最終的な調査の結果、認められるであろう金額の八〇%を認可する．

市民が予審手続きにおける法律上の保護を求めた場合に限り、訴訟は認められる（社会裁判所法第七八条に関連してSGB第一〇編第六二条）．当該者の異議に応えて、官庁は自身の決定について調査する．官庁が異議を正当だと判断すれば、除去決定を出す（社会裁判所法第八五条第一項）．しかし、官庁が異議を不当だと判断すれば異議決定（Widerspruchsbescheid）を出す（社会裁判所法第八五条第二項第一文第四番および第二文と第三文）．この異議決定は発令官庁、すなわち、行政行為を発布した官庁が出すが、上位の官庁は異議決定を出すことはできない．なぜなら、社会扶助は自治業務（指示のない義務任務）であり、異議手続きにおいては行政行為の合目的性を上位官庁に審査させることはできないからである．郡に属する市町村が社会法典第一二編の任務遂行のため、郡から動員された場合は、また別である．この場合は郡が異議決定を出す（SGB第一二編第九九条第一項）．広域実施者が地域実施者あるいは郡に属する市町村を動員した場合にも、同様である（ＳＧＢ第一二編第九九条第二項）．しかし、この後に続く社会裁判所での訴訟は、動員された市町村を対象にしなければならない．

社会扶助実施者が主張された申請が否決された場合にも、同様の手続きを行う．この場合、まずは社会給付受給有資格者が否決決定に対し異議（Widerspruch）を唱えることができる．異議は否決決定が公表されてから一ヶ月以内に文書により決定を出した官庁に提出し、その理由を述べる．社会扶助実施者にも、異議を文章化する（いわゆる起稿）のを手伝う義務がある．

状況および法的状況を再び調査した後、官庁は異議決定を公布する．異議決定が全面的または部分的に否決である場合、異議決定の送達後一ヵ月以内にその異議決定に対して文書で、あるいは管轄の社会裁判所事務所の証書業務役人の起稿により訴訟（Klage）を起こすことができる．

異議が唱えられない場合、否決決定は法律上効力と拘束力を持つ．異議申し立てには、否決決定がまだ法的効力を持たず、官庁が引き続き実際的法的両方の観点から全体的な状況を再び調査しなければならない、という効果しかもたらさないので、異議申し立ての後に給付受給資格のある者が窮状に陥ることもありうる．このような場合にも社会裁判所に足を運び、暫定的規定発布を申請するのが望ましい．十分な知識がないために独りで裁判所を訪れるのがはばかられる給付受給有資格者は、弁護士の助言を利用してもよい．その際の弁護士料については、裁判所外での相談である限り、相談扶助（Beratungshilfe）の方法で肩代わりすることが出来る（相談扶助資格証明書は管轄の郡裁判所で発行される）．裁判で対立する場合には弁護士料が保障されるように、申請者は社会裁判所に対し訴訟費用扶助（Prozesskostenhilfe）を申請できる．社会扶助法による手続きでは裁判費用はかからない．訴訟費用扶助はその手続きに十分に勝訴の見込みがある場合に限り認可される．給付受給資格のある者は裁判所の法律申請所に相談する事ができる

（Hüttenbrink 2011：279‒182）．なお、異議決定がなされる前に、「社会福祉の経験者」（sozial erfahrene Rersonen）が参加し相談に乗らなくてはならない（ＳＧＢ第一二編第一一六条第二項）．しかし、州法はこれに参加しないと決定することもできる．[72] 州法が社会福祉の経験者の参加を除外したのであれば、異議決定がまだ出されていない場合でも、経験者は参加すべきではない（Kunkel 2005c：57‒58）．

（72）たとえば、社会法典第一二編施行法第九条によるバーデン＝ヴュルッテンベルク州がそうである．

第四章　補　論

第1節

第一次世界大戦期の公的扶助の変容と発展
―ドイツ国家的福祉事業の始まり

はじめに

ドイツの公的扶助は、一九一四年に勃発した第一次世界大戦を契機に大きな転機を迎えた．戦争はドイツ帝国の経済的、社会的、政治的情況に徹底的な変換をもたらしただけでなく、あらゆる社会領域への国家介入を強化させた．一九一四年以前の公的扶助は、主として市町村による自発的な施策や給付であったが、戦時期は市町村による扶助活動が拡大しただけではなく、社会に対する規制を強めるために、帝国が初めて生活領域においても責任を担うようになった．その結果、いわゆる「戦時扶助」（Kriegsfürsorge）および「戦時福祉事業」（Kriegswohlfahrtspflege）は旧来の貧困層に加え、中間階級を含む貧困化した幅広い層をも対象とすることになった．公的扶助は福祉事業へ、すなわち、幅広い国民層に向けた国家による計画的な生活保障の手段へと発展していった．結論的にいえば、戦時期のドイツにおける扶助の特徴は、「帝国による国有化と集中化」（Sachße/Tennstedt 1988：46）にある．ここでは、「社会扶助制度の先進国」（北住 1990：1）であるドイツにおける扶助の変容と発展の基本的特質を描き出すこととしたい．

1．戦争が経済と社会にもたらした影響

戦争勃発からまもなく，この戦争は軍部の見通しとは逆に，短期間で終えることができるものではないことがわかった．そのため，国民経済全体を長期的な戦争に対応できるものに変えていく必要があった．計画的な戦時生産と破綻寸前の物資の管理に備えるために，労働力を計画的かつ周到に軍隊に投入することが求められた．「このようにして，戦争はますます労働者の問題となっていった」（Preller 1978：5）．

軍隊への召集は軍部の要請に対応して強行された．その結果，それぞれの地域経済は打撃を受け，多くの工場が人材不足になり，生産不能もしくは生産能力の著しい低下をもたらした．それに加えて，多くの工場が戦争経済の求めに応じて事業の転換を余儀なくされたため，経済全般が不安定な状態に陥り，戦争開始後の短期間で失業者が急激に増えた．一九一四年七月に二・九％だった失業率が，八月には二二・四％になっていた．とくに繊維産業，食品産業，嗜好品産業など，女性が多く働いていた職場が閉鎖され，女性の失業者が増加した（Lorenz 1928：318）．戦争関連産業では労働力の需要が大きかったので，失業者数は比較的早く減少したが，失業率が戦前の二・九％のレベルに戻ったのはようやく一九一五年四月になってからであった（Preller 1978：6）．戦争関連産業は，一九一六年以降，深刻な労働力不足に陥った．失業率の低下と労働力不足は労働市場全体の構造変化，とくに多くの製造工場において労働者の構成が変わったことに関係する．一九一八年には，一六歳から五〇歳までのドイツ人男性の五〇％弱が軍隊に召集されたにもかかわらず，一九一三年から一九一八年の間の工場労働者数は八％しか減っていなかった．このことは，それまでの労働者層に替えて，高齢者や外国人労働者もしくは戦争捕虜を使ったことと，戦時中に少年や女性の就労率が急激に上昇したことで説明できる．従業員数が一〇名以上の工場における女性労働者の割合は，一九一三年から

一九一八年にかけて二二%から三四%に上昇した．その増え方は，産業部門ごとに異なっており，とくに軍需産業ではこれがより大きくなっていた．終戦時には，男性より女性の方が多いという軍事工場が多くなっていた（Zimmermann 1932：348. Preller 1978：8）．

この構成の変化は，それぞれの産業部門への労働力の配分が変わった（戦争産業には多く，平和産業には少ない）こと，とくに女性の変動と関わっている．全体として，未習熟労働者と簡単な職業教育しか受講していない労働者が増え，職業能力的に熟練した労働者の減少がみられた．このことは全職業に共通していた．他方，労働者の名目賃金は戦時中に平均して約二・五倍に上昇した．ただし，賃金上昇率は産業部門ごとに大きく違っていた．また，昇給は男女によっても異なっていた．戦争産業においては，一九一四年三月から一九一八年九月の間の男性の昇給率は一五二%であったが，女性は一八六%であった．全体として，金属加工産業で働く女性がもっとも厚遇され（+三二四%），食品産業で働く男性がもっとも冷遇され（+五〇%）ていた．このような昇給に対して，生活維持費は一九一四年から一九一八年の間に二一〇%上昇した．その結果，平均的男性労働者の実質年収は，一九一四年から一九一八年の間に，戦争産業において二三%弱，平和産業においては四四%以上減り，女性の場合は戦争産業で一二%，平和産業で三九%の減収となった．戦争中に収入を増やすことができたのは，（金属加工産業に従事する女性のように）例外的なケースに限られていた．ほとんどは収入が減り，一部は大きく減収となった（Kocka 1973：12）．

ただし，収入の変化をみても，戦時中の労働者家庭の物質的な生活状況がどうであったかについて完全に把握することはできない．女性と青少年の賃金労働が増えるにつれて，多くの労働者家庭で就労者の数＝稼ぎ手の数が増えた．それにより，多くの労働者家庭の収入が増え，ホワイトカラーや中級公務員の収入を越えることもあった．その結果，労働者階級と中産階級の間にそれまで存在していた生計面での格差が無くなるケースが出てきた．その一方で，労働者階級の中での格差が—家族の収入が戦争によって良くなったか否かによって—非常に大きくなっていった（Sachße/Tennstedt 1988：47）．

中産階級の市民層、ホワイトカラー、公務員、手工業者、小売業者、知識人、自由業者などは、産業労働者以上に、戦争がもたらした社会的、経済的状況から一層深刻な打撃を受けた．戦争勃発当初はホワイトカラーの名目所得が減り、一部は深刻な事態に陥ったが、後半になると名目所得は改善した．しかし、急激に上昇した生活維持費に全く追いつかず、ホワイトカラーの生活状態は全般的に非常に悪化し、戦前にはかなり下位であった労働者階級と同じ程度にまで低下した．それどころか、戦争特需で潤った一部の労働者より低いレベルにまで落ち込んだ．公務員の戦時中の給与は名目上はかなり安定していたが、実質収入は大きく減少した．それまで高給を稼いでいた公務員の方が、中級および下級の公務員より零落の度合いはひどかった．絶対的な給与額でみれば、中級や下級公務員が公的扶助の対象者になってしまう危険性が高かった．

既述のように、手工業者およびその他の中産階級の自営業者たちの多くは軍隊に動員された．これによって事業を断念せざるをえなかった者も少なくなかった．一九一七年には手工業者の約五〇％が動員され、その工場の約三三％が閉鎖されたのである．平和時の収入と比べると、兵役給与金に残留家族への公的扶助を加えても、たいていの家庭にとっては極端な減収であり、生活維持費も大きく落ち込んだ．小売業者は食料統制経済によって打撃を受けて利益が減少した．一九一七年、「戦争庁」（Kriegsamt）は、これを次のように認めている．

「現在の食料問題で特に打撃を受けたのは、中級公務員、手工業者、小売業者である．公務員にしてみても、食料品の価格が極端に上昇したのに対して、その固定給与は上がらなかったので、後から物価手当が支払われても、そのようなわずかな給与では大人数の家族を養うことが出来ない．同じことが小規模商店主や小規模工場経営者にも起こっている．なぜなら，たいていの物資は配給されているため，その営業活動がますます制約を受けているからである」（Kocka 1973：86）．

一部の自営業者，芸術家，俳優，個人教師，作家のような知的労働者も，戦争によって大きな打撃を受けていた．彼らの仕事に対する需要は戦争のために減少し，失業状態あるいは収入の激減という事態に陥っていた．そのため，これら中産階級の人々の多くが経済的な自立を失い，公的扶助に頼るようになった．

戦時下の生活情況の悪化は―どのグループの人々にとっても―収入面だけではなく，物資供給の上でも問題となった．戦争開始とともに，ドイツは突然，全ての外国市場から閉め出されたため（「食料封鎖」），とくに食料品が深刻な供給不足に陥った．こうした状況を打開するため，食料の自給に踏み切らざるをえなかった．しかし，戦争が起因の労働力不足と化学肥料の不足により，食料生産量を増やすことは不可能であった．そのため，配分の仕方を変えることで解決するしかなかった．その結果，導入されたのが物資の統制経済であった（Rubner 1928b：1－42）．国家による統制経済は，一九一四年のパンで始まり，戦争終結までに，漸次，すべての主要食料品にまで拡大された．一九一六年中頃には，国家による統制経済を行うための行政官庁，すなわち，戦争食糧庁が設立された．しかし，国家による統制配給は，とりわけ基本的食料品の不足という根本的な問題を解決することはできなかった．それどころか，柔軟性に欠ける統制機構，輸送問題，誤った配給政策によって，もの不足をより深刻化させ，新たな不公平を生みだした．したがって，開戦から終戦に至るまで，国民の食糧不足というのがドイツ戦時経済の主要問題のひとつであった．その悲惨さがクライマックスに達したのが，一九一六／一九一七年の悪名高い「カブの冬」（Rübenwinter）という事態で、主食がカブになってしまうほど食糧事情が切羽詰まっていた（Sachße/Tennstedt 1988：48）．肉の代用食、パンの代用食、砂糖の代用品、コーヒーの代用品、卵の代用品、人工蜂蜜、人工乳など、このようなさまざまな代用食が戦時下のドイツでは販売されていた．いずれも栄養価が低いか、もしくは栄養価値がまったくないというものであった．これらの食品は食品不足を解消できないばかりか、その価格がしばしばあまりにも高騰したために、さらなる国家統制を引き起こした．そもそも「賃金と物価の悪循環」は労働者の犠牲を内容とするものである（高橋 2000：157）．その結果、多くのドイツ国民が慢性的栄養不足に陥り、低カロリー、体重の低下、体力低下、免疫力の低下などのさまざまな健康上の問題を発症させた．ここでの被害は、これまでとは違った階層にも拡がっていった．戦前は、主に都市部の労働者という下層階級の人々が、低所得のため飢餓に脅かされていたが、戦時下では公務員、ホワイトカラー、年金生活者、自由業者もそれに脅かされるに至ったのである．こうしてホワイトカラーと称される新中産階級の零落が起こり、それが体力や免疫力の低下として表れた（Sachße/Tennstedt 1988：48-49）．

体力が低下した国民の間ではさまざまな感染症が流行した．結核による死亡率は―とくに戦争末期の二～三年の間―再び上昇し、一九一六年以降は飢餓水腫が増え始め、死亡する患者も多かった．洗剤の不足は衛生面で問題を引き起こし、とくに乳児と幼児の間で、手指の汚れによる感染が戦前には考えられなかったような規模で広がった．それに対して、医師達は従軍医として大量に戦地に送られていたため、戦前に比べると十分な診療が行えない状況であった．また多くの慈善団体が開設していた医療扶助施設は戦争が進むにつれ、食料と人材の不足から閉鎖に追い込まれており、これもさらに事態の悪化に拍車をかけた（Rubner 1928a：68）．

ドイツ国民は、このように第一次世界大戦によってこれまで経験したこともない規模の緊急事態に直面した．とくに大きな打撃を受けたのは、新興の社会階層とグループであった．もはや労働者とプロレタリアート貧困層だけではなく、幅広い中産階級層も貧困と栄養不足に怯え、公的扶助をあてにするようになった．戦争が社会にもたらした影響によって、国民生活は低いレベルで平均化することになった．一部の厚遇された労働者が戦争中に生活状況を改善できた一方で、中産階級の大多数の生活費は減少し、一部は産業労働者の生活費より低いところまで落ち込んでいた．戦争は「貧困階層の変化」（Umschichtung von Armut）を引き起こし、旧来の貧困層とは社会的な距離を置いていた国民層が、戦争によって公的扶助の対象となったのである（Sachße/Tennstedt 1988：49）．その結果、扶助施設にはこれまでとは異なった要求が課せられるようになり、これにより、公的扶助はまったく新しい問題を背負うことになった．すなわち、世界大戦が引き起こした大規模な緊急事態は、公的扶助に課せられた使命を量のみならず質の面でも変えてしまったのである．

2．戦時扶助と戦時福祉事業

ドイツの社会的変化と緊急事態は、既述のとおり、その大部分が戦争の結果として徐々に起こってきた．しかし、貧困問題は戦争開始とともに発生した．軍隊に召集された兵役軍人と予備役軍人は通常、十分な生計費など無しに、その家族を残していたからである．帝国官吏、州や市町村の役人などは、給与面で引き続き優遇されていたにもかかわらず、兵士たちのそれはいかにも低位であった．家族を養えるだけの賃金が保障されるべきではないか、また賃金引き上げの請求権が保障されるべきではないかという「根本的な問題…この根本的な問題が、途中で一度も検討されなかったし、あるいはただ投げかけられたままで放置されていた」のである（Jastrow 1918：7. Sachße/Tennstedt 1988：50）．

事実、動員された大量の兵士達は「兵役給与金」（Wehrsold：戦争開始時は一日当たり五三ペニヒ）のみの受給であった．家族を養うのには，それだけでは全く足らず，家族は公的扶助に頼るしか途はなかった．戦時中に発展した包括的な扶助措置の中心は，この「兵士の家族」に対する援助であった．公的な戦時扶助は，大きく二つの領域に分けられ，その一つが帝国による法的義務的給付である．既述の軍隊に動員された兵士の家族を対象にした援助と，帝国による出産手当がこれに相当する．これら家族に対する援助は，一八八八年二月二八日の「兵役についた兵員の家族に対する援助に関する法律」（Gesetzes betreffend die Unterstützung von Familien in den Dienst eingetretener Mannschaften＝以下，「兵士家族支援法」と略す）(73)の一九一四年八月四日の条文に基づいている．二番目の領域は，いわゆる戦時福祉事業である．一九一四年一二月二四日のプロイセン内務大臣による省令では，「戦時福祉事業とは一般に，市町村や市町村連合が行う，返還の見込みがなく，経済的対価を創り出すことのない自発的な支出を指す．この支出は，資力の劣る地域住民を対象に，戦時中に，平和時の扶助の限度を超えて実施する」ものであると定義している．それを受け，家族支援のための金銭手当から，食料品，衣料，靴の現物支給，公営給食所，家賃調整局，戦傷障害者のリハビリ措置に至るまで，市町村による様々な扶助措置がこれに該当する．すなわち，前者は帝国による扶助施策であり，後者は市町村と市町村連合が行うものであった．ここで，それぞれについてさらに言及したい．

「兵士家族支援法」は当初，妻と一五歳未満の嫡出子だけを援助給付の対象としており，一五歳以上の嫡出子，非嫡出子，直系尊属，兄弟姉妹については，当該兵士によって扶養されていたことが証明されている場合にのみ，給付の対象とした．受給資格者の範囲は，戦争の経過と共に何度か拡大された．援助は，法的条件を満たす限り，請求権

(73)「兵士家族支援法」については，加来祥男（二〇〇六）「第一次世界大戦期ドイツの応召兵士の家族支援(1)」九州大学『経済学研究第七三巻第二／三号』一－二二頁を参照した．

が保障されていた．しかし、この請求権は家族が困窮していることを前提としていた．すなわち、家族に対する援助は当事者の物質的情況に応じて行われたわけで、その意味において―請求権があるにもかかわらず―公的扶助に分類することができる．ただし、常に強調されていたのは、家族援助は救貧扶助[74]とはまったく別のものであるということである．家族援助は差別を生み出すようなものではなかったし、また「ニーズ調査」(Bedürftigkeitsprüfung) において救貧扶助の場合のような厳格な基準を設けてはならなかったのである (Sachße/Tennstedt 1988 : 50)．一九一四年九月二八日のプロイセンの省令は、次のように強調した．すなわち、家族援助は「救貧扶助ではないので、その前提条件を満たす必要はない．必要な生計を得るため、秩序ある家事を維持するために援助を必要とする家族は、誰でも請求権を有する．したがって、家族が援助をもらうために、そのわずかな財産を使い尽くさねばならないというのは、同法律の意図するところではない．わずかな畑と家畜のいる小さな地所を所有していても、援助から排除されるものではない」と．また一九一四年一一月一日、新たな省令により、「家族援助を受ける場合に、困窮度合いについての調査を行うが、これは救貧扶助の原則に従ったものではない、好意的な調査である．また労働が可能な家族が、当座の失業により、窮境が一時的である場合でも、援助が許可される．敵と戦う父を待つ家族に対して、気分を落ち込ませるようなものは一切近づけてはならない[75]」と指摘されたのであった．

救貧扶助との違いは、運営組織の面でもみられた．家族援助法三条に基づき、家族援助を行うのは特別な行政組織であった．これは特別市および郡、すなわち、(郡に属さない) 市では供給団体と市が同一ということになるが、比較

(74) 貧民救済に関しては、Armenfürsorge ないし Armenhilfe などの用語が用いられているが、これらは内容的に区別されているとは考えられないので、訳語としてはいずれも「救貧扶助」に統一した．

(75) Zit. nach Zentrale für private fürsorge in Berlin 1917. S. 42.

的大きな都市でも，通常，家族援助を行うための独自の運営組織が作られた．例外的な場合にのみ市町村の救貧庁が行うこととなった（Thode 1919：34）．家族援助は金銭手当という形で行われ，その額は法律で最低額が定められていた．開戦当時は，妻に対しては冬季が月額一二マルク，夏季は九マルク，一五歳未満の子どもとその他の受給資格者は月額六マルクとなっていた．この金額は，当初からまったく不十分と考えられていたので，戦争が進むにつれて何度か増額された．その額はそれを下回ってはならないという最低額であり，その費用は帝国が負担していた．供給団体は必要があれば団体が負担して，帝国からの給付額に上乗せすることができた．多くの供給団体，とくに比較的大きな都市が恒常的にこの方法を採用し，最低額の何％かを割り増しするという方法をとったところが多かった（たとえば，フランクフルトと大ベルリン連合市では一〇〇％であった）．また比較的高い独自の基準率を決め，それに法的な基準率を参入するという方法も採用されていた（ニュールンベルクなど）．とくに困窮がひどい場合には，個々の事例に応じて，この追加分を含んだ援助の総計を超えることも可能であった．換言すれば，家族援助は標準的な基準率があったが，それぞれを個別に扱うという扶助の原理に立ち戻ることもできたのである．

一九一四年一二月三日，一九一五年一月二八日，一九一五年四月二三日の連邦参議院令により，家族援助は「帝国出産手当」（Reichswochenhilfe）により補足された．これは夫が戦地に赴いている産褥婦に対して，年収が二，五〇〇マルクを超えない限り，出産と産後の財政的援助をするというものであった．

この家族援助と出産手当は，市町村による救貧扶助と並んで，戦時扶助の幅の広さを示すものであるが，その組織と内部構造は救貧扶助とは明らかに一線を画していた．財政面で負担するのは帝国であり，実施する官庁は供給団体であった．家族手当と出産手当は法律上の請求権を保障し，扶助給付を請求しても差別的な扱いは受けなかった．このように戦時扶助では専門家の議論の中で長い間求められてきた原則がすべて網羅されたのである．これらは救貧扶助でも要求されていた原則であった．すなわち，帝国全土に共通する権利，行政組織の統一，支払い能力の高い団体，帝国，州，市町村による費用負担，普段の住まいを使うことによる住宅援助の複雑な制度の廃止，差別が無いことなどで，「救貧扶助と慈善事業を行う協会が目指していたものすべてが，ここでは実現された」のである（Weber 1917：38）．この援助給付を受けていたのは，数多くの都市部の市民たちであった．家族援助について，シャルロッテンブルクではしばらくの間，三分の一以上の市民が受けていたし，フランクフルトとマンハイムでは三分の一弱が，バルメンでは三分の一以上が受給していた（Guttmann 1917：17/73. Sachße/Tennstedt 1988：51）．

「兵士家族支援法」に基づく金銭的な援助給付だけでは－供給団体の割り増し分があっても－，戦争によって引き起こされた窮境に効果的に対処することはできないことは，戦時扶助に関わる人々の一致した見解であった．供給団体が行っていたのは金銭的な援助だけであり，これも必要不可欠なものにすら足りないという情況がしばしばであった．しかし，戦時扶助は救貧扶助とは異なり，生存のための絶対的最低限だけではなく，「社会的生活のための最低限」を保障すべきものとされ，給付内容はその家庭の夫が戦地に赴く前に属していた社会階層の生活レベルにふさわしいものである必要があった．

住宅援助に関する法律によると，「公的な救貧扶助は，絶対的な最低生活費しか提供することができない．…それに対して，戦時福祉事業は扶養者が軍隊に召集されてしまったことにより欠落した生活費をカバーすることを目的としており，公的な救貧扶助の基準を適用することはできない．なぜならば，戦時福祉事業は受給者が自らの属する社会階層から転落しないように支援するもの」（Polligkeit 1917：24）と位置づけられていたからである．

そのため，市町村は供給団体による援助をさまざまな扶助施策で補い拡充し，戦争によって被害を受けた人々の「社会階層が下落したり，公的救貧扶助の対象」になり下がるのを防ごうとした（Polligkeit 1917：24）．市町村による扶助は、当時は戦時福祉事業と呼ばれており、とりわけサービス給付と物的給付の重要性を強調していた．しかし、これらは市町村の自発的な給付であったため、法的な請求権は無く、市町村にも特定の規準を守らねばならないという義務はなかった．にもかかわらず、戦時福祉事業の実施にあたっては、少なくとも都市において、大なり小なり、統一的な施策が講じられることとなった．

多くの都市では、供給団体による援助額が－増額されていた場合でも－不十分であるとされ、援助額は市町村による自発的な割り増しによってさらに増額された（Altmann 1916：82ff.）．しかし、ここで問題になったのは、供給団体による援助がたとえ最低限の食料と衣料はカバーできても、その他に家賃までカバーすることはできないということである．軍隊に召集された者、それにより権利の行使が阻まれた兵役軍人は、家賃滞納に対する訴えと明け渡し命令から保護されるという法律が開戦直後に施行されていたため、多くの残留家庭の場合、戦争中の家賃支払い義務はないと考えられていた．そのため、家主たちは家賃不払いが生じるのではないかというように不安に駆られていた．それ故、直ちに数多くの都市で、兵士の家族に対し一般援助額の他に家賃の補助金が支給されるようになった．この家賃補助金は、都市の不動産所有者と兵士の家族の両者にとって利益になるものだった．ただし、補助金は家主が家賃を減額すること、換言すると、一部を家主自身が負担することを前提とするものであった．このような問題やもめごとを調整するために、多くの都市で「家賃調整局」（Mieteinigungsämter）が設けられた（Hirsch 1915：12ff.）．

市町村による財政的援助は、現物給付で補強された．戦争の経過とともに次第に難しくなる物資供給およびさまざまな物資や食料品へと拡大される統制経済を背景に、市町村によるあらゆる食料品の供給は、すべての国民にとって次第にその重要性を増していった．靴、衣料品、食料品、その他を供給団体が行う金銭的援助を補足するものとして給付する形態があるが、この種の現物給付は家族援助を構成する要素であった．とくに開戦当時－国全体が熱狂し、あらゆる種類の物資があらゆるところから兵士の家族のためにたくさん寄付された頃―は、この形態が多かった（Altmann 1916：149ff. Sachße/Tennstedt 1988：53）．統制経済と配給制度が食料品だけではなく、靴、衣料品、照明器具、暖房用燃料、石鹸、洗剤にまで拡大されたが、このことにより、乏しい物資を出来る限り均等に配分するという市町村の任務と重なるようになってきた．ここでさらに二つの課題を区別することができる．物資調達や貯蔵とそれらの配分である．開戦当時、まだ比較的多くの物資が市場で自由に入手できた頃は、市町村は物資を大量に買い付けることによって調達していた．しかし、市町村による購入が中央の帝国統制当局の権限によって次第に制約を受けるようになると、多くの市町村は特に食料品を自ら生産するようになっていった．たとえば、デュッセルドルフ、ゾーリンゲン、ニュールンベルクでは、市営のソーセージ製造工場ができ、ハノーファー、ゲッティンゲン、ヒルデスハイムでは、市町村による魚類缶詰所が設けられた．牛乳と野菜についても同じような方法で生産した[76]．中央官庁が貯蔵政策を拡大しても、市町村は分配の仕事から解放されたわけではなかった．市町村は帝国官庁にとって分配を請け負う地域の代理店のような存在になった．分配は「購入カード」（Bezugskarte）を与えることによって行われた．購入カードは各物資について分配を受ける人の困窮度合いに応じて等級分けすることができた（Kaeber 1921：79–337）．

市町村による食料の調達と分配と並んで食料支援に貢献したのは、調理済みの食事を困窮者に提供する市町村による公営給食所であった（Weber 1917：35）．この施設は、困窮者を―自立できるようにするのではなく―公的援助に

(76) たとえば、シュトラスブルクでは乳牛をスイスから三八六頭、オランダから五〇〇頭、ニーダーラインから三九頭購入し、一部は市内で一部は供給先地域の農家で飼育した．またカッセルでは一九一五年、じゃがいもを一七〇ヘクタール、豆を三・一ヘクタール栽培した（Lindemann 1917：66f.）．

依存させてしまうので、賛否両論があった．また、国民の間でも―労働者が一般的に「慈善施設」を敬遠していたため、また、食事が単調であったため―それほど好評ではなかった．しかし、その存続にはそれなりの理由があった．たとえば、女性たちは、手伝ってくれる人や大きい子ども・親戚などがいない限り、買い物と家事をひとりでこなすことは無理であったし、職業に就いている限り―その数は増えつつあった―、彼女たちの情況はまさに絶望的であったからである．戦時下ではほんのわずかな食料を買うために、何時間も店の前で並ぶことはできないという理由もあったのである（Lindemann 1917：91ff.）．

食料支援の措置や施設は、いずれも伝統的な扶助の枠組みを突破したことがその特徴である．それはもはや特殊な貧困層や困窮者グループだけを対象にするのではなく、国民すべての生活情況に対する責任を担っていた．

戦争の影響をとくに受けたのは、中産階級、自営業者、手工業者だったことは、すでに述べた．彼らに対する扶助は、経営者が軍隊に召集されてしまった中小工場の経済的自立を保障するためのものであった．そのため、有利なクレジットを行えるようにすることで手工業者の工場を存続させたり、家賃の未納で窮地に陥っている家主を一時的に助けたりすることを主な役割としていた．この目的のために、市町村が信用機関を設置し、既存の貯蓄金庫の保証を市町村が引き受けた．すなわち、貸付の実施やしかるべき信用機関の創出は、―福祉事業一般と同じように―市町村の問題であった．ただし、州が費用を一部負担した．

開戦当時、高く跳ね上がった失業率とその後の労働力不足の問題を受けて、失業者扶助も戦時福祉事業の一環として整備された．まず、市町村による職業紹介所が多くの都市にできた．それまで都市にあったとしても、それは民間の紹介所だけであったが、この期に職業紹介所が設置されたことにより、市町村による失業者支援が開始されるようになった（Lindemann 1917：48. Sachße/Tennstedt 1988：54）．これは救貧扶助の枠を超えるもので、戦前はほとんど知られていなかったが、ここで注目すべきは、失業者支援のために帝国と州がかなりの資金を提供していたことと、新しいやり方で費用分担が行われたということである．

戦争が進むにつれて、戦傷障害者や戦死者の遺族が扶助の対象に新たに加わった．このような人々の物質的な援護については帝国の法律で定められていた．戦傷障害者には、一九〇六年五月三一日の士官年金法もしくは一九〇六年五月三一日の兵員援護法に基づいて、年金が支払われた．戦死者の遺族に対する年金は、一九〇七年五月一七日の軍人遺族法に準じて支払われた（RGBl 1907：214）．しかし、金銭的な援護だけではこれらの人たちを再び職業に就かせることはできないことがすぐに判明した．身障者や遺族が労働や仕事の場に戻れるようにするには、リハビリ、アドバイス、仲介といった、より踏み込んだ施策が必要であった．そのためには個別に対応した集中的な扶助がどうしても必要とされた．これに対応して、年金による金銭援護を超えたサービス給付の構造ができた．これは当時「社会的扶助」（soziale fürsorge）と呼ばれていたものである（Sachße/Tennstedt 1988：55）．

ところで、社会的扶助は戦傷障害者と戦死者の遺族に対して兵役で負った障害あるいは扶養者の死亡によって生じた経済的ダメージを克服することができるよう、あらゆる手だてを尽くして支援することを狙いとするものである．戦傷障害者に対する支援の主な目的は、労働能力をできるところまで回復させ、再び経済生活を送れるようにすることである．戦死者の遺族に対して、たとえば、未亡人の場合は家事と育児、子どもの教育を可能な限り自力で行えるように、孤児については教育を受けさせることで、「その能力に見合った仕事や生活を実現することができるよう支援する」（Wolfram 1930：48）ものであった．

戦傷障害者に対しては、一九一五年九月一六日に発足した「帝国戦傷障害者扶助委員会」（Reichsausschuß der Kriegsbeschädigtenfürsorge）の提案により一州（プロイセンでは郡）と市町村の扶助施策を組み合わせた組織ができた．

この組織は、社会復帰のための措置として、職業相談、職業教育、仕事の斡旋などを行い、戦死者の遺族についてはDV（ドイツ救貧扶助・慈善事業協会：一九一九年以降はドイツ公私扶助協会．以下「ドイツ協会」と略す）があたった．この「ドイツ協会」は一九一五年四月一六日と一七日の両日、「戦争未亡人と戦争孤児のための社会的扶助」というテーマで会議を催した．そこで戦争未亡人・孤児に対する扶助のための帝国委員会が設立された．これを契機に、戦死者の遺族と戦傷障害者のための社会的扶助が整備されるようになった．当初は、どちらとも法的基盤が欠けていた．最初の拘束力ある基盤となったのは、一九一九年二月八日の戦傷障害者と戦死者の遺族の社会的扶助に関する政令および一九二〇年五月八日の戦傷障害者と戦死者の遺族に対する扶助にかかる費用に関する法律であった．

これらすべての施策によって―いわば、戦時扶助の核である家族援助のまわりに―戦時福祉事業の幅のある輪が加わり、給付が補足され拡大されていったのである．戦時福祉事業は、市町村の自発的な給付であったため、当事者に法的請求権はなかったが、それでも旧来の救貧扶助とは別の扶助制度を構築しようと試みられた．ここに形成された戦時福祉事業は、戦傷障害者が救貧扶助の受給者に降格されるのを避けなければならないものとされ、祖国のために闘って犠牲になった人々のことを考慮して特別な基準を設けることになった．戦争勃発当時には公的な旧来の救貧扶助の規模が拡大していたが、戦争の長期化とともにその規模を後退させ、たとえば、「ベルリンとエルバーフェルトで新規救済件数が減少傾向を示した」のは、戦時福祉事業の多様な展開が一要因であった（加来 2004：210）．

社会改革者ジーモンは、戦時福祉事業として行う扶助の「響きを洗練させる」（Veredelung der Klangfarbe）ために、その扶助が公的な救貧扶助より金額的に良いというだけではなく、当事者一人ひとりに対応した集中的なアドバイスやケアを行うことの必要性を示唆した（Simon 1917：25. Sachße/Tennstedt 1988：55）．戦時福祉事業は市町村が担っており、その費用も基本的に市町村が負担していた．ただし、帝国と州は中産階級扶助や失業者扶助にも財政的に関与していたが、それとは別に費用の一定部分を還付するという形で、市町村を援助していた．プロイセンでは一九一四年一二月二四日の内務大臣省令により、還付上限は六六％と定めたことにより、それまで市町村だけが財政負担をしていた福祉事業の分野で、帝国と州が初めて財源面で責任を担うことになった（Sachße/Tennstedt 1988：56）．ここに費用負担システムが誕生したが、これがワイマール共和国時代に市町村扶助の財源として重要な意味をもつようになる．しかし、ワイマール共和国時代にあっても、受給者を社会的身分で区分したため、戦時福祉事業による扶助は、幅広い国民階層が満足のいく援護にはならなかった．

3．国家婦人奉仕団および戦時福祉事業の組織

第一次世界大戦期の扶助体系の変化は、公的扶助だけではなく、民間による扶助にも影響を及ぼした．戦争勃発により、まず既存の民間援護団体の活動が変わった．ベルリンの「民間扶助中央機関」（Zentrale für private Fürsorge）が一九一四年一〇月に行ったアンケートによれば、ベルリンの一四七援護団体のうち、七三団体は戦時期も変わらず事業を続けており、五六団体は事業分野を拡大、その一方で九団体が事業を縮小、九団体が事業を中止していた．また戦時期には戦争にあやかって新しい民間援護施設が多数できたが、しかし、それは真っ当な施設だけとは限らず、怪しげなものも少なくなかったようである[77]．

（77）この点、Lensch は次のように指摘している．「…能力の高い自由な福祉事業の土台の上に、戦争にあやかって設立された多くの団体が地面を覆い尽くすように増えている．しかし、その中で、歓迎できるような団体はわずかしかなく、大部分は援助ができるようなものではない．何故ならば、…資金力が乏しいか、または設立動機が不純だからである．これらはすべて、貧窮に立ち向かうために集まった多額の公的資金を浪費している」（Lensch 1918：87）．

ベルリンでは、開戦から二年半までの間に新たに一一三の援護団体が発足したが、そのうちの三〇団体は調査集計時にはすでに閉鎖されていた．これと並んで、いろいろな機会に多様な目的で募金活動が行われ、その収益金の用途に問題がある場合もあった（Lensch 1918：87）．このような良からぬ情況を除去するため、帝国が直接、ドイツ扶助史において初めて民間慈善事業に介入するに至った．一九一五年七月二二日と一九一七年二月一五日の連邦参議院令により、募金をするときは許可を得ることが義務づけられ、自由な福祉事業を当局の監視下におくこととした．既存の民間慈善団体に対する国家による規制については反応が分かれていたが、この規制が打破しようとしていた憂慮すべき情況に対しては、多数の者が批判的であった．戦争が引き起こした新たな窮境は、性急なやり方では打破できないということについては異議を唱える者はいなかったが、効果的な組織的取り組み、とくに作業の調整・集中化・統一化の必要性は認めていた．しかし、従来の民間福祉事業は地域的な組織であり、それぞれが独自の目的や伝統を有していたので、そうした集中化や統一化は適していない．したがって、このように地域に分散している民間福祉事業を短期間で事業の統一を図ることは難しく、また一八七〇年代頃から始まった集中化は、主に自らはサービス給付を行わず、措置のオーガナイズをする専門的な利益団体の形態をとっていた．さらに、多くの都市で設立された民間扶助の中央機関も戦時下の特殊な要求には対応していなかった．このような情況の中、ドイツでは帝国全土にできた女性による組織が重要な意味をもつようになった．愛国的な赤十字の婦人部は、その定款からして開戦の事態に対応していた．しかし、その活動の重点は軍隊の扶助に置かれていた．他方、ドイツ婦人団体連盟は、祖国での戦時扶助をその使命としていた．会員数約六〇万人、三、三〇〇の支部をもつこのドイツ婦人団体連盟は、組織的にも人材面でも非常に大きな力を秘めていた（Sachße/Tennstedt 1988：57）．一九〇八年に帝国結社法が施行され、また一九一〇年よりボイマーが会長の座につくと、同連盟は次第に保守化し、開戦時には平和主義的な女性、妥協を知らない反戦

主義の女性はほんの少数しかいなかった．大多数は開戦当時，声高に国粋主義的な興奮に同調したのである．(78)
ところで，保守化するドイツ婦人団体連盟に対し，影響を与えていた「穏健派」の女性同権化の考え方について，この戦争が思いがけない可能性を拓いてみせた．それまで活用されないままでいた女性の力を効果的に発揮させ，責任を果たす機会が戦争によって切り拓かれ，女性たちは戦争が引き起こした窮境を鎮める助けをし，それによって自らの同権化を進めるべきであると考えたのである．この視点はドイツ婦人団体連盟の会長の立場でもあった．この政策を進めるための主体は，ボイマーがイニシアティブをとって設立された「国家婦人奉仕団」であった．それは，とくに既設の婦人社会学校で社会教育を受けた女性に対して，その知識と能力の証を立てる機会を提供するものだった．一九一四年七月三一日，彼女は連盟傘下の全ての団体に対し，赤十字，愛国的婦人会，管轄の福祉事業当局，民間の慈善団体と連絡をとり，戦時扶助のための総合的な組織の設立に関して意見を調整するよう書面で求めた．八月一日の午前，彼女は開戦となった場合の赤十字以外の扶助組織について審議していたプロイセン内務省の会議において，国家的女性救援組織に関する計画を説明し，彼女の計画案は承認された（Gersdorf 1969：16）．
このようにして，すでに八月初めには，ドイツの比較的大きな都市で，ドイツ女性団体同盟もしくはその地域加盟団体のイニシアティブにより，国家婦人奉仕団の地方支部が結成されていた．ボイマーの計画では，ドイツ婦人団体連盟に加盟していない組織を組み込むことを最初から目指していた．ドイツカトリック婦人連合は一緒に活動することを承諾したが，国家的なコンセンサスを得るにはまだ随分時間が必要だった．「一九一四年の経験」は，一部の労

(78) たとえば，ドイツ婦人団体連盟会長 Bäumer は一九一四年に「全国民の力が一体となって，一つの偉大なる意志，すなわち，強制された世界大戦の間，わが国家の力と大きさを維持する，という意志へ向かっている．われわれは，その中に共にいると感じている．」と記している（Bäumer 1916：57）．

働者運動組織の心をつかみ，社会民主主義を唱える女性たちの間でも，次のような言葉が聞かれた（Sachße/Tennstedt 1988：58）．

社会民主主義的婦人運動の指導的立場にあったゼプラーは，「この国家的な信仰には，何か深く真剣なものが隠されているに違いない．国民一人ひとりを解くことの出来ない連帯へと結びつけ，…．戦争は，膨大な数で多数を占めるプロレタリアートも，中産階級の人々と同じように，国家とのつながりを無条件に感じていることを証明した」と述べ，社会民主主義女性の戦争関与を根拠づけた（Zepler 1916：5）．この主張は物議を醸したが，しかし，戦時扶助が中産階級の任務になり，社会民主主義を唱える女性の参加を拒否する意見は敗退した．何故なら，夫もしくは父親が軍隊に動員され，生活費が入らなくなり，援助を至急必要としていたのは，結局，主に労働者の家族だったからである．一九一四年八月七日，社会民主党の党首は，党員に向かって，戦時支援に参加するよう呼びかけ，とくに女性に注意を喚起した．このようにして，基本的な政治上の疑念は無くなり，ドイツ全土で，社会民主主義の女性が戦時支援に参加することになった．時に，独立した組織で活動することもあったが，多くは国家婦人奉仕団の既存組織に加わった．これは力が分散してしまうことを防ぐためであった（Zietz 1915：4ff）．

このようにして国家婦人奉仕団は，短期間で非常に能力を高め，戦争がもたらした新たな窮境への対処の仕方が，旧来の福祉事業団体に比べて明らかに勝っていた．国家婦人奉仕団の活動綱領は，帝国全土で共通する四つの重点項目，すなわち，「①食料品の均一な供給，②扶養者が戦地にいる家族扶助への協力，③戦争で職を失った人への扶助，特にボランティアを含む仕事の斡旋，④情報提供と，戦時扶助のあらゆる施策との連携」（Lüders 1937：7ff）を掲げていた．

この綱領により，国家婦人奉仕団は市町村による戦時福祉事業を構築し，拡充するにあたって中心的な役割を果たすようになった．公的扶助と国家婦人奉仕団は密接に協力しあうようになった．国家婦人奉仕団は，いわば市町村の戦時福祉事業を助ける民間組織のようなものだった．また逆に戦時扶助の地方行政は国家婦人奉仕団の支援をできるだけ引き出そうとしていた．そのために，市町村扶助の組織形態を開発し，公的扶助と民間扶助を調整して新しい形に統合した．これらの組織はそれぞれが非常に異質であった（Sachße/Tennstedt 1988：59）．ここで，いくつか基本的なタイプを紹介しておこう．

「兵士家族支援法」に基づく家族援助を実施していたのは，特別市と郡の供給団体であった．地域の救貧行政機関が法律の遂行にあたっていないところではすべて，供給団体が特別な援助委員会を作り，そこで援助申請を受理および処理をしていた．中小の都市では中央にこの委員会が一つあれば間に合ったが，比較的大きな都市では複数の委員会が設置された．たとえば，ベルリンには同委員会が二三あった．しかし，この法的に規定された家族援助のまわりには（自発的な）戦時福祉事業の幅広い事業が関連しているので，この領域でのさまざまな施策を調整し法的な家族援助に対応させるため，多くの都市がいわゆる戦時扶助局を設けた．これは，戦時扶助本部あるいは福祉事業本部と呼ばれることもあった．この組織の名称と形態は地域によって大きく異なっていた．市町村の部局とするところもあれば，市町村と協力するだけの民間機関の場合もあった．このようにさまざまな組織が錯綜する中に，さらに国家婦人奉仕団が組み込まれ，その方法もさまざまであった．たとえば，ベルリンでは，国家婦人奉仕団が市参事会と協調し，供給団体の二三委員会に相応する形で二三の委員会を作った．供給団体の委員会が帝国による援助額，市町村による割り増し額，および家賃補助について決定したのに対して，国家婦人奉仕団の委員会は，これらを補足する現物給付を分配していた（Kaeber 1921：560ff）．その他，情報の提供を行い，また委員会活動の準備段階である申請者の相談に応じていた．ベルリンでは，このようにそれぞれの機能を分担していたが，他方，ハノーファーでは，従属的な関係で組織されていた．ハノーファーでは，すでに一九一四年に戦争扶助局が設置されていたので，国家婦人奉仕団はこの部局に対してボランティアのサポート要員を提供していた．このサポート要員は，手間のかかる申請者のニーズ調査など，特定のサービスを請け負っていた．さらにフランクフルトでは，「混合型」方式が採用された．すなわち，国家婦人奉仕団の人たちが市町村による扶助を一緒に行っていたのである．フランクフルトにおける戦時扶助局の組織と国家婦人奉仕団の活動を，ここでもう少し詳しく説明してみよう．フランクフルトでは，市が供給団体となっているので，市にその支援委員会を設けていた．支援委員会は一七の地区に設置され，委員会による援助給付は，民間扶助によって補足され上乗せされていた．これらは中央指導部でまとめられ，中央指導部の家族支援部は供給団体による援助を補っていた．民間戦時扶助機関の中央指導部には，市参事会から四名が代表として参加しており，逆に市町村の援助委員会には，民間戦時扶助機関からその幹部四名が代表として参加していた．公的および民間を合わせた―すべての戦時扶助機関は，市の監視委員会によって監督されていた．このようにそれぞれが密接にかみ合っていたので，統一的な基本額に基づいた援助単位を作ることができた．フランクフルトの国家婦人奉仕団は，中央指導部・家族支援部に属しており，その管理は中央委員会に義務づけられ，この中央委員会の下に専門委員会が置かれていた．専門委員会は，実務を遂行するところであり，その数は次第に増えつつあった．中央委員会は，狭義の役員会と広義の役員会で成り立っていた．狭義の役員会は，委員長と六～一〇名の委員で構成され，広義の役員会は個々の委員会が構成していた．中央委員会は，委員会の活動を評価し，場合によっては解散させ，また財務を調整し，外部への責任を担っていた．その他に，募金活動や教育的要素のある講演旅行を企画した．中央委員会はまた，ベルリンの中央機関での会議において，フランクフルトの国家婦人奉仕団を代表した．本来の扶助活動は，委員会が行った．委員会は，失業問題と仕事の斡旋に関わる委員会，食糧問題に関わる委員会，扶助委員会という三つのグループに分かれていた．ここでは、国家婦人奉仕団が先に述べた綱領の重点活動項目を修正する形で、再び関わっていた．失業問題と仕事の斡旋に関わる分野では、失業した女性と少女に、戦争に役立つ仕事に就いてもらうという試みが行われた．靴下、温かい下着など、戦地で闘う兵士達のための縫い仕事が、その主なものであった．これに関連して、研修講座も開設された．食料分野では、主に女性、とくに下層階級の女性たちには、不足する食糧を経済的にうまく使ってもらうための教育、食事を安価に、あるいは無料で提供する公営給食所の開設を行った．その他さまざまな扶助委員会が、妊婦、乳児、児童に対する扶助に取り組んだ．国家婦人奉仕団は、単なる「戦時扶助の都市行政をサポートする」だけの存在ではなく、戦時扶助に無くてはならない存在だったのである（Lensch 1918：63. Sachße/Tennstedt 1988：60）．

このフランクフルトの戦時扶助組織のモデルは、ドイツにおける福祉事業のその後の発展にとって興味深いものである．その理由は二つある（Altmann 1916：62. Boyd 1979：64）．第一に、ここで実践された「混合型」モデルは、戦後の扶助の組織形態、特に民生局が扶助の中心へと発展していく過程を、ある程度先取りしていること．第二に、これが契機となって、公的扶助と民間扶助の関係に、注目すべき変化が起こったということである．

市町村による戦時扶助および戦時福祉事業の組織は、確かに戦前にたびたび要請されていた両者のより良い調整を目指したものだった．しかし、それは同時に、その相互関係を変えてしまうものでもあった．戦争によって、扶助は市町村レベルに固定され、一つの統一的な複合体になった．その複合体の中で、公と民の違いはもはや形式的なものでしかなかった．法的な任務を民間組織に委託したということは、戦時扶助が総体として、公的な課題であったことを物語っている．その結果、民間福祉事業の財源も変わった．市町村は、確かに戦前にも民間福祉事業組織に対して補助金を出していた．しかし、今や民間が公的な任務を遂行するために、民間組織が公的な助成を受けるようになったのであった（Boyd 1979：64）．この意味においても、戦時扶助は後の展開を先取りしていた．

4．戦争庁での扶助活動

市町村による福祉事業が上述のように編成されていく過程と並んで，戦争後半には国家が軍事機構を統合することによって扶助に直接関わるようになった．一九一六年春，夏の西部戦線における大きな物量戦で，ドイツ軍は甚大な損害を受け，ソンムの戦いでは，イギリス軍とフランス軍の装備の方が優れていることがはっきりしてきた．ヒンデンブルクとルーデンドルフをトップに擁した軍の新しい最高司令部は，いわゆるヒンデンブルク綱領の中で，弾薬の生産量を大幅に増やすよう迫った．その結果，まず調達系統全体が根本的に再編成され，一九一六年一一月一日には，戦時経済全てを統括する「戦争庁」が設立された．この新しい軍当局の長のポストについたのはグレーナー中将であった．戦争庁が軍需品の増産に取り組む中で，軍最高司令部は一五～六〇歳の全国民に軍事的強制労働を課し，より多くの労働力を動員するようにも迫った．軍最高司令部の当初の規制案では，女性にも兵役義務を課すとしていた．軍最高司令部，政府，利害団体との間の厳しい駆け引きと，帝国議会での集中的な議論を経て，当初の案とは全く異なった形で，一九一六年一二月五日に施行された「祖国のための銃後勤務に関する法律」は，兵役義務を一七～六〇歳の男性に限定したが，それは女性の志願者が相当数いたので，強制の必要はないとされたからである（Feldman 1985：133–206）．このことを受けて，ドイツ婦人団体連盟は女性が自発的に義務を果たす決意であることを表明した(79)．

この祖国のための銃後勤務に関する法律が公布される以前から，軍需品の製造に女性の参加を促すための組織作り

(79) この点は次の決意表明から明らかである．「ドイツ人女性は，国家による強制がなくても，ドイツの軍事力と経済的耐久力を強化するためであれば，いかなる任務にも服する用意がある．…ドイツ婦人団体連盟は，志願者による銃後勤務の遂行において，女性に与えられるあらゆるチャンスについて感謝する」（Hepelmann 1938：10）．

が始まっていた．新しく設立された戦争庁では，そのために二つの部署が設けられた．戦争庁は，指導部と戦争労働局などの部局に分かれ，戦争労働局には，女性労働者の調達と斡旋を担当する婦人専門局が設けられた（Feldman 1985：163）．戦争庁（指導部）には，婦人労働本部が設置され，そこが軍需産業の女性労働に関わるすべての扶助問題を扱った．グレーナー将官の提案に基づき，一九一七年初頭，三六の婦人団体と扶助組織が協同して，「戦時下の婦人労働に関する国家委員会」を結成した．この委員会は，戦争庁の婦人労働本部が軍需産業に従事する女性のケアをする際に，同本部を助言しサポートするものであった．女性労働本部は，同時に「国家委員会」の営業所として機能し，また婦人労働本部の本部長（女性）は国家委員会の理事を兼任していた．婦人運動と社会活動に長年にわたり取り組んできた女性で，国家婦人奉仕団に所属していたリューダースが，この初代本部長となったのである（Sachße/Tennstedt 1988：61）．

ところで，戦争庁の地域活動拠点にするため，さまざまな総司令部に「戦争庁支部」が設置された．ここでは戦争労働局と戦争庁（指導部）の業務を行っていた．戦争庁の婦人専門局の下部組織である婦人課が設けられた一方，戦争庁指導部の婦人労働本部の地方支部である婦人労働支局が結成されたが，いずれの部署も一人の担当係官（女性）の指揮下にあった．ボイマー，ザロモン，「シャルロッテンブルク青少年ホーム」の会長であったギールケといった，社会活動と婦人運動の世界で指導的立場にあった多くの女性が，戦争中この職に就いた（Huber 1970：57ff）．婦人労働支局の下には，必要に応じて，婦人労働支局支部と「扶助仲介所」（fürsorgevermittlungsstellen）が設けられた．これにより，ドイツで初めて，多くの女性が軍事機構に組み入れられ，婦人労働本部の福祉事業が公的なサービスとして発展していく上での大きな契機となった．婦人労働本部の活動綱領は，一九一七年一月一六日付の戦争庁による婦人労働の組織に関する命令の付録で次のように定めていた（Gersdorf 1969：129ff）．

(1) 婦人労働本部の使命は、生産能力を最大に高めるために、女性の労働能力と労働意欲を促進するための施策を軌道にのせることである.

(2) したがって、婦人労働本部は、女性が労働するにあたってのあらゆる障害を可能な限り除去するよう努力しなければならない. これには次の事項が該当する.

(a) 健康の保護

(b) 適切な休憩室、宿泊施設の提供

(c) 適切な作業服の調達

(d) 輸送状況と交通手段の改善

(e) 女性向けに食料品の調達と分配をする組織の改善

(3) 女性の労働能力を高めるための扶助と並んで、婦人労働本部は女性の家族の健康に役立つ措置を講じ、女性の労働意欲を高めるようにしなければならない. たとえば、託児所、幼稚園、保育所、授乳室、母親・乳児・幼児相談所などの整備、また家政婦、教区内の厚生事業に従事する人、地区扶助担当者などの雇い入れ.

(4) 任務を確実に遂行するためには、事業所および住宅の監督に従事する女性職員、並びに工場扶助に従事する女性職員の増員が必要になるであろう. このような職員を養成するにあたって、通常の教育制度では時間がかかりすぎるので、女性労働本部が他の職場から適性のある女性を獲得し、その女性を短期間の研修で新しい任務に備えさせる.

(5) 婦人労働本部は、計画されている社会扶助を実行するために、関連するすべての組織と常に連絡をとり合い、これらの組織に対して、既存の体制を拡充するよう、また管轄の官庁とも密に協力し合うよう要請する. 婦人労働本部はまた、これらの組織と協力し合って、必要とされている専門的知識のある労働力の確保、養成に尽力する（Sachße/Tennstedt 1988：62）.

このようにドイツにおける福祉事業の発展には、重要な点が二つあった．第一は、三番目の項目にあるように、乳児扶助・児童扶助を整備して、女性が軍需産業で労働力となれるようにすることが非常に重要になってきたという点である．そのため、この分野における福祉事業は、戦時中に発展の大きなきっかけをつかんだのである．たとえば、戦争庁の婦人専門局は、児童扶助のために独自の委員会を設け、一九一六年にギールケを委員長とするこの委員会が行った報告が「児童扶助の指導要綱」として仕上げられ、これは帝国の戦争庁出先機関の婦人課による扶助活動にも影響を与えた．この指導要綱では、地方に中核となる「児童扶助局」（Kinderfürsorgeamt）の開設を求めている．これは、後の一九二二年の帝国青少年福祉法（ＲＪＷＧ）にある青少年局を彷彿させるものであった．第二は、婦人労働本部の活動そのものが発展しつつあった社会活動のための教育にも影響を及ぼした点である．工場で働く女性にとって適切な労働条件を確保するために、工場ケア（工場扶助）を拡充する必要があったが、そのためには専門知識をもった人材が追加的に必要であった．さしあたって、このような仕事のための特別な教育制度が無かったため、最初は戦争庁出先機関が独自の研修講座を開設した．その際、可能な場合には、既存の婦人社会学校を使った．婦人社会学校にとっては、その社会的有用性をアピールし、地位を強化するための機会ともなった（Sachße/Tennstedt 1988：63）.

戦争庁における女性の扶助活動は、もはや古典的な救貧扶助とは全く別のものであった．その目的は、社会の周縁にいる貧困者のために、生存に必要な最低限のものを保障することではなく、軍需産業のために女性国民を計画的に動員することであった．こうして戦争という状況下で，扶助活動が初めて中央国家の社会的責任の対象となったのである．

5．福祉事業から福祉国家へ

ドイツでは，国家の役割が戦争の経過と共に変化したが，この変化は扶助の領域をはるか超えて起こっていた．祖国のための銃後勤務に関する法律をめぐる論議の中で，二つの傾向が明らかになった．軍最高司令部は，当初，この法案を労働者の契約の自由，滞在・居住・移転の自由に制約し，賃金上昇要因を制限するものとして，また産業界に労働力を最適に分配するための手段として考え出したものであった．しかし，この法案は立法手続きの途中で大きく変更された．この法案が帝国議会において多数を得て承認された時には，当初の案とは全く変わっていた．比較的大規模な工場では，労働者とホワイトカラーの委員会を設けること（後の事業所委員会），当局の指導の下，法律の適用に関する問題だけではなく，労働法に関わる争議の場合にも召集できるような調停委員会の制度を作ることが定められていた．労働者の滞在・居住・移転の自由は基本的に制限されてはいたが，特定の条件下で職場を変わることができる途が残されていた．

帝国議会は，法案を徹底的に修正することによって，軍最高司令部と政府の考えをそのまま受け入れるのではなく，むしろ国民にとって重要な問題は，立法手続きの途中で，自ら政治的に決定したいという意思表明をしたのである．これによって，帝国の政治は議会政治へと一歩進んだ（Feldman 1985：204ff. Kocka 1973：108ff）．しかし，同時に最終的に採択された法律規制の中で，自らの利益をかなりの部分反映させることに成功したのは，労働組合とそれを支援するドイツ社会民主党の一部であった．これにより，とくに労働組合は，労働者とその組織の抵抗にあったが，しかし、戦争による強い要請も通らないのだ、ということを示すことができたのである.

長期におよぶ近代的消耗戦には、あらゆる社会資源を動員しなければならなかったが、そのためには、社会で大きな力をもつ集団の協力が不可欠であった. そのため、戦争が進む中で、政治が労働者に対して譲歩することは避けられず、必然的に労働組合の立場が強くなっていった. 労働者と雇用側のあつれきに介入して仲裁することは、必然的に国家機関の使命であった. 戦争中その役割を担ったのは、主に軍当局だった. 軍当局は、―戦争での勝利という圧力の下で―企業側の抵抗を押し切ってでも、労働者との妥協を強く求め、早い時点で、戦争経済に関わる問題では労働組合を正式な交渉相手と認めていた.「軍事的、外交的目標を達成することの重要性に鑑みて、民事当局および軍事当局は、特定の社会階層の利益を、必要であればたとえそれが優遇されている社会階層の利益であっても、それが戦争の効果的な遂行にとって不可欠であると考えられるならば、侵害するようになっている」(Kocka 1973 : 121).

こうして戦争遂行のための戦争経済における労働者問題が重要性を増せば増すほど、国家による社会政策への介入傾向が強まっていった. 労働組合の承認、団体結成の自由、労働協約制度、調停制度のような労働組合と社会民主勢力が戦前に表明していた社会政策上の要求の多くが、戦争中に実現、少なくともその端緒をつかんだのである. 労働市場の編成は、事実上国家の使命となり、職業紹介所と失業者援助が設けられ、賃借人保護制度と帝国による住宅政策が構築された. この限りにおいて、戦争は、「社会政策のペースメーカー」(Schrittmacher der Sozialpolitik) となった (Preller 1978 : 85).

戦前に芽生えつつあったものが、戦争の経過とともに、国家による計画的な社会政策へと拡大し、国家は介入国家・福祉国家となった. 官僚機構レベルでみれば、これは古典的な介入行政が社会福祉国家的な給付行政によって補われたことを意味する. つまり、ウェーバーが、世界大戦における官僚制の勝利と表現したこの展開は、量的な広がりだけではなく、質的な変化をも意味していたのである（Weber 1917：330）．とくに、既述の市町村による福祉事業の変遷に、この流れをみることができる．特殊な貧困層を対象とした点状の扶助は、戦争によって初めて、市町村による包括的な社会政策へと発展した（Sachße/Tennstedt 1988：64）．つまり、戦時下の展開は、合法的と認知された、公共体に対する保障請求が拡張していく過程、と理解することができる．戦争がもたらした貧困状態が、社会的要因に起因するものであることは、歴然としていた．貧困が個人の過ちによって引き起こされたものではないことは明白であった．逆に援助を必要とした者の大半は、自ら、もしくは、その家族を「祖国のために捧げた」ために貧困に陥った、換言すれば、その貧困の原因が非常に社会的な行動にあったため、合法的な補償請求権を伴っていたのである．戦争による窮境が、このように特殊な原因によって引き起こされたため、その責任は、市町村ではなく、あくまでも戦争遂行の権限をもっていた中央国家機関に向けられた（Salomon 1916：23）．

戦時下において初めて、特殊な扶助を担う帝国官庁が設けられた．一九一七年に設立された既述の戦争食料庁の他に、帝国経済庁が設置され、終戦の頃には、帝国職業安定所が開設された．戦時扶助および戦時福祉事業と、伝統的な救貧扶助との大きな違いは、前者が保障請求権の合法性ならびに受給者層と給付水準が拡大したことにある．戦争によって援助が必要になった人々は、単にその数が増えただけではなかった．全く新しい国民層が、公的扶助の対象となったのである．中産階級の一部が経済的自立を失い、「中産階級扶助」という新しいタイプの扶助が必要になった．食料扶助については、国民全体が対象になる傾向にあった．戦時扶助と戦時福祉事業の給付水準は、もはや生存に必要な絶対的最低限ではなく、受給者がある程度の制約はあっても、それまでの生活水準を維持できるようにするための「社会的最低限」（soziales Minimum）を目指していた．また戦争犠牲者と中産階級の家族の取り扱いにおいても、差別的ではない、新しいスタイルの扶助が必要であった．かつてジーモンが示唆した「響きを洗練させる」（Veredelung der Klangfarbe）ということは、戦傷障害者と戦死者の遺族に対する「社会的扶助」で明らかなように、アドバイスやケアで扶助の質を高めることであると同時に、貧困層に対するそれまでの父権的で尊大な対応の仕方とは違う、新しいやり方で対処することであった．最終的にそれは、市町村による福祉事業に新たな組織形態をもたらすことになる．この新形態において、公的な福祉事業と民間の福祉事業は、一つの機構へと統合され、これによって初めて、幅広い国民層を対象にした長期的な扶助が可能になったのである．つまり福祉事業の変遷は、その対外的作用だけではなく、内部構造にも及んだのである（Apolant 1915/16. Sachße/Tennstedt 1988：65）．内部構造の変化として、新しい組織形態の発展の他に、福祉事業の従事者として、新たな国民層が組み入れられたことが挙げられる．とくに中産階級と労働者階級の女性たちだ．市町村による扶助の従来の分野では、すでに戦前から、とくに大都市において、多くの中産階級の女性たちがボランティアで従事していたが、戦時中にさらにさかんになった．市民婦人運動は、女性が社会活動として、個人を対象にケアを行うことを女性同権化推進のための戦略としており、このような活動は九〇年代に始まった市町村による社会改革の枠組みの中ですでに実践されていた．しかし、この女性のよる扶助活動は、国家婦人奉仕団と戦争庁の婦人活動の中で、新たな次元を得ることになった．戦争がもたらした経済的、社会的状況下で、市民婦人運動が要求していたあらゆる社会領域への女性の参加は、概ね実現された．女性の参画が不可欠であることが、いわば社会で正式に認められたのである．ただし、その代償は婦人運動の「国有化」（Verstaatlichung）であり、婦人運動は、「福祉国家的機関の付属物」（zum Annex wohlfahrtsstaatlicher Institutionen）としての傾向を強めていった（Greven-Aschoff 1981：149）．

国家婦人奉仕団では、社会民主主義を唱える女性も多数、福祉事業に組み入れられた（Bopp 1930：43）．これは、「福祉事業における社会主義のブルジョア化」（Verbürgerlichung des Sozialismus in der Wohlfahrtspflege）のみならず、逆にそれまで中産階級の女性には閉ざされていた活動分野が開放されたことをも意味していた（Jastrow 1918：11ff. Sachße/Tennstedt 1988：66）．このことからも、戦時期の福祉事業が徹底的に変わっていたことがわかる．こうして福祉事業は、市民社会革命という構想から福祉国家的な保障戦略へと展開していった．社会的担い手の幅が広まり、社会的行為の範囲が拡大したことは、同時に官僚制の恒常化と行為形態の職業化・専門化を意味していた．任務が拡大したことで、堅牢な行政組織と専門的教育を受けた有給の正職員、つまり確実に投入できる人材が不可欠となった．戦時中、福祉事業における「ディレッタンティズム」（Dilettantismus）に対する批判が強まったこと、また社会民主主義者が福祉事業活動に対する支払いを求めたこと、ならびに教育機関の隆盛は、このことを物語っている（Sachße/Tennstedt 1988：66）．

戦時扶助と戦時福祉事業が拡充されていくにつれ、九〇年代の都市部における社会改革以来、兆候をみせていた市町村による扶助の内部分裂が激しくなった．「響きを洗練させる」ことは、市町村の扶助ではなく、戦争に関わる高尚な領域にだけ該当していた．伝統的な救貧扶助は、確かに戦時中にその重要性を失っていた．実際、援助受給者の数は戦争によって平均して約三〇％減少した．その理由は、戦争中は家族援助もしくは戦時扶助の他の給付を受けていたこと、またはそれまで援助を必要としていた女性や就業上制約のあった人々が労働力の不足により、職に就けたことにあった．このように重要性を失った救貧扶助ではあったが、しかし、その後も存続し、優遇された戦時扶助と戦時福祉事業の存在、そして、それらと救貧扶助との歴然たる違いによって、救貧扶助の抑圧的構造と屈辱的な面がより強調されるようになった．戦時福祉事業を「洗練させる」（Veredelung）ためには、扶助制度全体の中で序列をつける必要があった．その順位づけの中で、救貧制度史においてうんざりするほど有名な、「ふさわしい」（würdigen）貧困者と、「ふさわしくない」（unwürdigen）貧困者との対立が再燃したのである．このような状況は、一方で選挙権の喪失、滞在・居住・移転の自由の喪失、返還義務という救貧扶助の受給者に対する法的な差別を撤廃するという動きを引き起こした．他方、この内部序列は、除去することが非常に難しい緊張関係をもたらした．一部の扶助受給者に対して、特別な合法的地位と高位の給付請求権を与えて優遇することは、戦争がもたらした特殊な要求と事態（「特別な犠牲」（Sonderopfer））を考慮して、意識的に行ったことであり、給付格差は意識的に導入したものであった．したがって、このようにして得た特別な給付に対する請求権を減じることは、―優遇されている方を減じるか、あるいは下位にある方を改善するか―いずれにしても、事態の紛糾を招くものであった．

戦争末期の二、三年は、それまでは机上の議論であった戦後の福祉事業組織に関する問題が、現実としてのしかかってきた．（高尚な）家族援助の受給者を、終戦後、何の問題もなく、再び額の少ない救貧扶助に戻せるのだろうか？少なくとも、大変な犠牲を払った戦傷障害者や戦死者の遺族など、特定の対象者だけには、優遇措置を続けるべきではないか？　それぞれの受給者グループをはっきりと区別することができるだろうか？　国民をふたつの等級に分けること、すなわち救貧扶助で十分な人々のクラスと、いかなる場合においても、公的救貧扶助に近づけてはならない人々のクラスに分けることは適当であろうか？　もちろん一九一九年以降、ＤＶ（ドイツ協会）の専門家達は戦後の福祉事業が抱えることになる問題をすでにはっきりと認識しており、戦争末期の二、三年の間、右のような問題すべてについて集中的に議論した．専門家の見解は、救貧扶助の差別を無くすべきであるという方向で一致しており、「下を」上に合わせることで統一すべきであるとした．しかし、戦時福祉事業が発端となって生じた地位の矛盾は、新しい共和国において福祉事業が発展する間にもずっと影響を及ぼし続けることになった（Sachße/Tennstedt 1988：67）．

おわりに―「社会の規律化」と福祉事業

ドイツの近代的福祉事業の歴史はドイツ帝国の時代にさかのぼるが、帝国と州が公的福祉事業に関与するようになったのは第一次世界大戦以降のことである．一九一四年以前には新しい「社会的」扶助も「労働者政策」の考え方に立っていたが、大戦期以降になると、公的扶助の介入範囲が旧来の貧困層・下層階級を越えて拡大し、ここに登場した戦時扶助および戦時福祉事業の財政面を担い、調整を行う機関として帝国が初めて扶助の分野に介入することになる．すなわち、第一次世界大戦期に「社会的扶助」の新領域が拡充するが、それが国家的介入と集中化により公的福祉事業に発展し、その後、ワイマール共和国の時代に扶助は拡充を続け、包括的な福祉事業になるに至った（Sachße/Tennstedt 1988：9）．

ところで、公的福祉事業の包括的な制度が構築され拡充していくのは、一八九〇年代から世界恐慌が始まる数年前にかけてであるが、この段階は扶助の合理化の過程と捉えることができる．公的扶助施設および施策の拡大は、同時に組織の官僚化、職業としての専門化、コントロール機能の中央集中化を意味した．近代的な扶助とは、市場経済に基づく産業社会に欠かすことのできない労働規律を下層階級の人々に徹底し普及させるためのひとつの道具と理解することができる．一八八〇年代に、一般的な救貧扶助の他に、産業労働者階級を対象とした特殊な社会保障制度ができてくると、労働規律と扶助の関係も微妙に変わってきた．「社会の規律化」（Sozialdisziplinierung）という考え方は、扶助と福祉事業の進展にとって重要なものであるが、ただし、それは社会の発展に伴い、多くの点で修正が必要だった（Sachße/Tennstedt 1988：11−12）．

第一に、扶助は福祉事業へと拡充されていった結果、また、それに伴い、サービスの提供に重点が置かれるようになったため、「新たな」教育学的および心理学的解釈が必要になった．旧来の抑圧的な教育に対して、教育的見地に立ったケアや理解に基づく対応が、扶助のあらゆる分野で重視されるようになった．この動きが最初に起こったのは医療扶助においてであった．医療扶助の分野では、衛生学－病気の予防を目的とする－が主要な学問として確立されており、それが関連する乳児扶助、幼児扶助、児童扶助、住宅扶助の分野にも波及しつつあった．衛生学の思想の影響を受け、貧困の予防という考え方が扶助の本来の使命として確立した．そのため、扶助は秩序だった合理的な生活を送れるよう教育すること、下層階級の人々の生活を科学的合理性の要件に適応させること、として捉えられるようになっていった．つまり、規律化とはもはや一方的な抑圧的関係として解釈できるものではなく、国民のある集団を他の集団の規準や利益に強制的に適合させるための道具とみなすこともできない．扶助はむしろ、多方面にわたる、分散した社会的「制御網」(Kontrollnetzes) の一部となった．この制御網の中で、規律化は生活の仕方や状況を包括的に合理化すること、つまり、社会的な「正常化」(Normalisierung) として理解することができる．扶助を受ける人々およびその生活態度だけではなく、扶助を行う機関や代理業者そのものさえもが合理化の対象であったわけで、この過程が普遍的なものであったことがわかる．扶助を受ける人々に、学術的な裏付けのある秩序だった生活を根付かせる一方で、社会の外側では、役所の合理化、公的扶助および民間による扶助を体系的に調整しようという試み、公的扶助の様々な分野における内部の合理化、そして特に専門教育を受けたプロの人材の扶助への投入が行われていた．このように包括的な合理化の過程が進んだ結果、刑法や警察権による「厳しい」懲戒的手法や旧来の救貧扶助の抑圧的な機構は次第に社会保障において影を潜めていき、平均的労働者層の「正常化」は学術的な、あるいは労働市場による「穏やかな」手法で行われるようになっていく．それでも懲戒的手法や旧来の救貧扶助の抑圧的な機構は存続し、社会が危機的状況に陥ると、その重要性をますます増していった．

この合理化過程がもたらした結果は、極めて「アンビバレント」(ambivalent)である．一方では、官僚的に組織され、職業的に遂行される社会保障が一般に普及するにつれ、より多くの社会領域、より多くの貧困者が体系的に運営された機関の厳格な強制力の支配下におかれることとなった．社会保障が大組織の官僚的形態の中で行われるようになればなるほど、規律が不可欠な条件となった．加えて、扶助機構の官僚化、扶助の職業化が進むにつれて、組織自体の利益が社会全体の正常化という使命に対して、一人歩きするようになる．厳密にいえば、扶助から福祉事業への拡充や新たな給付、手法、受給者の成立というのは、もはや社会の問題に対して直接的に反応して起こるのではなく、扶助機構の自己利益に追従して起こる．新しく生まれた扶助サービス関連職業の自己利益、扶助受給者のさまざまな社会的地位をめぐる緊張、公的扶助と民間扶助の間の緊張、国と市町村の間の緊張は、すべてこの自己利益の一人歩きの結果であり、貧困者の欲求は、その前にまたもうち砕かれるのである．ワイマール共和国の末期、福祉国家の財源が「価値あるもの」(Wertvollen)を犠牲にして「価値がないもの」(Minderwertigen)にとって有利になるような誤った使われ方をしているという批判が強まっていくが、この点にこの問題は表れている(Sachße/Tennstedt 1988：13)．

他方、扶助の給付と制度が充実することにより、公的支援に依存する人々はより多くの保障を受けられるようになった．官僚化と職業化は、確実で途切れることのない給付と優れた問題処理能力を意味する．社会政策上の正常化は個人を規律に縛るだけではなく、社会生活上の新たな自由行動の余地と自由を創り出す．個人を新しい制御機構の支配下におくだけではなく、伝統的な支配関係から解放するものでもある．この社会政策上の正常化のもつ解放的側面は、扶助を法律で規定するという世俗的傾向によって一層押し進められる．法律で規定するとは、官庁による規制のみならず、法律上の請求権と民主的共同決定権を保障することでもある．既述した通り、この期に扶助が福祉事業へと拡充していく過程の中で、貧困者が法的安定性と法律で保障された給付を得られるようになっていったことがわかる．これにより福祉事業の機能性が高まった．また、官僚的な扶助行政は、その自己利益の偏重から、─自らの組織を存続させるために─少なくとも部分的には貧困者の立場に立って任務を遂行したのである．しかし、貧困者が社会政策上の正常化過程において、一方的に規律的な強制力の支配下におかれたということは絶対にあり得ない．貧困者は、むしろ、規制、手続き、給付制限といった官僚的な扶助行政の中に組み込まれたのである．

官僚的に組織された扶助の給付制限は、とくに社会的サービス分野において特別な問題となるが、扶助から福祉事業へと拡充する際の基盤となった市民階級の社会改革構想は、一九世紀末期の生活の改善を求めた文化批判、社会批判の影響を明らかに受けている．ヴィルヘルム二世治下のドイツでは、産業化と都市化に伴い、伝統的な社会観と生活形態の解消が歴然としてきた．日常生活における分業化、専門化、合理化は、当時、個別化および粉砕化として受け取られた．経済を優先し、全体を見失い、社会を敵対する階級に分割することは、文化の退廃だと嘆いた．産業化と都市化が社会にもたらしたこの結果に対抗して、市民社会改革は、市民の自己責任という規範的力と、社会の改革によって下層階級の人々を組み入れるという構想を掲げた．これらによって、国民全体に対する市民の責任を明白にするというものであった．

しかし、この改革構想は、その実行と社会での一般化にあたって─遅くとも第一次世界大戦以降─、社会保障を官僚的・職業的に組織された施策や給付で行うという形をとった．つまり、社会改革が本来批判していた分業による専門化した形態で遂行されたのであり、市民が社会改革で望んでいた、意志疎通による実生活に見合った給付という要素は脱落せざるを得なかったのである．これにより、扶助体系の拡充は、内なる矛盾に捕らわれることとなり、この矛盾はワイマール時代に福祉事業が官僚化するにつれて、一層明らかになってくる．この時代の福祉事業体系は、意志疎通によって実生活に見合ったものになると思われたが、その期待に応えることはできなかった．そのため、福祉事業の仲介者や受給者、また、給付対象から外れた人々においても欲求不満が生じた．福祉事業のこの内なる矛盾、そして、そのために満たされることの無かったあらゆる当事者の期待もまた、ワイマール共和国末期に、反福祉国家を唱えるルサンチマン的風土を醸成するのに一役かっている．世界恐慌が始まると、組織内部の「甘い汁をすう親分達」の利益ばかりを優先する福祉国家の「魂のない機構」（seelenlosen Apparate）に対する批判はますます強くなっていった．ここでは、まさに社会的機構や制度の官僚的抽象性と実社会からの乖離が非難の対象となっており、これは一九世紀後期の市民改革者達が改革へのあらゆる取り組みによって克服しようとしていたことなのである（Sachße/Tennstedt 1988：14）．このように一九二〇年代末期までに形成された福祉事業の体系は、一九二九年以降崩壊し、最終的に国家社会主義における倒錯へと至る要素を既に備えていた．福祉事業が危機的状況によって崩壊し、国家社会主義的な超越的形態をもつに至る過程は、別の機会に述べたいと思う．

第2節

ドイツ「ハルツⅣ改革」の就労動機への影響

はじめに

連邦社会扶助法（BSHG）は一九六二年六月に発効し、それによって全国共通の社会扶助給付と法的権利性が確立されることになったが、同法は「ハルツⅣ構想」に沿って抜本的に改正され、二〇〇五年一月、失業扶助および社会扶助が失業手当Ⅱに一本化された（Löschau/Marschner 2004：120）．このハルツⅣは、就労可能な要保護者を労働市場へ再統合（Widereingliederung）することを目標としており、ハルツⅣが発効した当時のドイツ国内の労働市場の状況をみると、何よりも失業者の就労動機（Arbeitsanreize）を高める政策が必要であった．それには、失業者自身にとっても、就労していない期間をできるだけ短くする、もしくは就労しない状況に陥らない、という目標がなければならないことはいうまでもない．本節は、そうした観点から、ハルツⅣ改革が失業者の就労動機に対し、どのような影響を及ぼしたのかを検討する．

1．就労への動機づけ

ハルツ委員会の基本構想によれば、職業教育・就職支援の強化や高齢労働者の早期退職を防止する補助策あるいは労働市場の柔軟化措置を実施し、他方で失業給付や社会扶助に依存して就労を回避しようとする者に対するペナルティーを強化し、労働市場への復帰を促すことによって失業率の低下を達成するというものである．同委員会の最終答申では、失業者を労働市場に参入させるという目的達成のためには、ある程度の制裁措置を伴う強制を行うが、労働市場に参入する失業者に対しては支援も約束し、このようなやり方で労働市場の改善を図ろうとする考えが基本にある．同委員会答申ではそれを「自助努力は引き出し、保障は約束する」（Eigenaktivitäten auslösen-Sicherheit einlösen）[80]という新しい指導理念で表現している．それ故、連邦雇用庁を職業紹介等のサービス提供に重点を置く運営体に変革し、失業者の職業相談にもきめ細かく対応する代わりに、失業者にもそれ相応の要求をしていくという改革の方向を定めた．ここにいう支援とは、概していえば、適切な情報・相談・ケア・紹介および紹介バリアの排除をいい、要求とは自助努力ないし積極的な協力などを緊密な連携の下で行うことをいうが、失業給付および社会扶助改革をはじめとする一連の労働市場改革は、まさにこの原則に沿って行われたのである（田畑 2011b：8）．

論理的には、ハルツⅣ改革のもっとも重要な狙いは、就労可能な保護受給者に対し、就労するメリットを格段に高めることであった．経験論的にいえば、失業期間が長引くにつれ、失業者は生産性的感覚を失い、時間厳守や丁寧さといった労働に付随する美徳も忘れることが多い．人的資本も長期失業により失われるため、失業者の失業期間が長

（80）Bericht der Kommission（2002）: Moderne Dienstleistungen am Arbeitsmarkt, S. 45.

引けば長引くほど、潜在的雇用者にとっての魅力がなくなっていく．そして失業者がもらえたであろう賃金は下がり、その結果、就労するメリットも減る．ハルツⅣ改革の重要な目的の一つに長期失業者の職業資格取得、およびそれに関連する求人状況見通しの改善があったが、その理由は、長期失業者が新規雇用された場合は、就労期間が長くなるほど生産的になり、モチベーションが上がることがわかっていたからである（Boss/Christensen/Schrader 2010：26–27）．結局、労働生産性という意味でも、就労に対するメリットを設け、まずは長期失業を失くすことが大切である．その意味でも就労への動機が重要になる．

ハルツⅣは当然ながら労働市場への再統合（Widereingliederung）を目標としているものの、二〇一一年七月現在の推計で、失業手当Ⅱの受給者は四六四・四万人、社会手当の受給者は一七五・三万人、合計六三九・六万人である．これら受給者の属するニーズ共同体（Bedarfsgemeinschaft）の総数は三四四万である．二〇一一年三月現在の確定値に基づく分析によれば、その五三％はシングルのニーズ共同体（Single-BG）である．ニーズ共同体の構成員数の平均は一・九人である．二〇一一年三月現在、失業手当Ⅱの受給率（一五歳以上六五歳未満の人口に占める受給者の割合）は八・八％であるが、一五歳未満の子どもの社会手当の受給率は一五・三％と高い．これは、一五歳未満のすべての子どもの一五・三％（一六九万人）が社会手当によって最低生活を保障されていることを意味する（斎藤 2011：121）．社会手当の受給率は、州によって大きく異なり、最低のバイエルン州では七・三％であるが、最高のベルリン州では三五・三％に達する．また、一人親のニーズ共同体の四〇・四％が失業手当Ⅱを受給している．

ところで、就労可能な保護受給者に対する就労動機に関する調査を行うにあたっては、起こりうる就労拒否の理由を明らかにする必要があり、そのためには失業手当Ⅱ受給者の視点から状況を明らかにすることが重要である（Noll 2012：15）．就労を決断しようとする時、失業者は葛藤に直面する．就労することで失業者は収入を得るはずであるが、他方では失業者の自由時間が減る．失業者にとって就労のメリットが生じるのは，獲得した就労収入により，就労収入がない時よりも生活基準が向上する場合に限られる．そうでないとしても，失業者が長期的かつ継続的な目で見た場合，就労するメリットは必ずある．その際に失業者は人的資本の喪失という観点から，さらに社会における自分の立場および自尊心にとっても，就労することが意義深いことだと気がつく可能性がある．しかし，ここで留意すべきなのは，就労による収入が以前に受給していた保護給付水準よりも明らかに高額でなければならない，という点である．なぜなら，保護受給者にとって就労は労働の苦労を伴ううえに，これまでの利点が失われ，子どもの養育費など，相当な超過経費を伴う可能性があるからである（Koulovatianos/Schmidt/Schröder 2007：3）．

就労動機を分析するには，いわゆる「留保賃金」（Anspruchslohn）が重要な役割を果たす．留保賃金は，どのような賃金に対し失業者は働こうとするようになるのかを示している．留保賃金は，失業手当Ⅱの支給額に直結し，逆に留保賃金から賃金差額を算出できる．賃金差額は，就労時に期待できる賃金手取り額と，失業手当Ⅱの手取り額の差額を表す．失業手当Ⅱ受給者が就労した場合に受け取るであろう賃金手取り額が，就労する前に受けていた失業手当Ⅱの金額よりも少ない，またはごくわずかしか多くない場合，合理的に考えればメリットがないため就労しないだろう．このような問題がある賃金差額は奨励策の問題となるので，しかるべき法律を定めて防止しなくてはならない（Boss 2005：4）．

2．失業手当Ⅱ受給における動機問題

ハルツⅣ改革法の導入後も残念ながら，保護受給者の就労動機に関する問題の大半は，解決されていないことがすぐに明らかになった．とりわけ特定の人的グループには，就労動機はわずかしかなく，結果的に就労動機がごくわず

か、または生じないであろうと思われる失業者には、いくつかの特徴がある．失業者が資格をほとんど持たないということは、就労動機という点で通常もっともマイナスに影響する．その理由は明らかで、資格をほとんど持たない者の賃金手取り額は、通常は少ないので、賃金差額もごくわずかにしかならない．それどころか、期待できる賃金手取り額のほうが失業手当Ⅱよりも少なく、そもそも賃金差額がプラスにならない場合すら珍しくない．また女性が男性と同じ資格をもち、住所も家族構成も同じであるとしても、男性に比べてほぼ例外なく就労するメリットは少ない．平均して男性に対し女性の収入のほうが低いためである．概していえば、女性の場合、賃金差額が比較的少なく、そのため就労への動機づけがさらに減少する．

就労動機に乏しいという問題は、東西ドイツの比較においても重要である．東ドイツのほうが賃金水準が低いため、一般的に東ドイツにおける動機づけの方が問題となりやすい．失業者が就労する可能性のある経済部門も重要でないとはいえない．平均賃金は第二次産業、すなわち、工業の方が第三次産業であるサービス業よりも高い．この場合も、第三次産業職に対する失業手当Ⅱの賃金差額は、第二次産業に対する賃金差額よりも少ない．

これに比べて、就労していない既婚者でパートナーが就労している場合、一般的に賃金差額はさほど問題にならない．その理由は、社会法典第二編によると、パートナーの収入を考慮し、その結果、非就労者にはわずかの保護金額が支払われるか、まったく支払われないケースが多いことにある．高齢層の失業者においても、経験的に賃金差額は比較的多い．この人たちは就労している間にすでにキャリアを積み、能力を向上させてきたので、再就職に際してもたいていは比較的高賃金が支払われ、したがって、賃金差額も多いからである．これらのグループでは、賃金差額が格段に多いので、就労動機の問題も明らかに少ない．学歴が比較的高い、または高学歴の独身者でも同様、動機付けの問題は一般的にめったに起こらない．普通に就労すれば、労働市場では比較的高額の収入が得られ、その結果、賃金差額が多くなり、就労動機を高めるのに十分だからである.

ドイツ国内における就労動機の地域分布を見てみると、ある地域における失業手当Ⅱ受給者数と就労動機の多少は、直結していることに気づく（Noll 2012：17）. 実際には、社会法典第二編による失業状態は旧東ドイツでもっとも多く、逆に南ドイツでは少ない. 賃金差額が少ないと就労動機を下げる原因の一つであり、その結果、社会法典第二編による失業状態が比較的長くなる. このような事実から、とくに長期にわたる失業状態は就労動機を高めることで克服できるものと推測される.

失業手当Ⅱを補うアルバイトという選択肢は、基本的に好影響をもたらす. アルバイトによって、保護受給者を労働市場にならすことができ、副次的な好影響として、人的資本の喪失や減少を防ぐことが可能だからである. しかし、現状のような形でのアルバイトという選択肢には悪影響もある. 正規のフルタイム就労への動機が、アルバイトによって低下することすらしばしば起こっている. 原因は、アルバイト収入を含めた失業手当Ⅱの金額と、就労した場合に期待できる賃金手取り額との賃金差額がまだ少なすぎるか、既述したように消滅してしまい、失業手当Ⅱに加えてアルバイト収入のある失業手当Ⅱ受給者が、失業手当Ⅱを受給せずに正規就労した場合と同程度の家計収入しか得られないことにある. 動機付けの問題を招く複数の特徴が重なった場合、たとえば、資格をほとんど持たないで、独りで子育てをしている女性が東ドイツ地区労働市場地域に居住するような場合、とくに賃金差額の問題が生じる.

この問題は消費・余暇モデル（Konsum-Freizeit-Modell）によって理解できる（Noll 2012：18）. 消費と余暇のあらゆる組み合わせを示す予算線は、資格の乏しい者の場合比較的平坦である. すなわち、就労して労働時間を増やしたとしても、賃金が比較的低いために、収入はなかなか増えないことを示している. その上、一定の収入が失業手当Ⅱにより保証され、最小限度の消費も保証される. その結果、保護受給者が正規のフルタイム職に就くかわりに、失業手

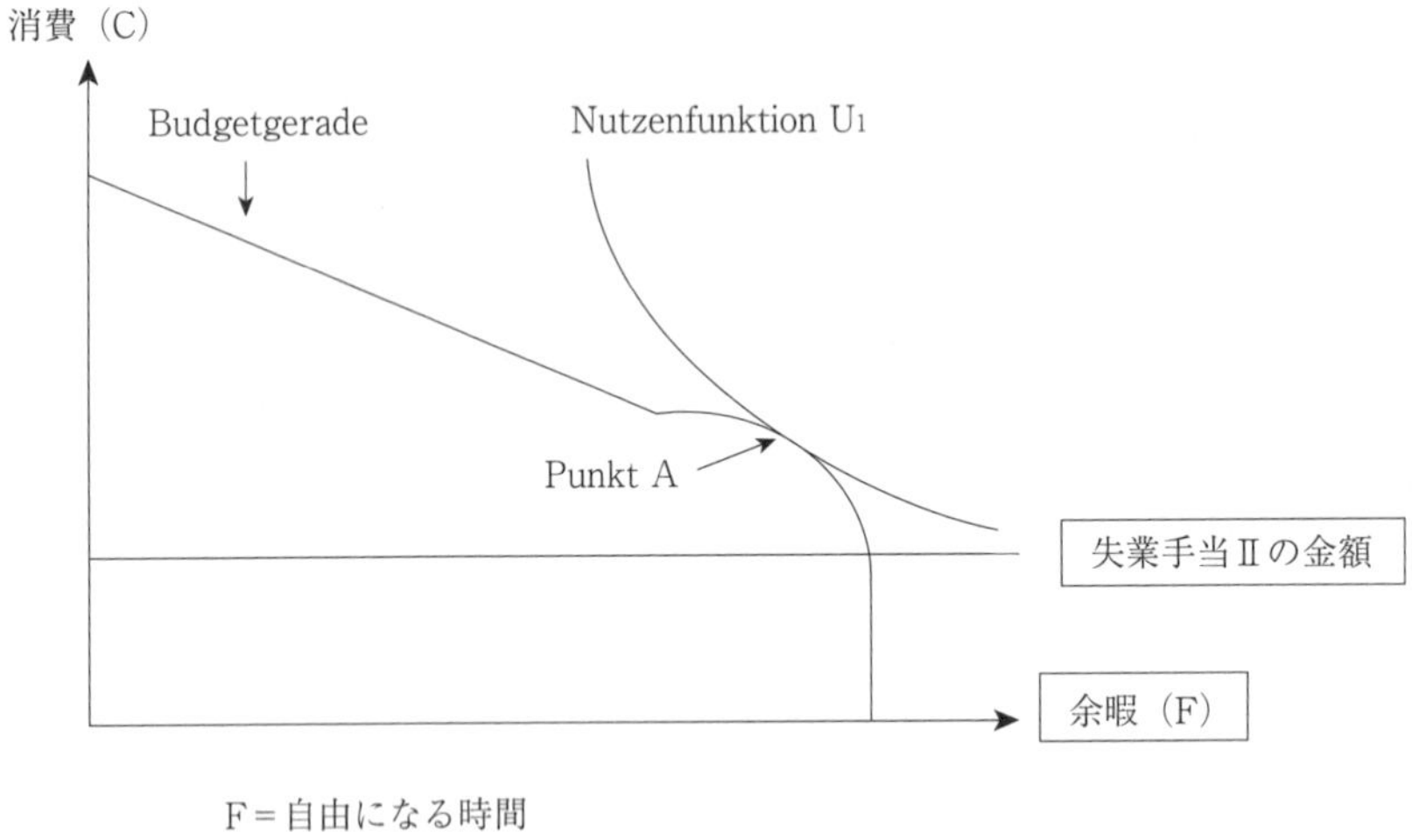

出所）Noll 2012：29

図4-2-1　消費・余暇モデル

当Ⅱとアルバイトだけで、自分の個人的な利点から導き出された余暇と消費の最適な組み合わせを達成してしまうことが多い．このように失業手当Ⅱ受給とアルバイトにより、フルタイム就労に比べて明らかに少ない労働負担で同額の収入を得、付随的にずっと多い余暇をも手に入れることができる．このような理由から多くの就労中の失業手当Ⅱ受給者にとって、現状に留まり続けて正規就労をしないのが合理的であるように思われる．

図4-2-1に示された消費・余暇モデルにおいて、効用関数（Nutzenfunktion）U_1に当てはまる人は、事情によっては失業手当Ⅱと僅少労働（geringfügige Beschäftigung）による追加収入の二重効果を通じて、A点に達することができる．モデルから見て取れるように、予算線は（Budgetgerade）右下の領域でカーブを描いている．なぜなら、この領域では失業手当Ⅱに追加してアルバイトで収入を得る可能性があり、保護差し引き率（Transferentzugsraten）の違いにより予算線が横軸方向に向かってカーブを描いているからである．さら

に予算線自体は労働負担がなくても、国が保証する最低生活費（この場合は失業手当Ⅱに相当する）を割ることはない（Noll 2012：19）．この人の効用関数では、追加アルバイトの領域内で予算線がA点において接するので、合理的に考えれば就労動機が欠けているため、正規のフルタイム就労をすることはないだろう．

社会法典第二編の給付受給者で、家計収入に上乗せするためアルバイトという選択肢を利用し、就労している者は二〇〇八年八月の時点で一三〇万人であった（田畑 2011a：40）．この「上乗せ受給者」（Aufstocker）の数は、二〇〇五年に新たに失業手当Ⅱが導入されて以来、増加し続けている[81]．上乗せ受給者の過半数にあたる五五・二％の週当たり就労時間数は、一五時間未満である．二四・七％が週当たり一五〜三五時間働いており、週当たり三五時間以上働き、したがって、フルタイムで勤務しているのはわずか二〇・一％に過ぎない．扶助を必要とする独身者にいたっては、フルタイムで働いているのは一二・二％に過ぎず、このことから時給が少ないために扶助を必要としている保護受給者はごく一部に過ぎないことがわかる．上乗せ受給者の平均時給は、西ドイツでおよそ七ユーロ、東ドイツで約六ユーロである（Noll 2012：18）．

アルバイトという選択肢を導入した理由は、労働市場で正規に就労できない就労可能な保護受給者が、少なくとも僅少労働を請け負うことで、労働市場から完全に離れてしまわないようにするためであった．ここで、いわゆる保護差し引き率が重要になる．この場合、保護差し引き率は失業手当Ⅱに追加して稼いだお金のうち、どのくらいが保護受給者の失業手当Ⅱに算入され、どのくらいが保護金額から差し引かれるのかが示される．たとえば、保護差し引き率八〇％である場合、この保護受給者は追加して稼いだ収入の八〇％を失業手当Ⅱから差し引かれ、追加の家計収入

（81）IAB-Kurzbericht（2/2009）

となるのは結局二〇％に過ぎない．追加アルバイトという可能性により，保護受給者が失業手当Ⅱに加えてアルバイトで収入を得ることで，自らが経済的な改善を行うことができるようになった．しかし，新しい失業手当Ⅱでは，納得のいくような効果は上がらなかった．保護受給者が追加して達成した収入のうち，ごくわずかしか手許に残らないので，保護受給者の収入に対する保護差し引き率が高すぎて，就労動機が低下するのである(82)．

保護受給者に対する動機状況が，子どもがいる場合，ほぼ原則的にといえるほど悪化するのは憂慮すべきである．すでに述べたように，保護受給者の子どもは失業手当Ⅱ受給と共に社会手当を受ける．この社会手当が保護受給者の就労とともになくなれば，その結果，前よりも家計収入が減少する可能性がある．それとともに賃金差額はさらに少なくなり，その結果，就労動機も低下する．その上，さらに問題がある．ドイツ国内の児童養育制度は，良く知られているように十分には発達していないので，とくに一人で子育てをする者は，子どもを養育するために就労できないという問題がある．一人で子育てをする者は，子どもが幼稚園に行く年齢になってようやく，労働市場に復帰する可能性が高くなる．このような事情から，該当者は子どもを養育するため，何年もやむなく失業者であり続け，その後も長期間の失業のため，再び労働市場に適応するのに苦労するという結果になることが多い．ここでも失業期間中に人的資本が失われ，さらに残念なことに失業手当Ⅱを受給するのに慣れてしまうケースが多く，就労意思があいまいになってしまう．該当保護受給者に資格がほとんどない場合，賃金差額がもっと少なくなるので，問題はさらに深刻である．

子どもの養育が就労動機に困難をもたらす問題は，二〇〇五年一月一日のハルツⅣ発効と同時に導入された児童加

（82）IAB-Kurzbericht（2/2009：3, Tab2.）

算（Kinderzuschlag）により、解決されるはずであった．児童加算を受けるのは、収入が両親の生活費をまかなうのには十分であり、それだけでは扶助を必要としないが、子どもの需要が生じてまかないきれなくなり、扶助を必要とし失業手当Ⅱを受給する家庭である．収入のわずかな家庭を経済的に強化し、このような家庭に対し、労働動機を高めるのが児童加算の目的であった．子どもの追加需要が原因で、失業手当Ⅱを受給しなければならないようなことがあってはならない．児童加算額は、一ヵ月あたり一四〇ユーロになる．児童加算は児童手当に加えて支払われ、三六ヵ月に制限されている．両親の収入、児童手当、児童加算、住宅手当の合計額により、家庭の経済状態は失業手当Ⅱを受給するよりも良くなる．その結果、両親にとって労働量を増やす動機が高まるはずである．なぜなら、児童加算ではわずかに七〇％の保護差し引き率が消えるに過ぎないが、同じ収入レベルの失業手当Ⅱに対しては、はるかに高い一〇〇％が対象になるからである．

とはいえ、児童加算がいつも効果をもたらすとは限らない．というのは、児童加算はとくに失業手当Ⅱに合わせて調整されているわけではないからである．子どものいる失業手当Ⅱ受給者にとって、児童加算が受けられる限度額まで労働量を増やす動機にはなるが、この限度額を超えれば、労働量をさらに増やしても無駄である．その原因は、次のような実情にある．児童加算に対する保護差し引き率が、たとえ七〇％しかなかったとしても、立法者は他の措置との相乗効果を考慮しなかったので、児童加算が受けられる限度額を超えると、税込み収入の増加により家計収入が再び減少する場合が多い．つまり労働投入が増え、それに伴い児童加算受給者の生み出す税込収入が増えると、児童加算は追加収入手取り額の七〇％分しか減少しないが、住宅手当も減少する．その結果、家計収入合計額は減少するので、児童加算に対する限度額を超えて労働投入をさらに増やす動機は、合理的観点からは生じない（Knabe 2006：13）．

従来の見識によれば、失業手当Ⅱ受給者の就労メリット算出にあたって、賃金差額は重要な要素である．すなわち、賃金差額が多くなれば、少なくとも部分的には就労動機に欠けるという問題を解決できるであろう．第一の可能性としては、通常基準を下げれば当然賃金差額は大きくなり、同時に就労動機も高められるようになるだろう．しかし、実際には通常基準の引き下げと基本法ないし保証された最低生活費とを両立させるのは困難で、その実現は難しい．それでも通常基準引き下げと他の措置を組み合わせ、たとえば、通常基準を引き下げると同時に、上乗せアルバイトの可能性を改善するなどして、憲法に則って実現させることは可能である．結果的に、すべての失業手当Ⅱ受給者が上乗せアルバイトによって、それまでの失業手当Ⅱの金額か、場合によってはそれより多い収入を得られるようにすべきである．正規の労働市場において、職を見つけられないために、従来の通常基準が達成できないすべての保護受給者に対しては、地方自治体の領域で職場を用意しても良いだろう．このようにすれば、給付受給者はどんな場合でも以前と同様の家計収入を得、以前よりも速やかに労働市場に再適応でき、アルバイトがなければ失業手当Ⅱの金額は以前よりも低いので、就労動機は明らかに強化されるであろう．

とくに資格をほとんど持たない人々に対し、広範囲にわたり賃金差額を拡大するもう一つの可能性は、国の共通最低賃金である．このような国の最低賃金により、資格をほとんど持たず、就労動機の観点でとくに問題のある人的範囲に対し、賃金差額を拡大して就労動機を高めることが可能なように一見思われる．しかし、この方法は、失業を減らすことにはならない．拡大した賃金差額に基づいて、動機も実際に高められるであろうが、同時に国の最低賃金は、解雇および雇用の減少につながる可能性が大きい．雇用者は仕事の収益が経費を上回る場合にしか被雇用者を雇わないので、結局は失業が増加することになるであろう．したがって、国の最低賃金は、最低賃金が市場賃金を上回るところで解雇を引き起こす．このことが、とくに資格のほとんどない人々の領域に当てはまる．これらの人的範囲は、結果的に失業の危険が高まる．

ドイツ国内では，失業手当Ⅱ受給者の就労動機に関して差が目立つ．すでに触れたように，同じ資格，同じ性別，同じ家族構成の保護受給者でも，東西ドイツの間で就労動機に差が生じる．たとえば，子ども二人と就労していないパートナーのいる家庭の標準ケースでも，動機付けに関して，大きな問題が生じる可能性がある．調査によれば，旧東ドイツでは賃金差額がもっとも少なく，関連して就労動機ももっとも乏しい．この点で，とくにメクレンブルク＝フォアポンメルン州の少なさが目立つ．逆に南ドイツ，とくにバーデン＝ヴュルッテンベルク州とバイエルン州では賃金差額がもっとも多く，関連して就労動機ももっとも高い．旧西ドイツの中では，シュレスヴィヒ＝ホルシュタイン州だけが旧東ドイツと同様に賃金差額が少ない．これに対し，失業手当Ⅱを取り巻く環境の違いは少なく，ここでは無視できる．通常給付は国内共通であり，家賃支払額だけが異なるからである．しかし，東ドイツの家賃水準は西ドイツに近づいてきて，極端な違いは見られなくなった．西ドイツと比べて，東ドイツの賃金差額が概して少ない原因は，賃金水準が一般的に低く，その結果，失業手当Ⅱに対する賃金差額も少ないことにある．シュレスヴィヒ＝ホルシュタイン州で同様に少ない賃金差額の原因も，その他の旧西ドイツに比べて低い賃金水準にある（Noll 2012：19－23）．

3．制裁―就労への間接的な動機づけ

就労動機を間接的に高める方法の一つは，たとえば，就労機会の提供を保護受給者の方から拒絶した場合など，制裁（Sanktionen）を適用することである．さらに，国の求職者基礎保障は扶助を必要とする者にとって，あくまで非常時の期限付きの扶助であって，このような者にとって求職者基礎保障受給が日常になってはならない点を考慮すべ

きである（Noll 2012：24）．したがって，扶助を必要とする保護受給者に就労する意思が見られない場合，制裁により失業手当Ⅱを減額するのが適切である．国は制裁により，仕事に興味がないために失業手当Ⅱ受給へと意図的に身を落とし，そこに依拠する危険を予防することができる．保護受給者の就労動機に対し，制裁は基本的に効果がある．制裁について教示するだけでも，失業者は失業手当Ⅱの減額，または全額中止の危険さえ生じることを知るという効果がある．したがって，保護受給者の中には，制裁の恐れがあるというだけで就労機会の提供を受ける者もある．制裁の可能性があるというだけで，保護受給者は労働市場への再適応に積極的に参加するようになるので，効果が上がることが多い．一方で，いわゆる制裁効果は，保護受給者が制裁後，真面目に再適応に取り組むようになるので，同様の成果が達成される．実証的研究によると，このような制裁の後は保護受給者が労働市場に容易に，迅速に適応できるようになることが示されている．しかし，これらの研究から同時にわかるのは，制裁という選択肢を利用する機会が少なすぎて，教示効果を上げて就労への動機を著しく高めるには至っていないということである．

二〇〇七年一月一日付で制裁方法が強化されたが，その結果，制裁率はわずかしか増加していない．二〇〇九年九月の制裁率は三・七％であり，これは七七，二二四例にあたる．むしろ少なすぎる制裁率と，制裁という選択肢の非常にまれな適用を見ると，ドイツでは主に制裁の教示効果が望まれており，教示効果によって，保護受給者の労働市場適応を改善できるという希望を持っている，と考えざるをえない．保護受給者が就労機会の提供を拒否したり，期限が切れるままにしておいたりしなくなるように，ある程度の圧力を保護受給者にかけるべきである．また制裁理由はアルバイト提供の拒否よりも，むしろ届出を怠り期限を無視することにある．したがって，社会法典第二編の制裁効果は，現在の適応状況では，保護受給者が違反した場合に，そもそも制裁を恐れる必要があるかどうかにかかっている（Boss/Christensen/Schrader 2010：28）．

実際には、当該地区の制裁率が高ければ高いほど、失業率が低くなることが明らかになっている．その理由は求人が多いことと、ジョブセンター（Jobcenter）が保護受給者にアルバイトを提供できることにある．このようなケースではアルバイト提供が拒絶されることも多く、そのため保護受給者の失業手当Ⅱが減額されることもある．さらに二五歳未満で制裁を受けなければならない者の割合は、二五歳以上の給付受給者よりも明らかに高い．地方自治体が社会法典第二編の給付の唯一の実施者であるような選択地方自治体では、制裁を科すケースが少ないのも興味深い．現地の地方自治体配属職員にとってこのような場合、多数の制裁を科して貧困を回避するという目的のほうが、労働市場への再適応よりも重要であることにその理由があると考えられる(83)．

ジョブセンターの相談員一人あたりの担当保護受給者数が少なければ少ないほど、この相談員の制裁率は上がる．その理由は、ケアの密度が増して保護受給者一人ひとりに割ける時間が増え、その結果、給付受給者に対する要求が高まるからと考えられる．若い給付受給者は年長の失業手当Ⅱ受給者に比べ、年長者と同じように義務を怠っても著しく厳しく制裁を科され、また制裁頻度も多い．二五歳未満の保護受給者の制裁率は二〇〇九年一月時点で九・七％であるのに対し、五〇歳を超える受給者の制裁率は同時点で一・四％に過ぎない．年齢層の違いによって、このように大きな差がある主な原因は、若い保護受給者と年長給付受給者の特徴が同様である場合、若い方が紹介しやすいので、年長者よりも就労を提供される機会が格段に多いことにあると考えられる．したがって、年長の保護受給者は若い保護受給者に比べ、それほど集中的な協力を求められない場合が多い．さらにケア密度も、二五歳未満の給付受給者に対しては、相談員一人あたり九一名の保護受給者であり、相談員一人あたり一七三名の給付受給者を受け持つ年

（83）Wirtschaft im Wandel (6/2009 : 237)

長層よりも、明らかに高い．これらの事実と社会法典第二編の制裁規定の効果を踏まえ、現在の形態が実際に効果的であり、望んだ成果が得られるのかどうか、または就労への動機付けを他の対策、たとえば、失業手当Ⅱの追加アルバイトという選択肢の制度的改良などにより、効果的に改良できるのかどうか、検証すべきである（Noll 2012：24－25）．

おわりに

ハルツⅣは実り多い労働市場改革か、それとも完全に失敗だったか？ 今日の認識によれば、改革は大成功とも、完全な失敗ともいえない．当時の労働市場をみると、労働する価値と就労への意欲を高めるために、政策的に改革案を練り、実施する必要があった．失業者数を引き合いに出すならば、失業者数は改革によって、二〇〇五年のハルツⅣ発効時の約五〇〇万人から、二〇〇九年の約三五〇万人まで減少した（Noll 2012：27）．この点では改革の効果が表れてきているといってよい．

しかし、最近の動きをみると、失業手当Ⅱの受給者は長期受給者が多い．二〇一〇年一二月現在の受給者の四七〇万人のうち、受給期間が二年以上の者が五八・三％を占め、また受給を繰り返す者も多い．二〇一〇年四月から二〇一一年三月までの一年間の失業手当Ⅱおよび社会手当の受給者の変動を見ると、二七五万人が受給を開始し、三一二万人が受給を終了しているものの、受給開始者の五二・五％が過去一年以内、三四・五％が過去三ヵ月以内に手当を受給していた者であり、受給終了者の二七・五％が受給終了後三ヵ月以内に再び受給を開始している（斎藤 2011：122）．

こうした現況をみると、ダニエル・ノルが指摘するように、就労動機に関しては、ハルツⅣ改革は、むしろ否定的に評価せざるをえない．とりわけ低資格者層の留保賃金や長期失業者を減少させることができなかったことを想起すれば，ハルツⅣによる就労奨励の効果は否定的になる．また社会法典第二編の規則違反を犯した保護受給者の制裁実施の可能性も，実際には効果があったわけではなく，成果が上がったとは言いがたい（Noll 2012：27）．たとえば，資格を有しないという現状や第三次産業の職業，あるいは東労働市場地域居住などは，保護受給者にとって未だに大きな問題であり，長期失業への転落につながる場合が多い．要するに，ハルツⅣ改革は労働市場改革の一環として正しい方向に一歩踏み出したが，失業者の就労動機に対しては，好影響を及ぼしているとはいえないであろう．

文 献

Albers, H. (2004): Die Zusammenlegung von Arbeitslosenhilfe und Sozialhilfewirksame Reform oder organisatorisches Fiasko, NdsVBI.

Altmann, S. P. (1916): Die Kriegsfürsorge in Mannheim, Mannheim/Berlin/Leipzig.

Apolant, J. (1915–16): Die Mitwirkung der Frau in der kommunalen Wohlfahrtspflege, in:Die Frau, 23. Jg.S. 330–338.

BA-Merkblatt, 51

Bäumer, G. (1916): Die deutsche Frau in der sozialen Kriegsfürsorge, Gotha.

Berchem, S. Von (2005): Reform der Arbeitslosenvetsicherung und Sozialhilfe-Markt Staat und Föderalismus, Hamburg.

Bericht der Kommission (2002): Moderne Dienstleistungen am Arbeitsmarkt, Vorschläge der Kommission zur Umstrukturung der Bundesanstalt für Arbeit, Berlin.

Bopp, K. (1930): Die Wohlfahrtspflege des modernen deutschen Sozialismus, Freiburg i. Br.

Boss, A., Christensen, B., Schrader, K. (2005): Anreizprobleme bei Hartz IV: Lieber ALGIIstatt Arbeit?, Kieler Diskussionsbeiträge.

Boss, A., Christensen, B., Schrader, K. (2010): Hartz IV–Falle: Wenn Arbeit nicht mehr lohnt, Kieler Diskussionsbeiträge.

Boyd, C. (1979): Nationaler Frauendienst:German Middle Class Women in Service to Fatherland 1914–1918, Athens/Georgia.

Bäcker, G. (2004): Sozialhilfestreitigkeiten auf die Sozialgerichte, NJW.

Bäcker, G., Koch, A. (2004): Unterschiede zwischen künftigem Arbeitslosengeld II und bisheriger Arbeitslosen-und Sozialhilfe, SozSich.

Böckem, S. (2007): Zusammenführung von Arbeitslosenhilfe und Sozialhilfe, GRIN Verlag.

Brand, J. (2005): HartzIV-Mein Recht auf ArbeitslozengeldII, Verbraucherzentrale.

Brühl, A. (2003): Mein Recht auf Sozialhilfe; mit Asylbewerberund Grundsicherungsleistungen, 18.Auflage, München.

BT-Drucks 15/1516

Bubeck, T. (2005): Guter Rat bei Arbeitslosigkeit-Arbeitslosengeld･ArbeitslosengeldII･Soziale Sicherung･Rechtsschutz, dtv.

Chojetzki, R., Klönne, M.（2004）: Das Vierte Gesetz für moderne Dienstleistungen am Arbeitsmarkt aus Sicht der Rentenversicherung, DRV.
Der Spiegel（2004年第29号）
Die Welt（2005年3月7日）
Dietz, M., Müller, G., Trappmann, M.（2/2009）: Warum Aufstocker trotz Arbeit bedürftig bleiben, IAB-Kurzbericht（2/2009）.
DV（2002）: Fachlexikon der sozialen Arbeit, Kohlhammer.
Frick, J. R.（2003）: Arbeitslosenhilfe + Sozialhilfe = Arbeitslosengeld II, Gesundheitsund Sozialpolitik.
Feldman, G.（1985）: *German Business between War and Revolution:The Origin of the Stinneslegien Agreement*, in: Ritter, Gerhard A.（Hrsg.）: Entstehung und Wandel der modernen Gesellschaft. Festschrift für H. Rosenberg, Berlin.
Fuchs, P., Peters, K.（2003）: Neugestaltung von Sozialhilfe und Arbeitslosenhilfe, BWGZ.
Geiger, U.（2004）: Verlagerung der Sozialhilfestreitigkeiten auf die Sozialgerichte, NJW.
Gersdorf, U.（I969）: Frauen im Kriegsdienst, Stuttgart.
Giddens, A.（1998）: *The third way:the renewal of social democracy*, Cambridge:Press（=1999, 佐和隆光訳『第三の道－効率と公正の新たな同盟』日本経済新聞社）
Greven-Aschoff, B.（1981）: Die bürgerliche Frauenbewegung in Deutschland 1894–1933, Göttingen.
Großmann, E., Melzer, P.（2009）: Sozialhilfe-SGBVII, Kohnhammer, Stuttgart.
Green Paper（1993）: European social policy: Options for the Union（COM（93）551）.
Guttmann, M.（1917）: Die Kriegsfürsorge des Lieferungsverbandes Charlottenburg, Berlin.
Hauck, K., Noftz, W.（2006）: SGBII, Loseblattsammlung, Berlin.
Hepelmann, H.（1938）: Beiträge zur Geschichte der Frauenarbeit im Weltkriege mit besonderer Berücksichtigung der Verhältnisse im IV. Armeekorpsbezirk Magdeburg, Münster.
Hirsch, P.（1915）: Kommunale Kriegsfürsorge, Berlin.
Huber, W.（I970）: Gertrud Bäumer. Eine politische Biographie, Diss., München.

Hüttenbrink, J. (2004): Sozialhilfe und Arbeitslosengeld II. Hilfe zum Lebensunterhalt, Grundsicherung, sonstige Ansprüche, Verfahren, Verwandtenregress, C.H.Beck.

Hüttenbrink, J. (2009): Sozialhilfe und Arbeitslosengeld II. Hilfe zum Lebensunterhalt (Hartz IV), Grundsicherung, sonstige Ansprüche (z.B.Hilfe zur Pflege), Verfahren, Verwandtenregress, C.H.Beck.

Hüttenbrink, J. (2011): Sozialhilfe und Arbeitslosengeld II. Hilfe zum Lebensunterhalt (Hartz IV), Grundsicherung, sonstige Ansprüche (z.B.Hilfe zur Pflege), Verfahren, Verwandtenregress, C.H.Beck.

IAB-Kurzbericht (2/2009)

Jahresgutachten 2003/2004

Jastrow, I. (1918): Die Gestaltung der Wohlfahrtspflege nach dem Kriege, Berlin.

Kaeber, E. (1921): Berlin im Weltkriege. Fünf Jahre Städtischer Kriegsarbeit, Berlin.

Knabe, A. (2/2006): Warum Zuverdienstregeln und Kinderzuschlag negative Arbeitsanreizesetzen, ifo Dresden berichtet.

Klinger, R., Kunkel, P.C., Peters, K., Fuchs, P. (2005) : Sozialhilferecht-SGBXII mit SGBIIund AsylbLG, Nomos.

Kocka, J. (1973): Klassengesellschaft im Kriege 1914–1918, Göttingen.

Koulovatianos, C., Schmidt, U., Schröder, C. (2007): ArbeitslosengeldII: Arbeitsanreize und Verteilungsgerechtigkeit, Kiel Working Papers.

Krahmer, U. (2004): Verfassungsrechtliche Bedenken gegen die Hartz-IV-Gesetze: Insbesondere das Beispiel des ungedeckten Bedarfs der Hilfe zum Lebensunterhalt bei nicht angespartem oder abhanden gekommenem ArbeitslosengeldII-zugleich ein Beitrag zu §5Abs.2Satz 1 SGBIIsowie zu §21 Satz 1 SGBII, ZfF.

Kruse, J., Reinhard, H. J, Winkler, J. (2002): Bundessozialhilfegesetz mit Asylbewerberleistungsgesetz; Kommentar, München.

Kumpmann, I. (2009): Im Fokus: Sanktionen gegen Hartz-IV -Empfänger: Zielgenaue Disziplinierung oder allgemeine Drohkulisse?, Wirtschaft im Wandel.

Kunkel, P. (2005a): Die Sozialhilfe im System der sozialen Leistungen, in : Klinger/Kunkel/Peters/Fuchs, Sozialhilferecht, Nomos, S.19–38.

Kunkel, P. (2005b): Die Träger der Sozialhilfe, in : Klinger/Kunkel/Peters/Fuchs, Sozialhilferecht, Nomos, S.39–48.
Kunkel, P. (2005c): Verfahrensgrundsätze, in : Klinger/Kunkel/Peters/Fuchs, Sozialhilferecht, Nomos, S.49–60.
Kunkel, P. (2005d): Leistungsgrundsrundsätze der Sozialhilfe, in : Klinger/Kunkel/Peters/Fuchs, Sozialhilferecht, Nomos, S.61–92.
Laders, M.E. (1931): Das unbekannte Heer, Berlin.
Lensch, A. (1918): Die freie Wohlfahrtspflege in Berlin, Diss. Berlin.
Lindemann, H. (1917): Die deutsche Stadtgemeinde im Kriege, Tübingen.
Lorenz, C. (1928): Die gewerbliche Frauenarbeit während des Krieges, in: Paul, U., Lorenz, C. : Der Krieg und die Arbeitsverhältnisse, Berlin/Leipzig.
Löns, M., Herold-Tews, H. (2005): SGBII, Grundsicherung für Arbeitsuchende, München.
Löschau, M., Marschner, A. (2004): Zusammenlegung von Arbeitslosen- und Sozialhilfe.HartzIV, Luchterhand.
Lüders, M-E. (1937): Das unbekannte Heer, Berlin.
Marburger, H. (2005): SGBII-Grundsicherung für Arbeitssuchende, Regensburg, Berlin.
Marburger, H. (2012): SGBXII Die Neue Sozialhilfe, Walhalla Fachverlag.
Marschner, H. (2004): Die neue Grundsicherung für Arbeitssuchende nach dem SGB II, ZKF.
Mohr, K. (2007): Soziale Exklusion im Wohlfahrtsstaat: Arbeitslosensicherung und Sozialhilfe in Großbritannien und Deutschland.
Mrozynski, P. (2004): Grundsicherung für Arbeitsuchende, im Alter, bei voller Erwerbsminderung und die Sozialhilfereform, ZFSH/SGB.
Münder, J. (2004): Das SGBII–Die Grundsicherung für Arbeitsuchende, NJW.
Münder, J. (2005): Sozialgesetzbuch II, Lehr-und Praxiskommentar, Baden-Baden.
Noll, D. (2012): HartzIV:Ziele, Probleme und Perspektiven der umstritten Arbeitsmarkttreforn, Hamburg, Diplomica Verlag GmbH.
Oestreicher, E., Schelter, K., Kunz, E., Decker, A. (2004): Bundessozialhilfegesetz mit Recht der Kriegsopferfürsorge und

Asylbewerberleistungsgesetz, Loseblattsammlung, München Pfohl, Zusammenführung von Arbeitslosen-und Sozialhilfe für Erwerbsfähige, ZfSH/SGB.
Polligkeit, W. (1917): Wie ist in der Armenpflege und Wohltätigkeit die Übergangszeit nach dem Kriege zu gestalten? In: Zeitschrift für das Armenwesen, 18. Jg.
Preller, L. (1978): Sozialpolitik in der Weimarer Republik, Düsseldorf .
Raff, D. (2003): Sozialhilfe, Arbeitslosenhilfe und ArbeitslosengeldII, GRIN Verlag.
RGBI (1907)=Reichsgesetzblatt.
Rubner, M. (1928a): Der Gesundheitszustand im allgemeinen, in: Bumm, 1. Halbband .
Rubner, M. (1928b): Das Ernährungswesen im allgemeinen, in: Bumm, 2. Halbband.
Sachße, C./Tennstedt, F. (1988): Geschichte der Armenfürsorge in Deutschland Band 2, Kohlhammer.
Salomon, A. (1916): Frauendienst im Kriege, Berlin.
Schellhorn, W., Schellhorn, H. (2002): Das Bundessozialhilfegesetz, Kommentar, 16. Auflage, Neuwied.
Simon, H. (1917): Bericht über den Arbeitsausschuß der Kriegerwitwen- und –waisenfürsorge, in: Stenographischer Bericht.
Spellbrink, W. (2004): Wandlungen im Recht der Arbeitsvermittlung-oder:Viel Lärm um wenig, SGB.
Spellbrink, W., Eicher, W. (2003): Kasseler Handbuch des Arbeitsförderungsrechts, München.
Spellbrink, W., Eicher, W. (2004): Dürfen Bezieher von ArbeitslosengeldII künftig vorzeitig in die Rente abgeschoben warden?, SozSich.
Spindler, H. (2003): Das neue SGBII - Keine Grundsicherung für Arbeitssuchende, SozSich, 338
Steck, B., Kossens, M. (2005): Neuordnung von Arbeitslosen－und Sozialhilfe durch Hartz IV, C.H.Beck.
(＝田畑洋一（2009b）監訳『ドイツの求職者基礎保障』）学文社
Steck, B., Kossens, M. (2008): Arbeitslosengeld II, Aktuelle Rechtsprechung ung Entwick lungen in der Praxis, 2. Auflage. C.H.Beck.
Stumberger, R. (2005): HartzIV—Der Ratgeber, LINDE VERLAG.
Thode, K. (1919): Gesetz über die Unterstützung der Familien der Kriegsteilnehmer, in: Lindemannu.a.

Weber, A. (1917): Die öffentliche Armenpflege während des Krieges, in: Stenographischer Bericht.
Winkel, R. (2004a): Das Märchen der verbesserten Arbeitsanreize:Für ALG-II-Bezieher bleibt vom (Neben-) Verdienst kaum etwas übrig, SozSich.
Winkel, R. (2004b): Der neue Kinderzuschlag:Eine familienpolitische Seifenblase, SozSich.DGB-Bundesvorstand (Hreg.)
Winkel, R., Nakielski, H. (2004): III Tipps zu ArbeitslozengeldII und Sozialgeld, Bund-Verlag.
Wolfram, H. (1930): Vom Armenwesen zum heutigen Fürsorgewesen, Greifswald.
Zepler, W. (1916): Die Frauen und der Krieg, Berlin/Karlsruhe .
Zietz, L. (1915): Die sozialdemokratischen Frauen und der Krieg, Berlin.
Zimmermann, W. (1932): Die Veränderung der Einkommens- und Lebensverhältnisse der deutschen Arbeiter durch den Krieg, in: Die Einwirkung des Krieges auf Bevölkerungsbewegung, Einkommen und Lebenshaltung in Deutschland. Wirtschafts- und Sozialgeschichte des Weltkrieges, Stuttgart/Berlin/Leipzig.
伊藤実（2004）「調査研究の目的と背景」『フランス・ドイツにおける雇用政策の改革－ＥＵ雇用戦略と政策転換（労働政策研究報告書№15）』一－九頁.
上田真理（2004）「ドイツ最低生活保障の行方」『総合社会福祉研究』第24号、総合社会福祉研究所、七三－八三頁.
小倉一哉（2004）「ＯＥＣＤの雇用戦略の意義」『先進諸国の雇用戦略に関する研究（労働政策研究報告書№３）』六－一二三頁.
小沢修司（2007）『福祉社会と社会保障改革』高菅出版.
小原美紀（2004）「雇用保険制度が長期失業の誘引となっている可能性」『日本労働研究雑誌』№５２８、三三－四八頁.
加来祥男（2004）「第１次世界大戦期ドイツの救貧制度」今井勝人・馬場哲編著『都市化の比較史－日本とドイツ』日本経済評論社、一八三－二一七頁.
加来祥男（2006）「第１次世界大戦期ドイツの応召兵士の家族支援（１）」九州大学『経済学研究』第73巻第２／３号、一－一二二頁.
加藤栄一（1973）『ワイマル体制の経済構造』東京大学出版会.
河野正輝（1997）『社会福祉の権利構造』有斐閣.
北住炯一（1990）『近代ドイツ官僚国家と自治－社会国家への道』成文堂.

木下秀雄（2000）「稼働能力活用義務と扶助支給制限―ドイツ連邦社会扶助法を手がかりとして」『賃金と社会保障』No.１２７０、五八―七一頁.
厚生労働省編（2007）『世界の厚生労働２００７』ＴＫＣ出版.
後藤玲子（2006）「分配的正義―福祉政策の根拠」武川正吾・大曽根寛編著『福祉政策Ⅱ』放送大学教育振興会、一六三―一八〇頁.
近藤文二（1963）『社会保険』岩波書店.
斎藤純子（2011）「最低生活とは何か―ドイツの場合」『レファレンス』一一七―一三九頁.
庄谷怜子・布川日佐史（2002）「ドイツにおける社会的排除への対策」『海外社会保障研究』１４１号、三八―五五頁.
高橋弦（2000）『ドイツ社会保障成立史論』梓出版社.
高山忠雄（2007）厚生労働科学研究費補助金長寿科学研究事業『効果的な介護予防型訪問・通所リハビリテーションの実態把握からみた自立支援プログラムの開発評価に関する研究』２００８年度総括研究報告書.
武田公子（2007）「ハルツⅣ改革とドイツ型財政連邦主義の行方」『金沢大学経済学部論集』第27巻第2号、一四九―一七三頁.
田中耕太郎（1999）「社会扶助」古瀬徹・塩野谷祐一編『先進諸国の社会保障４ドイツ』東京大学出版会、一五一―一七四頁.
田中耕太郎（2007）「新しい生活保障システムの構築（１）―最低生活保障と生活の質」松村祥子編著『欧米の社会福祉』放送大学教育振興会、一九六―二〇八頁.
田中洋子（2003）「労働―雇用・労働システムの構造転換」戸原四郎・加藤榮一・工藤章編著『ドイツ経済―統一後の10年』有斐閣、七九―一一五頁.
田畑洋一（2005）「ドイツ最新事情―失業扶助と社会扶助の統合・再編」鹿児島県地方自治研究所『自治研かごしま』No.83、四七―五一頁.
田畑洋一（2006a）「ドイツ『ハルツⅣ』改革と最低生活保障給付―稼働能力の有無による制度再編」日本社会福祉学会九州部会『九州社会福祉学』第2号、五五―七九頁.
田畑洋一（2006b）「ドイツ労働市場改革と最低生活保障給付の再編―失業扶助と社会扶助の統合」『鹿児島国際大学福祉社会学部論集』第24巻第4号、一―一五頁.
田畑洋一（2006c）「ドイツ最低生活保障給付―その体系と給付内容」『鹿児島国際大学福祉社会学部論集』第25巻第1号、一一一二頁．

田畑洋一（2006d）「ドイツ求職者基礎保障給付－その意義と体系（Ⅰ）」『鹿児島国際大学福祉社会学部論集』第25巻第2号、一－一二頁．

田畑洋一（2007）「ドイツ求職者基礎保障給付－その意義と体系（Ⅱ）」『鹿児島国際大学福祉社会学部論集』第26巻第1号、三一－四四頁．

田畑洋一（2008）「ドイツにおける最低生活保障制度の再編と新体系」『週刊社会保障』第62巻２４６４号、法研、四四－四九頁．

田畑洋一（2009a）「ドイツにおける就労支援と就労機会の創出」『週刊社会保障』第64巻２５７２号、法研、四六－五一頁．

田畑洋一（2011a）「ドイツ社会法典第２編とニーズ共同体－上乗せ受給問題」『週刊社会保障』第65巻26号、法研、四〇－四五頁．

田畑洋一（2011b）『ドイツの最低生活保障－制度の仕組みと運用』学文社．

駐在員事務所報告（2003）『ドイツ労働市場改革と政策金融の対応』日本政策投資銀行フランクフルト駐在員事務所．

都倉祐二（2002）「シュレーダー政権の課題－ハルツ委員会の答申と労働市場改革」『海外労働時報』№３３０、五〇－五九頁．

戸田典子（2010）「失業保険と生活保護の間－ドイツの求職者のための基礎保障」『レファレンス２０１０．２』国立国会図書館調査及び立法考査局、七－二九頁．

名古道功（2005）「ドイツ労働市場改革立法の動向」『金沢法学』第48巻第1号、二九－一三九頁．

中内哲（2008）「ドイツの失業保険制度」『熊本大学学術リポジトリ（労働法律旬報）』二九－三六頁．

野田昌吾（2004）「大量失業時代の福祉国家－福祉国家再構築のための課題」『立命館大学政策科学』第11巻第3号、八三－九六頁．

橋本陽子（2005）「第２次シュレーダー政権の労働法・社会保険法改革の動向」『法学会雑誌』40巻2号、学習院大学、一七四－二二八頁．

濱口桂一郎（2004）「ＥＵの雇用戦略」『先進諸国の雇用戦略に関する研究（労働政策研究報告書№３）』労働政策研究・研修機構、二四－四一頁．

平岡公一（2007）「貧困と社会的排除への対応」松村祥子編著『欧米の社会福祉』放送大学教育振興会、一三一－四一頁．

樋口美雄（2001）『雇用と失業の経済学』日本経済新聞社.
布川日佐史（2002）「ドイツにおける失業時生活保障給付」布川日佐史編著『雇用政策と公的扶助の交錯』御茶の水書房、二三－四七頁.
藤瀬浩一（1982）「ドイツにおける社会国家の成立」岡田与好編『現代国家の歴史的源流』東京大学出版会、三一七－三四〇頁.
正井章筰（2011）「ドイツの社会保障制度－改革と現実」『早稲田法学』86巻第4号、四九－九七頁.
松本勝明（2004）『ドイツ社会保障Ⅰ－年金保険』信山社.
独マルティン・ルター大学社会人類学研究所・鹿児島国際大学大学院福祉社会学研究科（2005）『ドイツハルツⅣ調査報告書』.
本沢巳代子（1996）『公的介護保険－ドイツの先例に学ぶ』日本評論社.
横井正信（2003）「シュレーダー政権の改革政策と２００２年連邦議会選挙」『福井大学教育地域科学部紀要Ⅲ（社会科学）』第59号、九－三八頁.
横井正信（2004）「第２次シュレーダー政権と『アジェンダ２０１０』（１）」『福井大学教育地域科学部紀要Ⅲ（教育科学）』第60号、七一－一二六頁.
吉原直樹（1996）「都市空間と国家・市場・福祉」吉原直樹編著『都市空間の構想力』勁草書房、二五一－二七九頁.

著者紹介

田畑　洋一（たばた　よういち）
1945年鹿児島県生まれ
東北大学大学院文学研究科人間科学専攻博士後期課程修了
博士（文学）

西九州大学助教授を経て，現在鹿児島国際大学福祉社会学部教授
独マルティン・ルター大学社会人類学研究所客員教授（2004年9月～2005年8月）

主要著書　『ドイツの最低生活保障―制度の仕組みと運用』（単著　学文社　2011年）
『新社会福祉・社会保障』（編著　学文社　2011年）
『ドイツの求職者基礎保障』（監訳　学文社　2009年）
『現代社会福祉概説』（編著　中央法規　2004年）
『公的扶助論（第3版）』（単著　学文社　2003年）
『現代社会福祉概論』（編著　学文社　2001年）
『現代公的扶助法論』（分担執筆　法律文化社　1997年）

現代ドイツ公的扶助序論

2014年3月30日　第1版第1刷発行

著者　田畑洋一
発行者　田中千津子

発行所　〒153-0064　東京都目黒区下目黒3-6-1
☎ 03(3715)1501　FAX 03(3715)2012
振替　00130-9-98842
株式会社 学文社

検印省略

ISBN 978-4-7620-2438-2
印刷／新灯印刷株式会社